21世纪医学类"十二五"规划新教材

医学生职业生涯规划
与职业发展教程

主　编　徐松美　张立东

天津教育出版社
TIANJIN EDUCATION PRESS

图书在版编目(CIP)数据

医学生职业生涯规划与职业发展教程 / 徐松美,张立东主编.
—天津：天津教育出版社,2010.8

ISBN 978 - 7 - 5309 - 6163 - 6

Ⅰ.①医…　Ⅱ.①徐…②张…　Ⅲ.①职业选择—高等学校—教材　Ⅳ.①G681.8

中国版本图书馆 CIP 数据核字(2010)第 161770 号

医学生职业生涯规划与职业发展教程

出 版 人	胡振泰
选题策划	金博利
主　　编	徐松美　张立东
责任编辑	王光昭
封面设计	曾秋海
出版发行	天津教育出版社
	天津市和平区西康路35号　邮政编码　300051
	http://www.tjeph.com.cn
经　　销	全国新华书店
印　　刷	北京义飞福利印刷厂
版　　次	2010 年 8 月第 1 版
印　　次	2010 年 8 月第 1 次印刷
规　　格	16 开(787×1092 毫米)
印　　张	15.5
字　　数	370 千字
定　　价	28.00 元

前　言

随着全社会对大学生就业问题的关注，国家教育行政部门和高校将大学生职业规划教育放到了大学素质教育的重要位置，在课程设置上及师资投入等方面给予了充分的保证。大学生通过掌握职业生涯规划知识，能够增强学习的主动性，达到扎实掌握专业知识和提高综合能力的目的，使得大学阶段不仅仅是个人知识和技能储备的最佳时期，也是大学生职业化素质提升的重要阶段。

为了适应社会的需求，医学院校的发展趋势不断向着综合院校教学模式发展，由原来的医学专业向着工科、理科、文科等领域发展。随着各个学科和领域的相互渗透，医学生择业领域呈现多元化发展。因此，引导学生通过对自身特点特长和当前环境的分析，探索出一条适合自己的职业发展之路并取得职业成功，是医学院校职业教育义不容辞的责任。

本书在介绍职业基本理论基础上，重点对医学行业及其对人的要求进行了介绍，引导医学生科学地做好大学生涯规划，做出切实的职业定位，达到人生的充分发展。同时本书强调了职业道德和进入职场的相关知识，使学生初入职场更加稳健和从容。对医学生探索职业发展具有较强的参考价值。

在编写过程中，我们参考了部分职业生涯论著的有关观点和材料，在此谨向相关作者表示感谢。由于作者水平有限，本书难免存在不足之处，真诚希望读者批评指正。

编　者

编 委 会

目　录

第一章　职业生涯规划概述

大学阶段是职业探索阶段，大学生对未来职业的认识是感性的，对当前社会中存在职业以及不同职业的特点缺乏一定的了解，甚至是想当然。很多学生对大学阶段所学的专业及将来就业后对口专业的岗位性质了解得并不够透彻，从而造成职业目标与现实存在差距，不能发挥自身的专业特长。对于医学生来说，有较强的专业特点，更要对不同职业进行了解，并对医学领域相关职业的内涵进行全方位的了解，为自己就业及职业生涯的发展打下坚实的基础。因此，针对医学生进行职业生涯辅导具有十分重要的意义。

第一节　职业的内涵

一、职业的定义

在现实生活中，人们总是要在一定的工作岗位上实现就业，但人们对"职业"一词却有着不同的理解。有人认为，职业就是"工作"，如医生、教师、法官等；有人认为职业是一种"生活来源"；有人认为职业是一种"等级身份"。对于职业的确切含义，众说纷纭。美国学者舒尔兹认为，职业是一个人为了不断取得个人收入而连续从事的、具有市场价值的特殊活动，这种活动决定着从业者的社会地位。日本职业问题专家保答六郎认为，职业是有劳动能力的人为了生活所得而发挥个人能力，向社会作贡献而连续从事的活动。

职业存在于社会分工中，在不同工作性质的岗位上，人们从事的工作在目标、内容、方式和场所上有很大的区别。一定社会分工或社会角色的持续实现，就形成了职业。

二、职业的特性

1. 社会性

职业充分体现了社会分工，是社会生产力发展的产物，每一种职业都体现了社会分工的细化，体现了对社会生产和社会进步的积极作用。社会成员在一定的社会职业岗位上为社会整体作贡献，社会整体也以全体成员的劳动成果而获得持续的发展和进步。

2. 经济性

在承担职业角色并完成工作任务之后，劳动者会从中索取报酬，获得收入。一方面是社会、企业以及用人单位对劳动者支付报酬；另一方面，劳动者以此维持家庭生活，这是保持整个社会稳定的基础。

3. 技术性

任何一个职业岗位都有相应的职业要求，能胜任和承担岗位工作的人，除了达到该岗位职业道德、责任义务和服务要求以外，还要达到持证上岗的技术水平。例如，所有岗位对学历证书、职业资格证书、专业技术考核证书、上岗培训合格证、专业工作年限等都有具体的规定，只有达到这些要求才能上岗。

三、职业的功能

1. 职业是谋生的需要

职业生活是构成人生的重要组成部分，人们的职业生活首先表现在必须通过参加社会劳动来获取生存必需的生活资料。我们把为了获取一定的报酬以作为生活资料来源的那一部分劳动称为职业劳动。人们通过参加一定职业岗位的职业劳动来换取职业报酬，满足谋生的需要，同时也积累了个人的财富。因为我国实行的是"按劳分配，效率优先，兼顾公平"的分配原则，所以每个劳动者参加职业劳动的数量和质量将直接决定其财富的多少。

2. 职业能满足人们的精神需要，促进个性的健康发展

在著名心理学家马斯洛的需要层次论中，把人的需要分为五个层次，即生理需要、安全需要、社交需要、尊重需要和自我实现的需要，前两种需要为基本需要，后三种需要为精神需要。职业是个人获得名誉、地位、权利、成就、尊重以及自我实现等精神需要的重要来源。由于职业劳动是按照一定的社会规范和内在规律运行的，每种职业都有其独特的活动内容和要求，对从业者的生理和心理必然产生重大的影响。当这种工作能够使个人的才干得到发挥、个性得到不断发展和完善时，它就成为促进个性健康发展的途径。

3. 职业是劳动者为社会作贡献的途径，是社会存在和发展的基础

职业的本质是劳动力和生产资料的结合，它体现着人与人之间的社会关系。人们的职业劳动在满足个人需要的同时，也为社会创造了财富，职业劳动生产出的物质财富和精神财富，构成了社会发展的基础。现代社会的劳动有着十分明确的分工，只有通过社会成员各自劳动成果的交换，才能满足彼此的需要，在这种平等的相互交换劳动成果的过程中，既体现出为他人服务的程度，又衡量出对社会和国家所作贡献的大小。职业也是维持社会稳定、实现"安居乐业"的基本手段。

四、职业的分类和发展趋势

(一) 职业的分类

在漫长的原始社会中，人类劳动最早只有按男女性别进行的分工，男的打猎、捕鱼，女的采摘果实、挖掘茎块，所以不存在职业。在原始社会末期，出现了最初的社会大分工，农业、手工业和畜牧业开始成为专门职业。以后随着生产力的发展，社会分工越来越细，职业也越来越多。职业是人类文明和社会分工的标志。人类历史上职业的产生和发展，一方面体现了社会生产力发展水平和科技进步的结果；另一方面又促进了社会生产力的提高，促进了生产的社会化和专业化的发展。一个国家的社会职业构成，与其国民经济结构、经济与科学技术发展水平有着密切的关系。

由于各国经济发展水平不同，职业分类标准不一，为便于国际比较，1958 年国际劳工组织制定了《国际标准职业分类》。1966 年，在日内瓦国际劳工统计专家会议上通过了

《国际标准职业分类》修订版，国际劳工局将职业划分为 8 大类，在 8 大类之下又划分为 83 个小类、284 个细类以及 1 506 个职业项目，所列职业共计 1 881 个。我国的职业分类与国际劳工组织的分类方法基本相似，1995 年，我国国家劳动和社会保障部、国家技术监督局、国家统计局联合发出了《关于制定国家职业分类大典》的通如，决定编制《中华人民共和国职业分类大典》，1999 年 5 月出版。它是中国第一部具有国家标准性质的职业分类大全，它第一次将中国的职业进行了全面、系统的划分，具有较高的权威性。在这部大典中，职业被划分为 8 大类、66 个中类、413 个小类、1 838 个细类（职业）。表 1 - 1 是国际劳工局制定的《国际标准职业分类》（ISCO）与我国的职业分类标准的对照表。

表 1 - 1　国际与国内职业分类标准对照表

类别	国际标准职业分类	中国国家职业分类
1	专家、技术人员和有关工作者	专业技术人员
2	政府官员和企业经理	国家机关、党群组织、企业、事业单位和负责人
3	事务性行政工作者	办事人员和有关人员
4	销售工作者	商业和服务人员
5	服务工作者	军人
6	农业、牧业和林业工作者，渔民和猎人	农、林、牧、水利业生产人员
7	生产和有关工作者、运输设备操纵者和劳动者	生产、运输设备操作人员及有关人员
8	不能按职业分类的工作者	不便分类的其他人员

从上表中可以看出，在我国的职业分类中，军人被单独作为一类职业，商业和服务业合并为一类职业，其他分类与国际标准职业分类基本相同。这种职业分类基本上包括了社会上的各行各业，从科学家、政府官员、公司经理到工人、农民、售票员、清洁工等无所不包，体现了大职业观念。然而，这一职业分类只分到职业项，而没有给出职业岗位。社会职业岗位是由社会劳动生产过程中的组织和社会经济、政治、文化、生活过程的组织决定的。这主要取决于社会经济发展水平，也与社会制度有关。

 **小资料**

国家职业资格证书

国家职业资格证书是指按照国家制定的职业技能标准或任职资格条件，通过政府认定的考核鉴定机构，对劳动者的技能水平或职业资格进行客观、公正、科学、规范的评价和鉴定，对合格者授予相应的国家职业资格证书。职业资格反映了劳动者为适应职业劳动需要而运用特定的知识、技术和技能的能力。与学历文凭不同的是，职业资格与职业劳动的具体要求密切结合，更直接、更准确地反映了特定职业的实际工作标准和操作规范，以及劳动者从事这种职业所达到的实际能力水平。截至 2003 年初，我国已经有 100 多个职业有了从业资质认证考试，劳动和社会保障部也曾就一些职业专门印发了《实行就业准入的职业目录》及有关问题的通知，指出要切实发挥职业资格证书在劳动力市场中的作用。据统计，目前全国累计取得职业资格证书的人员已近 3 000 万。

与现行的职称制度相比，职业资格证书制度代表了将来的发展趋势。职业资格证书制度是一项国际通行的行业准入制度，各国之间开展的职业资格互认更使其成为国际职业的"通行证"。由于我国的职业认证制度刚刚起步，认证制度还很不完善，亟待改进。未来的职业资格认证考试将更加注重人的创新能力和通用能力，多元化、多层次、全方位将成为职业资格认证的方向。

（二）21世纪职业发展趋势预测

选择职业，就是选择未来职业的发展方向，也是在规划一条适合自己发展的人生道路。因此，在这一过程中，必须带着一定前瞻性的认识和高度去分析社会的最新需求，预测未来热门和有前途的职业，并结合自身条件，用冷静、客观的态度和科学的方法进行抉择。

然而，面对成千上万个让人眼花缭乱的职业，到底该怎样进行抉择才是适合自己今后发展的呢？一般来说，社会急需的专门人才就是今后职业的亮点。然而，首先要分清"热门"职业和"长线"职业。"热门"职业是指当前具有良好的就业前景的职业，"长线"职业是指一直都不会过时的职业。当然职业的"冷"与"热"也是相对的，是随着社会发展而不断变化的，"热"到顶峰或许就是"冷"的开始，而有些职业看似"冷门"，但其可能具有极大的发展空间。

1. 21世纪急需的人才

据我国权威部门预测表明，随着我国社会和经济的发展、科学技术的进步，今后若干年对专门人才的需求将有较大的变化。急需的人才和有前途的职业主要有以下几大类：

（1）高新技术人才

以电子技术、生物工程、航天技术、海洋利用、新能源、新材料为代表的高新技术的兴起，是一批高科技人才研究、开发的结果。任何一个国家，要在高科技领域占据主导地位，必须拥有相当规模的杰出科学家，并使科学家队伍平均年龄尽量接近"最佳年龄区"。据国外调查统计，重大科学发现的最佳年龄峰值为37岁，最佳年龄区为25－45岁，可见，高科技人才竞争的焦点是年轻的科学家。目前我国已实施"长江学者奖励计划"，其目的就是使中青年拔尖人才脱颖而出。

高等学校与高新技术相关的专业有：电子科学与技术、软件工程、海洋科学、海洋技术、材料物理、材料化学、高分子材料与工程、热能与动力工程、核工程与核技术、飞行器设计与工程、飞行器动力工程、飞行器制造工程、飞行器环境与生命保障工程等。

（2）信息技术人才

信息积累与传播是人类文明进步的基础。在internet全球化的今天，我们已经强烈地感受到信息时代的魅力，信息已成为人类最大的资源和财富。信息服务业在中国已有20多年的发展历史，但人员数量并不多。近年来信息服务业的发展速度很快，20世纪末，全国信息服务企业有8万多家，从业人员有110多万人。到2010年，我国信息服务业所需人员将达到700万到900万人。预计到2020年，我国将建成全球最大的信息服务网。

高等学校与信息技术相关的专业有：电子信息科学与技术、计算机科学与计术、微电子学、光信息科学与技术、电子信息工程、通信工程等。

（3）机电一体化专业人才

　　机电一体化是当今世界机械工程技术和产品发展的主要趋向，也是我国机械工业发展的必由之路。然而，我国现有的机械专业人员的知识结构与当今机械工业的发展极不相称。学机械专业的，对电子、自动控制技术懂得较少；学电子专业的，对机械专业知识掌握的也不多，不能将机械与电子进行有机的结合。在科学技术竞争激烈的 21 世纪，对我国机械行业 40 余万家企业而言，机电一体化专业人才就是保证其生存的关键。

　　高等学校与机电一体化相关的专业有：机械设计制造及其自动化、材料成型及控制工程、过程装备与控制工程、自动化、电汽工程及其自动化等。

　　（4）农业科技人才

　　用世界上 7% 的耕地，养活了占世界 22% 的人口这是我国目前农业的现状，人口在增加，耕地却在减少。中国人将来吃什么，已是国内外普遍关心的一个重大的问题。为此，农业科学家们提出了发展我国农业的新思路——依靠现代科学技术培养专业技术人才。因此，21 世纪所需的农业科技人才，不是几十万，而是几百万。所需人才的专业门类，不仅包括传统的农、林、牧专业，而且还包括大量的生物工程、海洋养殖耕作等现代化的新型专业。

　　与农业科技相关的专业和职业有：农学、园艺、植物保护、茶学、草业科学、林学、森林资源保护、野生动物与自然保护区管理、动物科学、水产养殖学、海洋渔业科学与技术等。

　　（5）环境保护技术人才

　　20 世纪，生产技术的进步和经济的高度发展创造了人类有史以来最辉煌灿烂的经济和文明奇迹，但大自然也给了人类最无情的打击。当今世界，空前严峻的环境问题和生态问题，如环境的不断恶化、各种稀有动物的灭绝、能源短缺等困扰着人类。因此，加强环境保护，实现人类的可持续发展，是当前各国面临的最主要的问题之一，它必将带动环保产业在 21 世纪的巨大发展。

　　目前，我国的环保人才严重不足，这与我国国民经济建设的发展步伐是不一致的。据有关部门的不完全统计，我国每年因污染造成的经济损失约 2000 亿元，占国民生产总值的 10%，长江上游每增加一个亿的产值，下游就要损失 10 个亿。我国急需大量的环保科技人才。

　　与环保技术相关的专业有：环境科学、环境工程、生态学、园林、水土保持和荒漠化防治、农业资源与环境等。

　　（6）生物工程研究与开发人才

　　21 世纪是生物学的世纪，遗传基因、克隆技术、生物芯片、基因药物、基因治疗，这些高科技的不断发展，使生物科学对社会和科学技术各个领域的影响日益加深，现代生物学已经成为当之无愧的当代"中心科学"。

　　与生物工程研究与开发相关的专业有：生物科学、生物技术、生物信息学、生物信息技术、生物化学和分子生物学等。

　　（7）国际经贸人才

　　信息化的高速发展正逐渐渗透到社会生产、生活的各个方面，贸易也不例外。高度发展的信息化将使全球形成一个"地球商业村"，贸易方式将发生很大的改变，贸易智能化将取代传统的交易方式，这对国际贸易人才提出了更高的要求。随着我国经济实力的增长，国际贸易职业将是一个充满挑战和诱惑的职业。

与国际贸易相关的专业有：经济学、国际经济和贸易、财政学、金融学等。

（8）律师人才

21世纪是知识经济的时代，法律是社会和经济的"守护神"，法制健全和执法严明将是未来社会的重要特征。律师在未来社会中继续扮演着重要的角色。另外，我们应该改变认为律师就是给人打官司的传统看法，律师的工作领域是很宽的，除了打官司之外，还包括各种各样的法律咨询。近年来，律师行业在我国发展很快，可是无论在数量上还是在质量上，都无法满足我国发展市场经济和依法治国的需要。有资料表明，我国现有5 000万家企业，目前只有4万多家企业聘请了律师，律师人才的需求空间很大。

（9）保险业精算师

"精算师"称得上是保险业的精英，是集数学家、统计学家、经济学家和投资学家于一身的保险业高级人才，不仅要具备保险业的专门知识，而且还要具有预测未来经济发展方向的能力。我国的保险法规定，经营保险公司必须聘用一名金融监管部门认可的精算师。而据中国保险学会介绍，目前在13亿中国人中却只有几十名严格意义上的精算师，这种状况显然无法适应我国保险业迅猛发展的需要。据预测，在未来几年内，我国精算师的市场需求量将在4 000名左右。

（10）物流专业管理人才

作为与能源、信息流并列的物流业，是继劳动力、物流资源之后的第三个利润的源泉。据有关人士预测，仅全球快递营业额，将从1996年的350亿美元发展到2016年的2 850亿美元。在物流这个领域中，我国和发达国家的差距，不仅仅是资金、技术上的差距，更重要的是知识观念和人才上的差距。比如，当前国内物流企业超过千万家，而真正利用现代物流管理方法整合企业管理流程的不超过万家。搞好物流，人才是关键。在上海2004年首次颁布的人才开发专业目录中，现代物流人才被列为急需引进的13类紧缺人才之一。

（11）教育人才

21世纪的竞争是人才的竞争，这种竞争必然导致以培养人才为目标的教育事业的竞争。我国把"科教兴国"作为基本国策，搞好我国的教育工作是我国迅速增强综合国力和发展经济的重要途径，更是我国社会主义现代化建设的重要战略目标。随着社会竞争的日益激烈，信息更替的进一步加强，人们将越来越重视教育的作用。21世纪的教育将发展为终身教育和全社会的教育，而科技与经济的发展也必将促进教育向更加专业化和智能化方向发展。在未来，随着对教师需求数量的不断增长，对教师的质量也提出了更高的要求。

（12）医疗保健人才

随着经济的不断发展，人民生活水平的不断提高，医学将不只是维护人们的健康，而是越来越关注如何进一步改善人们的体质、提高人们的智能。本世纪，人类医学已逐步进入保健医学的时代，医学所涉及的领域将越来越宽，营养学、生态学、心理学、生物学和优生学等都会得到进一步的发展，医疗保健人才将越来越走俏。

2.21世纪发展前景看好的专门人才

（1）心理学专门人才

心理学是研究人的心理和行为规律的学科。在美国，每1 500人之中就有1名心理学家，而在我国，每百万人口中，只有不到两个心理学专家。心理学有着深远的发展空间，有着广阔的职业前景。像心理医生、心理咨询师、心理教师或儿童心理顾问、企业人力资源专家、市场调查和分析专家都将成为未来的热门职业。

（2）对外汉语专门人才

据教育部一项最新统计资料显示，汉语教学在世界各地呈现出蓬勃发展的趋势，世界各国中学习汉语的总人数已超过2 000万人。汉语教学正越来越多地走进国外的大、中、小学课堂。目前，美国、新西兰、日本、泰国、韩国、加拿大、澳大利亚等国已将汉语列入大学升学科目。由于学习汉语的人数日益增多，许多国家都面临着汉语教师严重不足的情况。对外汉语人才具有较深的汉语言文化功底，又熟练掌握英语，日后能在国内外从事对外汉语教学，或从事对外文化交流工作。该专业在中外教育交流的过程中将起到十分重要的作用。

（3）地理科学专门人才

从不规律的地质、地貌中找出科学规律进行研究，这是一门从各种角度对地质、地表形态等地理特征进行深入研究，同时也研究地域与人们生活关联的学问。钱学森院士把地理科学列为世界现代十个科学技术大部门之一。

在西部大开发的今天，地理学更加显示出它的重要性，如黄河的整治是关系全国现代化建设的大事；青藏铁路的修建成功与对沿途的详细地形、地质资料的了解和比较密不可分；西气东输，途经十多个省份，每个省修建输气管道如何做到在技术上更简便、在经济上更节约；还有西电东送、生态环境保护、矿产资源开发等，都离不开地理学的参与。

（4）大气科学专门人才

人类早就意识到，天上发生的一切与我们的生活密切相关。通过增进对大气现象的认识以及发展和提高气象预测、天气预报、环境与气候变化预测、人工影响天气等来为社会、为人类服务已成为大气科学发展的目标。

（5）小语种专门人才

小语种是相对英语而言，只有在少数国家应用的外语语种，包括俄语、德语、法语、日语、西班牙语、阿拉伯语、波斯语、韩语、意大利语、希腊语等。正是由于应用面窄，小语种的专业外语人才一直也是小范围的由少数几个学校进行培养，即名副其实的"小"。我国进入WTO以后，随着同世界贸易往来的不断加强，小语种的外语人才将越来越受到社会青睐。

五、职业对个体生活的重要意义

职业对于从业者的个体生活来说，具有重要的作用。首先，职业是人们现代化生活中谋生的一种手段。人们通过职业为社会奉献劳动，社会按照一定的标准付给劳动者报酬，这些报酬成为劳动者及其家庭成员生存和发展的主要经济来源。职业劳动因为岗位的不同、劳动复杂程度的不同、劳动科技含量的不同，所获得的报酬也不同。不同的劳动报酬成为劳动者及其家庭生活的主要经济来源。劳动者一旦失业，其自身以及家庭生活就会失去主要的经济来源。劳动者通过职业，不仅求得生存，而且还要谋求发展。

其次，职业能促进从业者的个性发展。职业活动对人的个性发展起着十分重要的作用。职业活动是按照一定的社会规范和内在规律运行的，每种职业都有其独特的活动，对从业者在生理和心理方面都有特定的要求。人们通过参加职业活动，逐步形成、不断发展与完善自己的个性，随着从业时间的增加，个人的智力、体力、知识与技能水平得到了充分的发挥和提高，从而满足了自我实现的需要。

再次，职业是劳动者创造人生价值的舞台，是实现生活理想的桥梁，职业生活使理想插上翅膀，使人的聪明才智得到充分发展。通过职业，人们获得一定的社会角色，为社会作出贡献，得到社会的承认。在职业这块土壤上，人们挥洒汗水，播下智慧的种子，收获成功的果实。你必须付出艰辛、勤劳，有时甚至经受挫折，作出一定的牺牲，才能有收获。

总之，你为社会作的贡献越大，社会给你的回报也就越高。只有在职业的舞台上，才能使就业者的潜能得到充分的发挥，最大限度地实现自己的人生价值。

第二节　大学生职业生涯规划及其意义

一、职业生涯的含义

一般认为，生涯指人的一生。在英文里，"生涯"一词根源自罗马字 via carraia 及拉丁字 carrus，两者的含义均指古代的战车，在希腊，career 意为"疾驰、狂奔"，最早常用作动词，后来又引申为道路，即人生的发展道路，或指个人一生的发展过程，也指个人一生中所扮演的角色与职位。

在一个人从出生到死亡的整个人生历程中存在着不同的生命周期空间，有生物社会生命周期、生物生命周期、家庭生命周期和职业生涯周期。在人的总生命空间中，最重要的、有决定作用的是职业生涯周期，它是人生存在和发展的前提条件。而且，职业生涯周期从任职前的职业教育培训到寻求职业、就业从业、职业转换、逐步晋升，直至完全脱离职业工作，占据了人生的大部分时间，因此，对个人及家庭都有着十分重要的意义。

关于职业生涯，目前还没有统一的认识，不同国家的学者从不同的角度对职业生涯的内涵进行了界定。法国权威词典将职业生涯界定为"表现为连续性的分阶段、分等级的职业经历"。美国学者罗威尔和斯莱德将职业生涯界定为人的一生中与工作相关的活动、行为、态度、价值观和愿望的有机整体。综合各家之说，可以认为：职业生涯是对生涯的狭义理解，专指个体职业发展的历程，一般是指一个人终生经历的所有职位的整个历程。一个人一生中连续从事的职业，它不仅包括过去、现在和未来那些可以实际观察到的职业发展过程，而且还包括个人对职业生涯发展的见解和期望。具体地说，就是以个体心理开发、生理开发、智力开发、技能开发、伦理开发等人的潜能开发为基础，以工作内容的确定性和变化、工作业绩的评价、工资待遇、职称职务的变动为标志，以满足需求为目标的工作经历和内心体验的经历。

还有的学者将职业生涯分为狭义的职业生涯和广义的职业生涯。从个体生命空间的意义上考察，前者是一个人从职业学习伊始至职业劳动最后结束这一整个职业劳动的工作经历，即将职业生涯限定于直接从事职业工作的这段生命时光。广义的职业生涯是从职业能力的获得、职业兴趣的培养、选择职业、就职直至最后完全退出职业劳动这一完整的职业发展过程进行考察的。

尽管不同的学者对职业生涯的内涵有着不同的认识，但作为一种客观存在，职业生涯有其基本含义，并主要包括以下内容：

（1）职业生涯是个体的概念，是指个体的行为经历，而非群体或组织的行为经历。

（2）职业生涯是个体职业的概念，实质是指一个人一生之中的职业经历或历程。

（3）职业生涯是个体时间的概念，职业生涯起始于最初工作之前的专门职业学习和训练，终止于完全结束或退出职业工作；实际的职业生涯在不同个体之间差别很大，有长有短。

（4）职业生涯是发展和动态的概念，寓意着个体职业内容以及职位的发展和变化；职业生涯不仅表示职业工作时间的长短，而且内含着职业变更与发展的经历和过程，包括从事何种职业、职业发展的阶段、职业的转换与晋升等具体内容。

二、职业生涯的类型

1. 传统型职业生涯

在一个人的职业生涯中，他的职业可能是持续稳定的，我们通常把它叫做传统型职业生涯。例如：一个医生的职业生涯之初是住院医师，随着其专业知识的增长和工作经验的丰富，其职位可能会逐步晋升为副主任医师、主任医师。

2. 易变型职业生涯

一个人的职业生涯可能随其兴趣、能力、价值观及工作环境的变化而发生变化，我们把这种职业生涯叫做易变型职业生涯，如一个人职业之初是一名医生，后来从事管理工作等。一个人一旦通过选择或选拔进入职业组织或特定的岗位，他的职业生涯也就开始了。一个人一生可能在一个固定的岗位只从事一个职业，也可能经历若干个岗位、若干个职业甚至若干个不同的行业。如果一个人的个人因素、所在组织因素与社会环境因素相匹配，那么他很容易在职业生涯中取得成功；相反，他的职业生涯中很难有大的作为。

职业生涯中的成功是一个漫长的过程，在这个过程中，个人、职业组织、社会环境都在变化，个人进入职业组织之初的"匹配程度或职业适合性"需要随着时间的推移不断与职业组织的成长相适应，需要不断地磨合。

三、什么是职业生涯规划

职业生涯规划是指通过个人和组织相结合，对个人职业生涯的主客观条件进行测定、分析、研究和总结，尤其是在对自己的兴趣、爱好、个性、能力、价值观、特长、经历以及存在的不足等各方面进行综合分析的基础上，确定最佳的职业奋斗目标，并为实现这一目标做出行之有效的安排。例如：做出个人职业的近期和远景规划、职业定位、阶段目标、路径设计、评估与行动方案等一系列计划与行动。

职业生涯规划不同于职业生涯设计，前者是针对个人层面，后者是针对专家层面而言。个人进行职业生涯规划的目的是尽快实现自己的社会价值与个人价值，最大速度和最大限度地实现职业发展与成功。当个人进行职业生涯规划有困难时，可以请职业规划师或职业咨询师进行科学的职业生涯设计。

职业生涯规划也不同于职业生涯开发与职业生涯管理。开发指组织层面，而管理指综合层面，组织对员工的职业生涯进行开发与管理的目的是为了提高生产力，提高组织的经济与社会效益。职业生涯管理是人力资源管理的重要方面，是一个正在发展中的专业方向。

四、大学阶段做好职业生涯规划的意义

大学生涯是整个人生的重要阶段，3－7年不等的大学生活往往为个人日后发展奠定坚实的基础。在大学选择某一专业进行学习，是为今后做职业准备，因而大学生涯可称为职业准备阶段，是职业准备期。这是个人职业生涯的起步阶段，是决定能否赢在起点的重要阶段。我们从幼儿园、小学到初中、高中再到大学进行深造，在大学里要学习如何做人，如何做事，要学会学习、学会与人交往，通过提升自己的整体素质，为毕业选择一份职业做准备。准备得越充分就越能快捷地找到自己理想的职业，顺利进入职业角色。

职业生涯活动伴随了我们大半生，甚至更长远，拥有成功的职业生涯才可能实现完美人生。因此，职业生涯规划，只要开始，永远不晚；职业生涯规划对于大学生实现自己的人生价值，对于一生的幸福和满足都具有特别重要的意义。具体可以表现在以下几个方面：

1. 激发大学生自我实现的需要，培养积极上进的人生观

"自我实现"来源于美国心理学家马斯洛的人本主义心理学，其真正含义是当人们获得了生理、安全和情感需要的满足以后，就要追求自我实现的满足，即在与环境积极协调和适应的前提下，个人潜能得以充分发挥，为做到这一点，个人必须超越自我。用马斯洛的话说就是"自我实现的人无一例外都献身于他们自身以外的事业，某种他们自己以外的东西"。

在我国，自我实现有时可以被理解为"事业有成"、"功成名就"，而事业有成必须以正确的职业选择与发展为前提。因此，大学生应该以科学的方法来正确地、全面地认识自我，了解社会对人才的需要，找出自己在知识、能力等方面与社会需要的差距，确定自己的发展方向与目标。为了成就自我实现的人生目标，大学生职业必需对大学生涯进行科学合理的规划，并通过规划采取实际的具体行动。

2. 引导大学生树立职业生涯规划意识，提高职业生涯规划能力

做好大学生职业生涯规划，通过引导大学生对自己的专业特长、兴趣爱好、性格特征、待人接物的能力、擅长的技能做充分的全面的分析，可以帮助他们对自己进行正确评估，迅速准确地为自己定位，明白自己更适合什么样的工作，自己将来有可能在哪些方面获得成功，逐渐理清职业生涯发展方向，形成较明确的职业意向，并提升自己的职业生涯自主意识和责任，为今后的事业发展做全面、长远的打算。

3. 促进大学生树立明确的职业目标和职业理想

职业生涯规划有助于大学生通过对自己的综合优势与劣势进行对比分析，通过对外部职业世界的了解和分析，树立明确的职业发展目标与职业理想；通过评估个人目标与现实状况之间的距离，学会运用科学的方法，采取切实可行的步骤和措施，不断增强自己的职业竞争力，实现自己的职业目标与理想。

4. 增强大学生在就业中的核心竞争力

好工作不是依靠运气得来的，对大学毕业生而言，它是多种因素共同作用的结果。影

响大学生求职的因素包括学校培养质量、专业与社会需求和来自学生的变量，如个人综合素质、就业观念、就业技巧、性别、生源地与家庭背景，以及学校职业指导工作是否到位等。其中，属于大学生本人能够控制的主要是个人素质、就业能力与技巧。

对于当代大学生而言，职业生涯规划就像一座灯塔，指引着自己在追求人生目标的道路上前进。它在总结了无数前辈智慧结晶的基础上，告诉你做人处事的基本道理，向你指明怎样做才事半功倍；它也在反思了身边许多事例的基础上，告诉你在实现目标的过程中要注意些什么，使你少走弯路，找到其中的捷径；此外，当你在前进道路上遇到困难、支持不住而想放弃之时，生涯规划会使你产生源源不断的动力，让你坚定地走下去，直到成功的终点。

总之，职业生涯规划的目的是要突破障碍、激发潜能、实现自我，它向你提供一些有效的方法和工具，使你有能力在不同发展阶段都能对自己的过去、现在和未来有一个重新审视和评估的机会。即使在无法预期、充满不确定感的人生中，你也能学习到如何根据这些可能发生的变局，不断调整自己、修正可执行的计划，为自己的每一个人生阶段创造最大的满足感和成就感。

 **小资料**

大学生职业生涯规划调查报告

当前我国大学生的职业规划现状如何？对就业中心提供的职业发展服务是否满意？为此，北森测评网、新浪网与《中国大学生就业》杂志于2006年6月28日－7月7日共同实施了一次大型调查，采用在线填答形式，共收集有效问卷2 627份。参与调查的人群包括在校非应届大学生、硕士生、博士生、应届毕业生及毕业超过一年的人等典型人群。

调查显示，大学生对于个人职业生涯规划满意度整体水平不高。各项调查指标的满意度最高没有超过3.6分（5分表示非常满意），其中对"职业生涯规划现状"和"求职方法和技巧"的满意度最低，对"清楚了解自己个性"的满意度最高。有40%的大学生在调查中表示，不愿意从事与自己专业相一致的工作，这充分反映了目前高考选择志愿的盲目性。

从职业发展的角度来看，放弃自己的专业需要承担非常大的机会成本，同时也会带来心理、家庭等诸多的问题，而这些问题的融合需要专业职业发展人员系统的服务。

大学生在求职过程中，学校就业中心是他们获得外界工作信息及职业规划指导的一个主要途径。但是，对就业中心的各项情况和服务，表示出"满意或比较满意"的调查者不到总数的15%，而选择"一般"的调查者占总调查人数的30%，另有30%的学生根本不了解就业中心的情况和服务。调查发现，当大学生面临职业选择或职业困惑时，他们最主要的解决途径是自己思考解决，占到了44%；其次是与父母和同学商量，分别为12%和15%；听老师意见的占7%；选择由专业机构对自己进行指导的学生仅占一成。虽然现实生活中大学生较少接受系统的职业生涯规划服务，但面对未来的发展，超过80%的人还是认为职业生涯规划在心目中的地位重要或非常重要。70%以上的人表示需要或者非常需要职业生涯规划的指导。

第三节　学业、专业与职业规划的相互关系

大学生学业状况及专业特点对其未来职业的发展有着十分重要的影响。因此，必须了解相互之间的关系，才能制定出适合自己学业水平，符合专业要求的职业生涯规划。

一、学业、专业与职业的关系

（一）学业与职业的关系

进入大学，我们的生活方式有了多种选择，有许多事情可以让我们投入精力去做。但是作为学生，学习仍然是我们最基本的任务。毕竟，大学是学习的场所，在我们从学校人向社会人转变之前，打下扎实的知识基础是十分必要的。正是出于这个原因，学校中许多政策的制定都以此为出发点。

目前，大学里普遍采取的是学分制管理模式，学生要能够顺利毕业，必须按规定修完课程，拿到所需的学分。同时，学习成绩与奖学金的评定也有很大的关系，通常学习成绩占奖学金评定的很大一部分，有时甚至纯粹按照学习成绩排名评奖学金。此外，一些机会的获得，如出国交流、参加竞赛等，都是以学习成绩为重要标准进行选拔的。

许多学生在大学毕业时会选择就业，走向社会。那么，我们就必须了解课程学习对于就业的重要性。许多单位在招聘的时候，仍十分注重学生在学校中的学习情况。学习成绩常常作为"一道坎"，成为单位筛选人才的一个标准。虽然我们在学校里所学到的知识和工作中所用到的知识差异较大，在投入工作之前，单位都会对员工进行培训。但是，招聘方仍然很看重学生的学习成绩。他们认为，学生阶段还是要以学习为主，学习成绩反映了学生的学习态度和学习能力。因此，在招聘的第一关筛选简历的时候，同等条件之下，学习成绩优秀往往是胜出的关键因素。

学业状况在大学阶段有着十分重要的地位，大学阶段掌握的文化知识是毕业后选择工作所必须具备的基础。如果你准备以后找工作，那么最起码要达到组织招聘的底线，使自己的成绩不低于"良"，在此基础上再去发展自己的兴趣、参加各种活动等；如果你准备继续深造，那么更要重视课程学习，为以后做好铺垫。总之，在学校里作为一名学生，学好课程，完成最基本的任务，是每位学生的责任。因为在知识经济时代，知识可以改变命运，升华人生。

（二）专业与职业的关系

从小学开始，一个学生面临的真正意义上的选择就是选择就读的大学和就读的专业，其中专业对人的影响有时比大学对人的影响还要大。一方面，一个好的对口的专业能极大地调动一个人的学习兴趣，同时专业在极大程度上影响着择业的决策过程，在一定程度上也影响着一个人的职业生涯；另一方面，择业过程的变迁和社会职业的发展又从一定程度上反馈于大学生专业的选择和高校专业的设置。

高校专业设置是人才培养规格的重要标志。目前，各高校实行的是1998年颁布的

《普通高等学校本科专业目录》分设哲学、经济学、法学、教育学、文学、历史学、理学、工学、农学、医学、管理学等 11 个门类，下设 71 个二级类，249 种专业。专业的设置既要使培养的人才具有较宽广的适应性，又要适宜于合格的专业人才的培养。具体来说专业的设置应该把握好以下几点：

（1）专业的设置是人才培养规格的标志

一个大学生，只有完成专业教学计划规定的学习任务，才是一个符合该专业培养规格的合格毕业生。从较粗放的选人、用人标准来理解，用人单位按专业来选用一定规格的人才是有一定道理的。一个大学毕业生不可避免地要被贴上专业标签，这种标签是进入某些职业的有效通行证。因此，在大学期间，一个大学生必须首先达到主修专业合格毕业生的基本要求，在此基础上，才能进一步辅修其他专业，拓展专业技能。

（2）专业设置主要是以学科为主进行划分的

学科有其自身的科学体系和内涵，与职业并无直接联系。因此，专业的学习主要使毕业生掌握系统的有关本学科方面的科学知识和专业技能，并不特别注重与特定职业有关的知识和技能的学习、掌握。高等学校中的各专业均致力于培养具有较宽广的适应性的毕业生，都希望本专业的毕业生能够适应社会发展的需要，适应多种职业的需要。因此，一个大学生仅按专业教学计划完成了专业学习，成为一个合格的毕业生，还不能算是一个胜任所选定的职业要求的人，必须通过自己的主观努力去适应自己所选职业对人才的要求。

（3）专业从根本上受到社会需求发展变化的制约

有些专业从无到有，蓬勃发展，有些专业则日渐衰落。在市场经济时代，专业的兴衰必然与市场需求息息相关。国家可以通过宏观调控，增加一些专业的招生数量，限制某些专业招生规模，但最终的检验还是市场要求，是由毕业生的就业及职业发展前景所决定的。

大学生能否尽早地认识职业，明确个人的职业发展方向，并有目的选择以及学好专业，是决定能否顺利就业，实现入职的关键。高等院校能否适应社会发展需要，为学生提供较为宽广的专业选择范围和灵活的学习机制，是学生顺利就业的关键，也是决定高校长期可持续健康发展的关键。由于社会分工的不同，人们也就从事着不同的工作，在国民经济不同的产业、行业中，有成千上万种不同的职业。专业是学业门类，它是从学科与技术的角度进行划分的。尽管专业与职业有很大的不同，但两者之间是密切相连的。不管学什么专业，大体上可以知道将来要从事的职业领域。如学工科的可以在不同的产业或行业中当技工、技术员、技师等；学服务的可以当服务员、营业员、售票员等；医疗卫生专业的，可以当医生、护士、药剂师等。一个具体的专业，它与职业的对应的是：它可以是社会上一个具体的职业，更多的情况是，一个专业可以对应一个职业群甚至是几个相关的职业群。如机电专业，可以在制造业和建筑业等行业里当钳工、电工和机修工，也可以自己开维修店；如医学高等院校的医疗卫生专业，可以在医院、防疫、检验、预防保健等有关行业当临床医生、化验医生、麻醉医生、保健医生、护士等，也可以开个体诊所，当个体医生。职业群一般由基本操作技能相通、工作内容、社会作用以及从业者所应该具备的素质接近的若干个职业所构成。职业群横向划分，是相同的职业存在于不同的产业或者行业之中。如计算机专业所对应的职业群广泛分布于国民经济的各个产业和行业之中。纵向划分，是同一职业存在于同一行业若干个不同的岗位及其可能晋升的职务上。如保安专业所对应的职业群：押运业务保安、巡逻业务保安、场所业务保安、守护业务保安、消防业务保安等。

作为一个医学院校的大学生，你们所学的专业所对应的职业群有如下诸项。临床医学专业所对应的职业群：临床医生、保健诊所、卫生科普宣传等。护理专业所对应的职业群：临床护理、家庭护理、康复保健、预防检验、卫生防疫、卫生科普宣传等。药剂专业所对应的职业群：门诊药房、病区药房、生产制药、药品检验、药品营销、药品科普宣传等。影像、影技专业所对应的职业群：医学影像诊断、医疗器件维修、卫生影像科普宣传、电器维修等。康复专业所对应的职业群：临床康复治疗、康复保健、个体诊所、康复美容、康复保健指导、康复科普宣传等。

因此，了解专业必须了解专业的社会需求情况。认为上大学就能够保证有一个好职业的时代已经随着高等教育精英教育时代的结束而结束了。上大学是为了提高素质，更是为了个人职业发展。而学习相关专业技能，是为了就业。上大学不对专业进行认真选择至少是对个人不负责任的表现。

一般而言，大学生在择业时主要考虑自己的专业或双学位专业，再考虑以自己的兴趣爱好、特长等来选择就业单位。反过来，用人单位在招聘新职员时一般首先考虑的是应聘者的就业素质和所学专业、特长及相关经历。

二、综合素质与择业的关系

毕业生应该具有什么样的素质才能被用人单位录用，是每个毕业生就业时所必须思考也必须解决的现实问题。据有关资料分析，近年来一些用人单位大致从以下四个方面去考察和录用毕业生：

(一) 思想道德素质

从思想道德素质上看，相当多的学生害怕吃苦受累，存在"娇"、"骄"二气，缺乏敬业精神和团队精神，文明道德修养不高，甚至对作弊、毁坏公共财物、破坏公共秩序等不良现象熟视无睹，这些都是思想道德素质不高的反映。

思想道德素质是大学生非职业素质的核心，它包括公民观念、国家观念、法律观念等素质内容。一般提法有："三观"即人生观、价值观和政治观；"三义"即集体主义、爱国主义和社会主义；"三德"即社会公德、伦理道德和职业道德。

职业道德是指个体从事某项职业所应具备的基本道德素质，是一种社会意识，它直接作用于社会行为，具有其他道德不具有的社会现实性和具体性。在国外，会计师、律师、法官之所以受人尊敬，就是因为他们公正、公平的职业道德。有一位名人曾说过："一个职业不仅仅因为它为社会作贡献而存在，更因为它存在的职业道德而备受尊重。"热爱所从事的职业，具备职业的道德水平，这是大学生进入社会后要学习的第一课。体现在大学生就业过程当中，就是择业道德，即在择业时应该具备的道德水平，比如应聘资料的真实有效、就业过程当中的义务履行、避免多头应聘同时签约几家单位的问题，等等。虽然至今没有出台大学生就业法，对其中的有些法律或者道德问题难以区分，但诚实不欺、公平公正、互相信任、共同合作是大家所应该遵循的共同原则，·也就是必须具备一定的择业道德，这样才能体现出当代大学毕业生的风采。

（二）科学文化素质

目前，科学的高度发展呈现出高度分化又高度综合的态势。一方面，新兴学科不断涌现；另一方面，学科间又互相交叉渗透。自然科学和社会科学综合化趋势越来越明显，社会问题、经济问题都有其综合性和复杂性，人类也越来越趋向从总体认识和把握客观世界。作为社会中高素质群体之一的大学生，应该具备高的科学文化素质，主要体现在以下几方面：一是具备能适应自身成材目标需要的基础宽泛、有弹性、便于同各种新知识相连接的知识结构，它包括宽厚的综合基础知识、精深而系统的专业理论知识、以某个专业的最新研究动态为主的知识等；二是具有强烈的科学意识、科学观念，具备科学的思维方法和工作方式，同时具有科学的精神和态度；三是运用自己掌握的科学知识解决实际问题的能力。

（三）生理素质

现代社会繁忙的生活、紧张的节奏要求投身进去的每一个人都必须具备健康的体魄。对于初入社会的大学生来讲，要干出一番成绩必将要求你承担更多的压力、投入更多的精力，如果没有一个好的生理素质，是难以支持的。好的生理素质一方面是先天遗传的，另一方面也是后天培养和锻炼出来的。形成良好的生活规律，杜绝不良的生活习惯，合理安排工作与休息，是每个大学生的基本功。例如，以某些高校的统计情况来看，每年都有不少毕业生在派进后不久因生病被单位退回学校或者原有的疾病复发。这些同学择业是成功的，但就业是失败的，令人十分遗憾。

（四）心理素质

人力资源专家在谈到开发大学生自身的人力资源时提到两个重要的方面：一是生理素质，二是心理素质，这两者是紧密联系的。良好的心理素质体现在：一是主动转换角色，适应社会需要；二是能客观评价自己，有良好的就业心态；三是能正确认识社会，寻找自己的最佳位置。

在部分高校中，因为心理素质偏低而导致心理承受能力低，诱发精神病，甚至导致自杀、谋杀他人等暴力倾向的大学生每年都有一定比例，究其原因，主要是缺乏一个良好、健全的心理素质，因此良好的心理素质、健全的人格也是择业成功的重要方面。

精英教育时代的大学生是社会紧缺人才资源，有广阔的就业空间，不需要做太多努力，就可以找到自己比较喜欢的职业。但在高等教育成为大众教育的时代，大学生不再是一种社会紧缺人力资源，只是一种优秀的人才资源，职业对大学生的要求越来越精细，也就是说，职业对大学生越来越挑剔。在精英教育时代，按教学计划学好专业是首要的；在大众教育时代，按教学计划学好专业与提高职业适应性至少是并重的，从某种意义上讲，提高职业适应性或许更为重要。上大学，一定要进行专业学习，但是专业学习是建立在个人对职业发展有一个初步认识的基础之上的。个人应该根据职业发展需要，选择主修专业和辅修专业，选择要参加的培训和要取得的证书，合理安排学习计划，积累适应个人职业发展需要的专业技能。

第四节　影响职业生涯的因素

当我们开始着手职业生涯规划时，会发现有很多因素左右着我们的选择，我们称这些因素为影响因素。有些因素可以随着我们的规划而进行改变，因此也是我们规划的内容；而有些则难于更改，对我们的职业规划，尤其是规划的初期起着决定方向的作用。那么就让我们来看看这些决定方向的因素都有哪些。

一、自身因素

能够影响到职业规划的自身因素有很多，通常有个人的兴趣、爱好与特长，个人的信念与价值观，个人所选定的目标与需求，个人的情商，个人的工作经验，个人的优缺点，个人的学历与能力，个人的生理情况等。这些自身因素中，有一些是养成后难于更改的，甚至是先天决定的。其中有以下三项又对职业规划起着决定性的作用。

（一）个人的智力因素

研究表明，同一类型的职业，智力水平对工作水平有一定的影响。通常智力水平高的人工作能力更强，强弱差异的大小因职业种类而异。不同的职业对智力水平的要求也各不相同。因此在进行职业规划时，自身智力水平较高的可以优先考虑以脑力为主的职业，智力水平一般的则优先考虑智力影响较小的职业。

（二）个人的情感因素

情感因素是指个人的感情、思绪、认知事物的态度以及对这些因素的认知和控制力。它主要体现在两个方面，即性格和情商。

性格一向被界定为个体思想、情绪、行为与态度的总称，是一个人在实际生活中通过各种行为方式所表现出来的相对稳定的习惯性的个性心理特征。性格研究是心理学研究的一部分，普遍认为性格的塑造是先天因素和后天因素共同作用产生的，环境对性格塑造有着重要的影响。成年后，一个人的性格很难再发生大的改变。作为一个相对稳定的因素，个体的性格对职业的发展也起着重要的作用，而且能够弥补智力上的相对不足。比如性格外向的人更加乐于进行交流和沟通，也较为容易获取更多的资源和认同。性格内向的人更加乐于进行自身反省和认知，能够在研究和开发潜能上产生更强的耐力和韧性。

情商不同于性格，它出现在后天，可以通过培养来提高，并且在一定程度上弥补性格上的不足。因为情商偏高的人能够更客观地认识自身性格上的优势与不足，并善加控制，提高心理素质，从而达到客观认识自我、巧妙展现自我、冷静评价自我、合理调控自我，并通过情感的把握而展现出更加善于与人沟通的优势。与智商高的人士对比，可以看出情商的优势体现在如何将智商的优势更好地表现出来，我们甚至可以这样说，一个智商高的人未必成功，但一个成功的人必定情商高。

在考虑职业规划时要注意选择的职业是否与自己的性格相符。与自己性格相符的职业能够使你更容易获得职业成功；而如果选择的职业与自己的性格相左，即便通过努力取得了很多成绩，也很难产生成功的感觉，甚至会出现心灵上的扭曲。判断自己的性格是否与职业相符，则来源于自身的情商。情商能够更好地认识自身性格，明确职场定位，扬长避短。情商高的人在职业发展受到挫折的时候，更容易调整心境，昂首向前，职业发展一帆风顺的时候，也可以认清方向，不为外物所惑。

（三）个人的身体因素

身体因素指的是一个人的身体状况是否适应规划的职业。这里面有两层含义：

一是指健康，引申一下，即所谓一个人的健康智慧及其对健康的态度，也就是我们所说的健商。健商的高低更多地体现在我们的身体是否能够适应职业强度的要求，这一标准虽然是一个偏向于心理的因素，但是更多地反映在生理上。有些人自身的健商值相对较低，当职业生涯发展到黄金时段，因为没有合理地进行保健，身体便过早地衰老，结果中途就败下阵来。当然，健商随着知识的丰富以及认识态度的不同会发生变化。如果认识到身体成本的重要性，也可以在一定程度上解决自己的健康问题。

二是指自己的身体条件，如身高、体重、相貌、年龄、性别，甚至一些体检指标等。这些几乎不会随着自己的客观努力而发生根本性变化，而在考虑职业生涯的时候，又起着决定性作用。例如长跑运动员多半需要有"羚羊"一般的腿形，航空服务人员对相貌有较高的要求，色弱的人员很难从事医疗诊断工作，乙肝病毒携带者不被允许参加医药及食品卫生工作等。有些因素虽然看似普通，但是对于特殊职业来说，确实能够产生是与否的决定作用，因此在职业生涯规划前要认真考虑。

二、职业因素

职业因素主要体现在职业岗位对个人的具体要求上。因为每种职业随着时代的变化，要求也存在着相应的变化，但是在每一个时代，标准还是基本稳定的。能够影响生涯规划的职业因素主要有以下几类。

（一）职业认知

我们所说的知识大致可分为普通知识和职业知识。职业知识有广义和狭义之分，这里要讨论的是狭义的职业知识，也就是这个职业所要求必备的基础知识。它通常在这个岗位的产生之初就存在，职业的每一次质的发展也都是从职业知识的扩展开始的。可以说，职业知识是职业对个人的内在要求。当你不具备相应的知识，便根本无法从事相关职业，这在医学领域里表现得尤为明显。通常在进行职业规划时我们会认为，职业知识在学校、书本中就能学到，可以通过自己的意愿来进行选择性掌握，但实际情况并非如此。教育知识演变和课程知识发展的历史，可以明晰地告诉我们，并不是所有的知识都能够成为课程知识，有很多知识是无法在课堂中获得的，甚至有些知识无法用语言直接传授。因此，就业时更多的知识要求是体现在课本以外的，在职业培养上也会出现现代的规范化教育与古代的学徒制结合，形成人才培养的新学徒制模式，这在中医知识学习中更为普遍。所以在考虑职业生涯规划时，不仅要想到学校学到的知识，还要想到在岗位中才能掌握的知识。因此，可以先就业后择业。

（二）职业技能

职业技能与职业知识比较相近，但更多地体现在能力的要求上。能力的培养有别于知识，多是在实践或者模拟实践中形成，在没有合适机会的情况下很难获得。掌握职业技能是国家实行就业准入制度的要求。国家明确规定："用人单位招用从事技术复杂以及涉及国家财产、人民生命财产安全和消费利益的劳动者，必须从取得相应学历或职业资格证书的人员中录用。劳动和社会保障部已在 28 个行业 90 个工种（职业）实行就业准入制度。实践证明，有职业技能的劳动者供不应求。

我们经常会看到这样的场面：许多手持本科甚至研究生文凭的大学生们，因为技能所限，或者是没有实际操作经验，在找工作时屡屡败北；可是，一个没有接受过正规大学教育，却经过工作实践，有了一定工作经验的人，在找工作时却一路绿灯。这是因为在实际工作中，技能的要求更多地体现在掌握技能的熟练程度上，而不单纯根据你是否掌握技能这么简单。很多时候不能胜任岗位需要并不是因为没有获得技能，而是不善于使用技能，致使工作效率低下。

提高技能的熟练度与个人的先天因素、后天因素都有关系，但是鉴于职业生涯规划的出发点，还是应该首先考虑先天因素对掌握职业技能的影响，并且要与自己的职业知识相适应。医生就是一种理论与实践结合得很默契的职业，它不仅对职业知识有较高要求，对职业技能也非常重视，因此在选择前就要更多地考虑自己能否达到职业要求。

（三）职业兴趣

著名的美国哈佛大学 MBA 专业毕业生进行职业生涯设计和择业的第一步就是进行自我评价。在自我评价的过程中，他们首先考虑的往往不是个人的能力，而是自己的兴趣。相当一部分人的做法是，把自己有兴趣的职业与那些在不同职业上取得成功的人进行对比，如果兴趣相近，则说明也许可以选择与成功者相同的职业。在我国，据有关资料显示，大部分求职者也都把符合个人兴趣的职业作为择业的最重要的因素之一。

职业兴趣是一个人认识、接触和掌握某种职业或专业的心理倾向。职业兴趣是兴趣中的一种，不同职业兴趣的人对不同职业产生的心理倾向具有较大的差异性。一个人如果对某一职业有兴趣，他就会产生从事该项职业的动力，他的才能就能得到很好的发挥，而且能长期保持较高的工作效率。反之，一个人若对所从事的职业无兴趣，其才能的发挥往往只能达到潜能的 20% ~ 30%。而对于同一个职业，有的人热烈地向往，积极地追求，而有的人却无动于衷，甚至不屑一顾。由此可见，兴趣是一个人才能的动力和基础。一个人的职业兴趣对于他选择什么样的专业或职业起着至关重要的作用。而爱好什么职业、选择什么职业对职业生涯的设计也是一个重要的因素。

在对职业及职业兴趣进行大量研究的基础上，我们可以简单地将人的职业兴趣及与之相对应的职业分为以下 10 类：

第一类，愿意与事物打交道。这一类型的人喜欢与事物（如工具、机械、器具等）打交道，不喜欢从事与人或动物打交道的职业。相应的职业有制图员、维修工、操作工、会计等。

第二类，愿意与人接触。这一类型的人喜欢从事与他人接触的工作，如销售采访、传递信息等。相应的职业有记者、营业员、服务员、推销员等。

第三类，愿意做领导和组织工作。这一类型的人喜欢从事管理工作，喜欢掌管一些事情。相应的职业有行政人员、管理人员等。

第四类，愿意做有规律的工作。这一类型的人喜欢有规则的活动，喜欢在预先安排的程序下做具体的工作。相应的职业有图书馆管理员、档案管理员、办公室职员等。

第五类，愿意从事社会福利或帮助人的工作。这一类型的人乐意帮助别人，愿意通过自己的努力改善别人的状况。相应的职业有医生、律师、护士、经纪人等。

第六类，愿意研究人的行为。这一类型的人喜欢谈论涉及人的主题，喜欢研究人的行为举止和心理状态。相应的专业有心理学、政治学、人类学等。

第七类，愿意从事科学技术工作。这一类型的人擅长理论分析，喜欢推理，喜欢动手实验，喜欢独立地思考和解决问题。相应的专业有数学、物理、化学、生物、工程学等。

第八类，愿意从事操作机器的技术工作。这一类型的人喜欢运用一定的技术，操纵机器设备，制造产品或完成相关任务。相应的职业有驾驶员、机床操作工等。

第九类，愿意从事抽象的、创造性的工作。这一类型的人喜欢需要想象力和创造力的工作，喜欢创造新的式样或概念。相应的职业有设计人员、创作人员、演员、画家等。

第十类，愿意从事具体的工作。这一类型的人喜欢生产或制作能看得见、摸得着的产品，希望能很快看到自己的劳动成果，并从中得到自我满足。相应的职业有园艺师、厨师、理发师、美容师等。

三、家庭因素

就个体差异而言，家庭对一个人的影响是显而易见的，每位同学的家庭教育都有所不同，在求职过程中所表现出的职业选择、对职业压力的心理承受能力、面试时的表现、对自己职业成功的定义、对未来报酬的期待及工作后择业的设想等都有很大的差别。可以说，家庭是孩子未来职业成长的摇篮，是造就其素质以至影响职业生涯的主要因素之一。英国教育家约翰·洛克的观点非常明确："家庭教育决定孩子一生的命运。"

不同的家庭环境有着不同的教育方式。根据美国学者鲍姆林德的研究，把父母的教育方式分为权威型、专制型和放任型。后来美国心理学家麦科比和马丁又将放任型进一步分为溺爱型和忽视型。这样，父母的家庭教育方式大致可以分为四种类型：权威型（高要求高反应）、专制型（高要求、低反应）、溺爱型（低要求、高反应）和忽视型（低要求、低反应）。因为权威和专制两词词义含混，近来多用民主型代替权威型。

四种父母教育的具体特征如下。

民主型家庭：父母自身言行能够产生明显的示范作用，容易获得孩子的认同，在这种环境下，能够使孩子有较强的自律性，擅于接受父母甚至周围师长的劝告，对自己的角色有较为明确的认识。在择业的复杂社会环境中，出现疑惑时考虑父母的忠告，能够以社会认同的普遍规则要求自己。

专制型家庭：会造成孩子与父母的关系紧张并逐渐疏远，难于找到自我的客观定位，缺乏认同感，在父母的高压下经常出现逆反倾向，即便是父母师长的客观良好建议也会主观地不认同。很少与父母交流思想，更谈不到说心里话，会造成子女在职业认同、情感和行为协调上一致性水平较低。

溺爱型家庭：容易过分迁就庇护子女，放松了对孩子的思想道德教育，甚至不愿意别人说自己孩子的缺点，会造成孩子对一些评价，尤其是负面的评价不认同。在职业生涯中，抗压性差，心理脆弱。有些溺爱型家庭会体现为过分保护，对孩子的生活起居过分照顾，对孩子的学习、游戏、社会交往等方面设置了过多的清规戒律，造成孩子的主动意识缺失，扼杀其职业上的主观能动性和创造性。

忽视型家庭：这类父母与子女在认识、情感和行为协调上都比较缺乏。子女与父母的关系被降低到简单的抚养关系，这不仅使孩子在发展中缺少必要的经验获得，而且容易使孩子产生孤独心理，不善于与周围进行信息交换。在职业生涯中对获取资源和认同上处于相对劣势，至于必要的理解、尊重、独立自主性的满足、榜样的信息等，则要到社会实践中去逐步积累，渐渐适应。

家庭因素的另一类体现则表现在父母和孩子对最终职业生涯目标的期待。通常父母对子女最终职业生涯目标的期待是很高的，并且从本科层次开始就要高于子女本身的期待。在一个药学类学生的统计调查中显示，学生在考虑就业时父母的影响因素仅次于自身，高于社会因素和职业报酬影响。所以在进行职业生涯规划时，个体会因家庭的影响改变自身的发展方向。在对待父母的期待上，要辩证地看待其作用，一方面由于父母获得的社会经验比较丰富，对自己在决策上有较好的指导作用，从而能够避免在职场上做一些无谓的尝试。但是从另一方面讲，如果一味地服从父母的要求，不考虑自身的情况，会把自己的职业生涯变成父母的职业生涯或者父母意愿的延续，丧失自我的特色，即便获得了很大的成绩，也很难有职业成功的感觉。

有调查显示，父母对孩子职业选择的期待因素顺序是职业名声、职业收入、舒适安全、施展才能、符合兴趣、国家需要、社会贡献，因而要正确地处理好家庭因素对职业生涯的影响。

四、社会因素

由于职业具有社会性，社会的方方面面因素都会对个体在职业选择上产生影响。综合起来主要表现在社会结构和社会认同上。

（一）社会结构

社会结构是社会因素对职业选择的内在表现。社会结构是一种客观的存在，也是人们认识社会的一种策略，我们大致上可以把社会结构看成是一个社会中各种社会力量之间所形成的相对稳定的关系，如职能部门之间、利益群体之间的关系。个体选择都是在社会结构约束和影响下做出的。社会结构是个体进行职业选择行为的前提和条件，个人职业选择行为的结果有时也会产生新的社会结构或者改变旧的社会结构，资本主义社会的形成就是最好的例证。

社会结构对职业的影响主要表现在职业结构上。现代社会里，职业是一个人生存和发展的基础条件之一，我们所说的职业结构则是各种职业之间的组成关系，它最明显的外在表现形式是各种职业的劳动者数量。因此职业结构与职业选择有着天然的联系，职业结构为职业选择进行引导，职业选择对职业结构产生反作用。职业结构的变化可以从两个方面来说明：一方面，随着科学技术水平的提高，新知识、新技能的广泛应用使得社会劳动分工越来越细，开始出现新型职业，一些旧的、可替代的职业因为失去了存在的理由和条件，逐渐消亡。有部分职业虽然仍以固有的名称和形式存在，但职业的工作条件和工作内容发生了重大的变化。另一方面，职业结构的变化是指各种职业的参与者的比例会随着社会的发展而发生变化。对于一个社会来说，职业结构的变化反映了一个社会的发展水平和发展方向，农业国和工业国发展方向上的不同也是因此而形成的。以近现代世界各国的发展规律看，职业结构变化遵循一定规律，尤其从发达国家职业结构来看，总的趋势是体力性的、非技术性职业的劳动者所占的比例不断减少，而脑力性的、技术性职业的劳动者所占的比例不断提高。

（二）社会认同

社会认同是社会因素对职业选择的外在表现。社会认同理论（Social identify theory）是泰弗尔等人在 20 世纪 70 年代提出，并在群体行为的研究中不断发展起来的。后来约翰·特纳又提出了自我归类方法，进一步完善了这一理论。该理论认为人们会自动区分内团体（我们）和外团体（他们）成员，同时有动机去维持一个正向的社会认同，并在从属的团体认同中，获得正向的自我概念。同时，当人们归属于一个团体时，会对团体的工作有较高的评价，给予团体的成员较多的资料。对于职业的社会认同主要体现在对职业社会地位、社会形象及群体性的职业价值取向上。

 **小资料**

美国哈佛大学有一个非常著名的关于目标对人生影响的跟踪调查。被调查者是一群在智力、学历、环境等方面差别都不大的年轻人，结果显示，3% 有清晰且长期目标的人，25 年来他们从未改变过目标，总是朝着一个方向不懈地努力，25 年后，他们几乎都成了社会各界的成功人士；10% 具有清晰短期目标的人，他们不断完成预定的短期目标，生活状态稳步上升，25 年后，他们成为了各行各业的主要专业力量，生活在社会中上层；60% 的人目标模糊，他们虽能较安稳地生活与工作，但都没什么建树；其余的 27%，是那些 25 年来从无目标的人，他们生活得不如意，处于社会底层，常常失业，靠社会救济，并且总是在抱怨他人，抱怨社会，抱怨世界。

第五节　职业选择与职业生涯发展理论

职业选择对职业发展起着至关重要的作用。适合自己的职业选择对一个人达到职业目标、实现职业发展有积极作用。

一、职业选择匹配理论

（一）帕森斯的特质因素论

这一理论最早由美国波士顿大学的帕森斯教授提出，这是用于职业选择与职业指导的最经典的理论之一。

1909 年，帕森斯在其所著的《职业选择》一书中，明确提出了职业选择的三大要素，即：

第一，自我了解：性格、成就、兴趣、价值观和人格特质等。

第二，获得有关职业的知识：信息的类型（职业的描述、工作条件、薪水等）、职业分类系统、职业所要求的特质和因素。

第三，整合有关自我与职业世界的知识。

帕森斯的理论强调：在做出职业选择之前首先是要评估个人的能力，因为个人选择职业的关键就在于个人的特质与特定行业的要求是否相配；其次是要进行职业调查，即强调对工作进行分析，包括研究工作情形、参观工作场所、与工作人员进行交谈；最后要以人职匹配作为职业指导的最终目标。帕森斯认为只有这样，人才能适应工作，并且使个人和社会同时受益。帕森斯认为职业与人的匹配，分为以下两种类型：

第一，条件匹配：即所持专门技术和专业知识的职业与掌握该种特殊技能和专业知识的择业者相匹配。

第二，特长匹配：即某些职业需要具有一定的特长；如具有敏感、易动感情、不守常规、有独创性、个性强、理想主义等人格特性的人，宜于从事美的、自我情感表达的艺术创作类型的职业。

帕森斯的特质因素论，作为职业选择的经典性理论，至今仍然有效，并对职业生涯规划和职业心理学的发展具有重要的指导意义。

（二）亲子关系与职业选择

罗伊认为父母对个体早期的教养方式，对其今后的职业选择有很大的影响。她把父母对孩子管教的态度从"温暖"和"冷漠"两个基本方面，大致划分为三种类型、六种情况，并非常形象地把亲子关系和职业选择的关系用图 1 - 1 来表示。

从图 1 - 1 中，我们可以清楚地看出亲子交互反应的形态与人际倾向之间的关系，而此两者的关系又取决于需求满足的方式与程度。

第一型"关心子女型"中的"过度保护型"父母，会毫无保留地满足子女的生理需求，却不见得能满足子女对爱与自尊的需求，即使这些需求都能得到满足，子女行为未必表现出社会认可的行为。所以，在这类氛围下成长的子女，日后显示出较多的人际倾向，而且不是出自防御的心理机制。而"过度要求型"的父母，对于子女需求的满足往往附加某些条件，也就是当子女表现出顺从的行为，或表现出父母认可的成就行为时，其生理需求或爱的需求才能得到满足，这种在父母的高标准严要求下长大的孩子会变成完美主义者。他们会为表现得不够完美而焦虑，因而在做职业选择时较为困难。

在第二型"逃避型"父母的教养态度下，无论是受到拒绝或忽视，儿童需求满足的经验都是痛苦的，即不论生理需要还是安全需要的满足都会有所欠缺，更谈不上高级需要的满足。所以，这类儿童日后会害怕和他人相处，宁可在自己的工作岗位上，靠自己的努力满足自己的需求。

第三型"接纳型"家庭的氛围大体上是温暖的。在温暖、民主气氛下长大的孩子，各类层次的需求不会缺乏，长大之后也能做独立的选择。

总之，童年的经验与职业选择有极大的相关。每一个家庭对于子女的养育方式都不尽相同，养育方式上的差异，致使个人各种心理需求的满足方式与程度也会有层次上的出入。因此，父母的教养态度对孩子的职业选择有重要的影响力，应该让孩子从小去发展自己的能力倾向及职业的兴趣，这样他们对终身的择业行为才有正确的观念及选择的能力，也愿意承担选择后的责任。

图1-1　亲子关系与职业选择的关系（罗伊，1957）

（三）霍兰德的职业个性理论

美国霍普金斯大学心理学教授约翰·霍兰德（John Holland）是美国著名的职业指导专家。他于1971年提出具有广泛社会影响的个性工作适应性理论，并编制了霍兰德职业人格能力测验，该测验能帮助个体发现和确定自己的职业兴趣与能力专长，进而作为个体在求职择业时进行决策的依据。

1. 主要观点

霍兰德认为，生涯选择是个人人格在工作世界中的表露和延伸；某一类型的职业通常会吸引具有相同人格特质的人，而具有相同人格特质的人对许多生活事件的反应模式也是基本相似的，他们创造了具有某一特色的生活环境（也包括工作环境）。霍兰德认为，在同等条件下，人和环境的适配性或一致性将会增加个体的工作满意度、职业稳定性和职业成就感。

霍兰德生涯理论的基础主要由四个基本假设组成：1、大多数人的人格特质都可以归纳为六种类型，即现实型、研究型、艺术型、社会型、管理型和常规型。2、工作环境也有六种类型，其名称、性质与人格类型的分类一致。3、人们都尽量寻找那些能突出自己特长、体现自己价值和能令自己愉快的职业，例如，一个现实型的人会尽力去寻找现实型的职业，其他几种人格类型和职业类型的匹配亦然。4、一个人的行为表现是职业环境类型与人格类型相互作用的结果。如果知道自己的人格类型和职业类型，我们就可以预测自己的职业选择、工作变换、职业成就、教育及社会行为。

2. 人格类型

（1）现实型

现实型的人喜欢从事户外工作或操作机器，而不喜欢在室内工作。这种人通常比较现实，身强体壮、擅长机械和体力劳动，他们会倾向于选择如下一些职业，制造、渔业，野生动物管理、技术贸易、机械、农业、技术、林业、特种工程师和军事工作，等等。有时候，现实型的人在用言语表达自己的情感时可能会存在困难。

（2）研究型

研究型的人喜欢那些与思想有关的研究活动，如数学、物理、生物和社会科学等，他们喜欢研究那些需要分析、思考的抽象问题。研究型的人通常具有如下特征：聪明、好奇、有学问、具有创造性和批判性、具有数学和科学天赋，这一类型的人虽然常隶属于某一研究团体，但他们喜欢独立工作。以下人员就属于研究型的人：实验室工作人员、生物学家、化学家、社会学家、工程设计师、物理学家和程序设计员等。

（3）艺术型

艺术型的人喜欢自我表达，喜欢在写作、音乐、艺术和戏剧等方面进行艺术创作。他们通常会尽力避免那些过度模式化的环境。他们喜欢将自己完全投注在自己所制定的项目中。这样的人通常善于表达，有直觉力，具有想象力和创造力，具有表演、写作、音乐创作和讲演等天赋。他们从事的职业主要有作家、艺术家、音乐家、诗人、漫画家、演员、戏剧导演、作曲家、乐队指挥和室内装潢等。

（4）社会型

社会型的人典型的表现是喜欢与人合作，积极关心他人的幸福，喜欢给人做培训或给大家传达信息，愿意帮助别人解决困难。他们喜欢的工作环境是那些需要与人建立关系、与群体合作、与人相处以及通过谈话来解决问题和困难的工作环境。社会型的人通常易合作、友好、仁慈、随和、机智、善解人意。他们偏好的主要职业有教学、社会工作、宗教、心理咨询和娱乐等。

（5）管理型

管理型的人喜欢领导和控制别人，或为了达到个人或组织的目的而去说服别人。他们追求高出平均水平的收入。他们喜欢利用权力，希望成就一番事业。这样的人多从商或从政。管理型的人通常精力充沛、自负、热情、自信，具有冒险精神，能控制形势，擅长表达和领导。他们大多会在政治或经济领域取得成就。适合这类人的职业主要有商业管理、律师、政治领袖、推销商、市场经理或销售经理、体育运动策划者、采购员、投资商、电视制片人和保险代理人等。

（6）常规型

典型的常规型的人喜欢规范化的工作或活动，他们希望确切地知道别人希望他们怎么样和让他们干什么，他们喜欢整洁有序。若把常规型的人放在领导者的位置会让他们感到不适应，他们更愿意在一个大的机构中处于从属地位、跟随大流。常规型的人大多具有细心、顺从、依赖、有序、有条理、有毅力、效率高等特征。他们多擅长文书或数据类工作，通常会在商业事务性的工作中取得成就。适合这一类人的典型职业有会计、银行出纳、图书管理员、秘书、档案文书、税务专家和计算机操作员等。

3. 职业环境类型

（1）现实型的职业

通常是那些对物体、工具、机器、动物等进行操作的工作。从事现实型职业的人通常具有现实型的人格特质，他们大多是现实的、机械的，并具有传统的价值观；倾向于用简单、直接的方式来处理问题，也用他们的机械和技术能力来进行生产。

（2）研究型的职业

通常是指那些对物理学、生物学或文化知识进行研究和探索的职业。从事这一行业的人通常具有研究型的人格特质。他们大多是有学问、聪明的人，他们获取成就的方式主要是通过证明他们的科学价值而达到，这样的人一般会以复杂、抽象的方式看待世界，并倾向于用理性和分析的方式来处理问题。

（3）艺术型的职业

通常指那些进行艺术、文学、音乐和戏剧创作的职业。从事这一职业的人通常具有艺术型的人格特质。他们大多擅长表达，富有创造力，直觉能力强，不随大流，独立性强。他们通常以展示自己的艺术价值来获取成就，以复杂的和非传统的方式来看待世界，与他人交往更富于情感和表达。

（4）社会型的职业

主要是那些与人打交道的工作，如教导、培训、发展、治疗或启发人的心智等。从事这类职业的人通常具有社会型的人格特质。他们通常乐于助人、善解人意、灵活而随和。他们获取成就的主要方式是通过展示自己的社会价值而达到，并常常以友好、合作的方式来与人相处。

（5）管理型的职业

主要是指那些通过控制、管理他人而达到个人或组织目标的职业。从事这一职业的人通常具有管理型的人格特质。他们一般都具有领导和演说才能，通过展示自己的金钱、权力、地位等来获取成就，常常以权力、地位、责任等为标准来衡量外界事物，并通过控制的方式来处理问题。

（6）常规型的职业

通常是指那些对数据进行细致有序的系统处理的工作，如录入、档案管理、信息组织和机器操作等。从事这样职业的人通常具有常规型的人格特质。他们通常整洁有序，擅长文书工作，一般会在适应性、靠依赖性的工作中获取成就。他们通常以传统的和依赖的态度来看待事物，并用认真、现实的方式来处理问题。

4. 霍兰德六种类型之间的关系

霍兰德以一个六边形形象地阐述了六个类型之间的关系，如图1-2所示，六种类型占据了六边形的六个角。各角间相邻类型彼此间具有较高的一致性，即相邻两种类型间有一定的共同特点，而相隔一角的类型之间具有一致性较弱。其次相对角之间的类型一致性最弱，用虚线表示。如以社会型与现实型为例，社会型的人喜欢帮助别人，在团体中工作，看重人际间的互动；现实型的人则偏好用机器来工作，而不喜欢以人群为工作的对象。

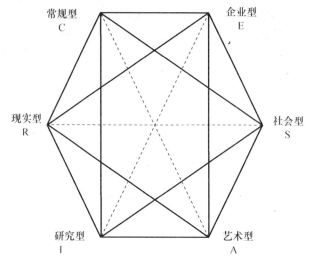

图 1 - 2　六角形模型对人格特质和职业环境之间相似关系的描述

霍兰德的类型论提出之后，产生了广泛的影响。对职业指导过程的分析、解释和诊断产生了重大影响，其理论被广泛用于心理测量工具的编制和应用，并激发了众多对其理论的研究工作与报告的产生。

二、职业生涯发展阶段理论

每个人的职业生涯都要经历许多阶段，只有了解了不同阶段的特征、知识水平要求和各种职业偏好，才能更好地促进个人的职业生涯发展。有关职业生涯发展阶段划分的理论比较有影响的主要有四种。

（一）萨柏的职业生涯发展阶段理论

萨柏（Donald E. Super）是美国的一位有代表性的职业管理学家。他把人的职业生涯发展划分为五个主要的阶段。

1. 成长阶段（growth stage）属于认知阶段

大体上可以界定为从 0 - 14 岁这一年龄段上。在这一阶段，个人通过对家庭成员、老师、朋友的认同及相互作用，逐步建立起自我概念，并经历对职业从好奇、幻想到兴趣，再到有意识地培养职业能力的逐步成长过程。萨柏将这一阶段具体分为三个成长期：

（1）幻想期（10 岁之前）：儿童从外界感知到许多职业，对于自己觉得好玩和喜爱的职业充满幻想，并进行模仿。

（2）兴趣期（11 - 12 岁）：以兴趣为中心理解、评价职业，开始做职业选择。

（3）能力期（13 - 14 岁）：开始考虑自身条件与喜爱的职业是否相符合，有意识地进行能力培养。

2. 探索阶段（exploration stage）属于学习打基础阶段

大体上发生在 15 - 24 岁这一年龄段上。这一阶段个人将认真地探索各种可能的职业选择，对自己的能力和天资进行现实性评价，并根据未来的职业选择做出相应的教育决策，完成择业及初就业。具体又可分为三个时期：

（1）试验期（15－17岁）：综合认识和考虑自己的兴趣、能力与职业社会价值、就业机会，开始对未来进行尝试性选择。

（2）转变期（18－21岁）：正式进入劳动力市场，或者进行专门的职业培训，由一般性的职业选择转变为特定目标的选择。

（3）尝试期（22－24岁）：选定工作领域，开始从事某种职业，对职业发展目标的可行性进行实验。

3. 确立阶段（establishment stage）属于选择、安置阶段

一般是指从25－44岁这一年龄段，是经过早期的试探与尝试后，最终确立稳定职业并谋求发展的阶段。这一阶段是大多数人职业生涯周期中的核心部分，一般要经过三个时期：

（1）尝试期（25－30岁）：对最初就业选定的职业和目标进行检验，如有问题则需要重新选择、变换职业工作，重点是寻求职业及生活上的稳定。

（2）稳定期（31－44岁）：最终确定稳定的职业目标，并致力于实现这些目标。

（3）职业中期危机阶段：在30－40岁中的某一时期可能会发现自己并没有朝着自己的职业目标靠近或发现了新的目标，因而需重新评估自己的需求和目标，处于一个转折期。

4. 维持阶段（maintenance stage）属于升迁和专精的阶段

此阶段约在45－64岁这一年龄段上。这一阶段的劳动者长时间内在某一职业上工作，在该领域已具有一席之地，一般达到常言所说的"功成名就"阶段，已不再考虑变换职业，只力求保住这一位置，维持已取得的成就和社会地位。重点是维持家庭和工作间的和谐关系，传承工作经验，寻求接替人选。

5. 衰退阶段（decline stage）属于退休阶段

人达到65岁以上，临近退休时，其健康状况和工作能力逐步衰退，即将退出工作，结束职业生涯。因此，这一阶段要学会接受权利和责任的减少，学习接受一种新的角色，适应退休后的生活，以减轻身心的衰退，维持生命力。

萨柏以年龄为依据，对职业生涯阶段进行了划分，但现实中职业生涯是个持续的过程，各阶段的时间并没有明确的界限，其经历时间的长短常因个人条件的差异及外在环境的不同而有所不同，有长有短、有快有慢，有时还可能出现阶段性反复。

（二）金斯伯格的职业发展阶段理论

美国著名的职业指导专家、职业生涯发展理论的先驱和典型代表人物金斯伯格（Eli Ginzberg）对职业生涯的发展进行过长期研究。他研究的重点是从童年到青少年阶段的职业心理发展过程，通过比较美国富裕家庭的人从童年到成年早期和成熟过程中的有关职业选择的想法和行动，并将职业生涯发展分为幻想期、尝试期和现实期。

1. 幻想期：指11岁之前的儿童时期

在这个时期，儿童们对大千世界，特别是对于他们所看到的或接触到的各类职业工作者，如教师、医生、护士、警察、军人、演员、售货员等，充满了新奇、好玩之感，幻想

着长大成为什么样的人、当什么等，并在游戏中，常常扮演他们各自所喜爱的角色，甚至在日常服饰打扮、语言行动上进行模仿。此时期的职业需求特点是：单纯由自己的兴趣爱好所决定，并不考虑也不可能考虑自身的条件、能力水平和社会需要与机遇，完全处于幻想中。

2. 尝试期：11－17 岁

接受初等和中等教育并由少年向青年过渡时期。这一时期，人的心理和生理均在迅速成长发育和变化，有独立的意识，价值观念形成，知识和能力显著增长和增强，初步懂得社会生产和生活的经验。在职业需求上呈现出的特点是：不仅注意自己的职业兴趣，而且还更多地和客观地审视自身各方面的条件、能力和价值观；开始注意职业角色的社会地位、社会意义以及社会对该职业的需求。尝试期又可分为四个阶段：

（1）兴趣阶段（11－12 岁），开始注意并培养起对某些职业的兴趣。

（2）能力阶段（13－14 岁），开始以个人的能力为核心，衡量并测验自己的能力，并将其表现在各种相关的职业活动中。

（3）价值观阶段（15－17 岁），逐渐了解自己的职业价值观，并能兼顾个人与社会的需要，以职业的价值性选择职业。

（4）综合阶段（17 岁），将上述三个阶段进行综合考虑，并综合相关的职业选择资料，以此来正确了解和判定未来的职业生涯发展方向。

3. 现实期：17 岁以后的青年和成年期

这一时期，即将步入社会劳动，能够客观地把自己的职业愿望或要求同自己的主观条件、能力以及社会现实的职业需要密切联系和协调起来，寻找适合于自己的职业角色，这一时期的职业需求不再模糊不清，已有具体的、现实的职业目标，表现出的最大特点是客观性、现实性、讲求实际。现实期又可分为三个阶段：

（1）试探阶段，根据尝试期的结果进行各种试探活动，试探各种职业机会和可能的选择。

（2）具体化阶段，根据试探阶段的经历做进一步的选择，进入具体化阶段。

（3）专业化阶段，依据自我选择的目标做具体的就业准备。

金斯伯格的职业生涯阶段理论实际上是就业前人们职业意识或职业追求的变化发展过程。金斯伯格的职业生涯发展理论对实践产生过广泛的影响。

（三）格林豪斯的职业发展阶段理论

萨柏和金斯伯格都是从人的不同年龄对职业的需求与态度来研究职业生涯发展过程、划分职业生涯阶段的。格林豪斯则是从人生的不同年龄阶段职业生涯发展所面临的主要任务的角度对职业生涯发展进行研究的，并以此为依据将职业生涯发展划分为五个阶段。

1. 职业准备阶段，其年龄段一般为 0－18 岁之间

这一时期的主要任务是：发展职业想象力，培养职业兴趣和能力，对职业进行评估和选择，接受必需的职业教育和培训。

2. 进入组织阶段，其年龄一般为 18－25 岁之间

进入组织阶段的任务是：以求职者的身份出现在劳动力市场上，在获取足量信息的基

础上尽量选择一种合适的、较为满意的职业，并在一个理想的组织中获得一份工作。

3. 职业生涯初期，其年龄一般为 25 - 40 岁之间

这一时期的主要任务是：了解和学习组织纪律和规范，接受组织文化，逐步适应职业工作，适应和融入组织，以获取组织正式成员资格，不断学习职业技术，提高工作能力，为未来职业生涯成功做好准备。

4. 职业生涯中期，其年龄一般为 40 - 55 岁之间

职业生涯中期阶段的主要任务是：不断学习新的知识，努力工作，并力争有所成就。这时，还需要对早期职业生涯进行重新评估，以便强化或转变自己的职业理想，重新选定职业。

5. 职业生涯后期，其年龄一般为从 55 岁直至退休之间

职业生涯后期的主要任务是：继续保持已有的职业成就，成为一名良师，对他人承担责任，维护尊严，准备引退。除格林豪斯之外，福姆、利文森、米勒、休普、诺杰姆、豪尔以及斯乔恩等人均提出过类似的职业生涯发展理论。

（四）施恩的职业生涯发展阶段理论

美国著名的心理学家和职业管理学家施恩（Edgar H·Schein）教授根据人的生命周期的特点及不同年龄段所面临的问题和职业工作的主要任务，将职业生涯分为九个阶段。

1. 成长、幻想、探索阶段：处于这一职业发展阶段的年龄一般为 0 - 21 岁

在这一阶段所充当的角色是学生、职业工作的候选人、申请者。主要任务是：①发展和发现自己的需要和兴趣，发展和发现自己的能力和才干，为进行实际的职业选择打好基础。②学习职业方面的知识，寻找现实的角色模式，获取丰富的信息，发展和发现自己的价值观、动机和抱负，做出合理的受教育决策，将幼年的职业幻想变为可操作的现实。③接受教育和培训，开发工作世界中所需要的基本习惯和技能。

2. 进入工作阶段：处于这一职业发展阶段的年龄一般为 21 - 25 岁

这一阶段充当的角色是应聘者、新学员。主要任务是：①进入劳动力市场，谋取可能成为一种职业基础的第一项工作。②学会如何寻找、评估和申请一项工作，并做出现实有效的第一项工作选择。③个人和雇主之间达成正式可行的契约，个人成为一个组织和一个职业的成员。

3. 基础培训：处于这一职业发展阶段的年龄一般为 16 - 25 岁

与进入工作世界阶段不同，此时已经迈进职业或组织的大门，其角色是要担当实习生、新手。主要任务是：①了解、熟悉组织，接受组织文化，克服不安全感，学会与人相处并融入工作群体，尽快取得组织成员资格。②适应日常的操作程序，承担工作，成为一名有效的成员。

4. 早期职业的正式成员资格：处于这一职业发展阶段的年龄一般为 17 - 30 岁

其角色是取得组织新的正式成员资格。面临的主要任务是：①承担责任，成功地履行与第一次工作分配有关的义务。②发展和展示自己的技能和专长，为提升或进入其他领域

的横向职业成长打基础。③根据自身才干和价值观，根据组织中的机会和约束重估当初追求的职业，决定是否留在这个组织或职业中，或者在自己的需要、组织约束和机会之间寻求一种更好的平衡。④寻求良师和保护人。

5. 职业中期：处于这一职业发展阶段的年龄一般为 25 岁以上

其角色是正式成员、任职者、终生成员、主管、经理等。主要任务是：①选定一项专业或进入管理部门。②保持技术竞争力，在自己选择的专业或管理领域内继续学习，力求成为一名专家或职业能手。③承担较大责任，确认自己的地位。④开发个人的长期职业计划。⑤寻求家庭、自我和工作事务间的平衡。

6. 职业中期危险阶段：处于这一职业发展阶段的年龄一般为 35 - 45 岁

主要任务是：①现实地评价自己的才干、动机和价值观，进一步明确自己的职业抱负及个人前途。②就接受现状或者争取看得见的前途做出具体选择。③建立与他人的良师关系。

7. 职业后期：处于这一职业发展阶段的年龄一般从 40 岁以后直到退休

处于职业后期阶段的角色主要有：骨干成员、管理者、有效贡献者等。此时期的主要任务是：①成为一名良师，学会发挥影响，指导、指挥别人，对他人承担责任。②扩大、发展、深化技能，或者提高才干，以担负更大范围、更重大的责任。③选拔和培养接替人员。④如果求安稳，就此停滞，则要接受和正视自己影响力和挑战力的下降。

8. 衰退和离职阶段：处于这一职业发展阶段的年龄一般在 40 岁之后到退休期间

不同的人在不同的年龄会衰退或离职。这一阶段的主要任务是：①学会接受权利、责任、地位的下降。②基于竞争力和进取心下降，要学会接受和发展新的角色。③培养新的工作以外的兴趣、爱好，寻找新的满足源。④评估自己的职业生涯，着手退休。

9. 退休：离开组织或职业的年龄因人而异

在失去工作或组织角色之后，主要面临两大任务：①适应角色、生活方式和生活标准的急剧变化，保持一种认同感。②保持一种自我价值观，运用自己积累的经验和智慧，以各种资深角色，对他人进行传、帮、带。

施恩关于职业生涯发展阶段的划分基本上是依照年龄增大的顺序并根据不同时期的职业状态、任务、职业行为等进行的划分，只给出一个大致的年龄跨度，并在不同的职业阶段上年龄有所交叉。例如，进入工作世界阶段是一种正在寻求和进入工作的状态或行为，而且是职业工作的开端、人生的转折点，于是单成一阶段。一旦迈进组织或职业这一大门，便以实习生、新手的角色出现，便进入培训阶段，虽然年龄相同，但任务和角色却明显不同。同样，职业中期是人生职业经历中一个大的阶段，但是施恩又转化出一个职业中期危险阶段，因为 35 - 45 岁正是关于一个人职业命运和前途的关键时期。在职业发展生涯后期阶段，衰退和离职是职业生涯的尾声和结束，是职业生涯发展的重要过程，而且不同的人衰退和离职年龄不相同，因此衰退和离职也突出单列为一个阶段。这样，施恩教授依据职业状态和职业行为及发展过程的重要性划分职业周期阶段，从而使其更加清楚明了。

上述四种关于职业生涯发展阶段的理论，各有侧重，各有千秋。其中，施恩的理论较为丰富，阶段划分依据更为科学、具体和实际，但阶段过繁；相比之下，格林豪斯关于职业生涯发展阶段的划分简洁、明了。吸收各家之长，本着科学性、现实性、简洁清晰的原则，我们倾向于将职业生涯划分为四个阶段：职业准备和选择阶段，职业生涯早期，职业生涯中期，职业生涯后期。每个阶段处在不同的职业状态，面临不同的职业发展的任务。

 思考与讨论

　　1. 职业的社会功能有哪些?

　　2. 了解社会对自己所学专业的需求情况并做分析。

　　3. 直接与一些用人单位的人事招聘主管接触，了解自己感兴趣的岗位的素质要求，并对照自己的实际，找出其中的差距。

第二章　医学职业认知

医学职业是人类最为崇高的职业。其根本任务是维护和促进人类健康。而医学职业的发展水平和医学能力的高低从根本上取决于医学科学和卫生事业发展的时代水准。随着社会的发展，医学领域渗透到各个部门，医药人才分布到多个行业，这里我们着重介绍卫生行业和医药企业。

第一节　卫生行业介绍

我国卫生行业包括了卫生行政组织和卫生服务组织。卫生行政组织指国家中具有卫生工作计划、组织、指导、协调、监督和控制等管理职能的组织机构。卫生服务组织是以保障居民健康为主要目标，直接或者间接向居民提供预防、医疗、康复、健康服务、健康教育和健康促进等服务的组织，主要包括医疗机构、疾病预防控制中心、卫生监督机构、采供血机构、健康教育机构、医学科研机构、医学在职教育机构等。

一、卫生行政组织

1. 卫生行政部门划分

国内卫生行政机构按照行政区域设立。国家级卫生行政机构是卫生部，各省（自治区、直辖市）设立卫生厅（局），地市级、乡镇、区设立卫生局。卫生部是主管卫生工作的国务院组成部门。卫生部设人事司、规划财务司、卫生政策法规司、卫生应急办公室（突发公共卫生事件应急指挥中心）、农村卫生管理司、卫生监督局、妇幼保健与社区卫生局、医政司、疾病预防控制局（全国爱国卫生运动委员会办公室）、科技教育司、国际合作司、保健局等职能部门。

2. 卫生行政部门主要职责

研究拟定卫生工作的法律、法规和方针政策，研究提出卫生事业发展规划和战略目标，制订技术规范和卫生标准并监督实施；研究提出区域卫生规划，统筹规划与协调全国卫生资源配置，制订社区卫生服务发展规划和服务标准，指导卫生规划的实施；研究制订农村卫生、妇幼卫生工作规划和政策措施，指导初级卫生保健规划和母婴保健专项技术的实施；贯彻预防为主方针，开展全民健康教育；制订对人群健康危害严重的疾病的防治规划；组织对重大疾病的综合防治；发布检疫传染病和监测传染病名录；指导医疗机构改革，制订医务人员执业标准、医疗质量标准和服务规范性并监督实施；依法监督管理血站、单采血浆站的采供血及临床用血质量；研究拟定国家重点医学科技、教育发展规划，组织国家重点医药卫生科研攻关，指导医学科技成果的普及应用工作；管理直属单位，监督管理传染病防治和食品、职业、环境、放射、学校工作；组织制订食品、化妆品质量管理规范并负责认证工作；制订国家卫生人才发展规划和卫生人员职业道德规范，拟定卫生机构编制标准、卫生技术人员资格认定标准，并组织实施；贯彻中西医并重的方针，推进中医药的继承与创新，实现中医药现代化；组织调度全国的卫生技术力量，协助地方人民政府和有关部门，对重大突发疫情、病情实施紧急处置，防止和控制疫情、疾病的发生、蔓延。

各级卫生（厅）局分别管理本区域内的卫生管理工作，根据职责分别在内部设立相应的职能部门，级别越高设立的部门相对齐全，基层的卫生局内部机构相对较少。如北京市卫生局内设机构为医政处、政策法规处、应急办公室（突发公共卫生事件应急指挥中心）、农村卫生处、卫生监督处、妇幼与社区卫生处、疾病控制处、北京市爱国卫生运动委员会办公室、科教处、国际合作处、发展计划处、物价处、药械处、北京市保健委员会办公室等职能部门。北京市海淀区卫生局内设政策法规科、医改科、爱卫会、预防保健科、妇幼科等职能部门。

二、卫生服务组织

（一）医疗机构

医疗机构是指卫生行政部门取得《医疗机构执业许可证》的机构，包括医院、疗养院、社区卫生服务中心（站）、卫生院、门诊部、诊所（卫生所、医务室）、妇幼保健院（所、站）、专科疾病防治院（所、站）、急救中心（站）和临床检验中心。2009年11月底，全国卫生机构（不含村卫生室）达28.9万个，其中医院19 822个（内含公立医院14 086个）、乡镇卫生院3.9万个、社区卫生服务中心（站）2.6万个。与上年比较，卫生机构（不含村卫生室）增加1.1万个，主要是诊所（医务室、卫生所）增加8 223个，社区卫生服务中心（站）增加1 895个，医院、疾病预防控制机构和卫生监督机构有所增加，乡镇卫生院略有减少（乡镇撤并和乡镇卫生院合并所致）。

1. 医院

医院是治病防病、保障人民健康的社会主义卫生事业单位。根据医院的功能、任务和提供的服务不同，我国医院可以分为综合医院、中医医院、中西医结合医院和专科医院等。专科医院分为口腔医院、眼科医院、耳鼻咽喉科医院、肿瘤医院、心血管医院、胸科医院、血液病医院、妇产（科）医院、儿童医院、精神病医院、传染病医院、皮肤病医院、结核病医院、麻风病医院、职业病医院、骨科医院、康复医院、整形外科医院及美容医院等。

按照运行目标。医院可分为营利性医院和非营利性医院。营利性医院是指医疗服务所得收益可用于投资者经济回报的医院。非营利性医院是指为社会公众利益服务而设立运营的医院，不以营利为目的，其收入用于弥补医疗服务成本。根据国际经验和我国有关法规，一般认为政府医院、企业医院、社区医院及民办医院为非营利性医院，而私立医院、股份制医院、中外合资医院属于营利性医院。

按照当地《医疗机构设置规划》确定医院的级别，医院的级别分为一级、二级和三级，每个级别再分为甲、乙、丙三个等级。一级综合医院是向一个社区（人口一般在10万以下）提供基本医疗、预防、保健和康复服务的基层医疗机构。二级综合医院是向含有多个社区的地区（人口一般在数十万左右）提供以医疗为主，兼顾预防、保健和康复医疗服务，并承担一定教学和科研任务的地区性医疗机构。三级综合医院是向含有多个地区的区域（人口一般在百万以上）提供以高水平专科医疗服务为主，兼顾预防、保健和康复服务，并承担相应的高等医学院校教学和科研任务的区域性医疗机构，是省或全国的医疗、预防、教学和科研相结合的技术中心，是国家高层次的医疗机构。

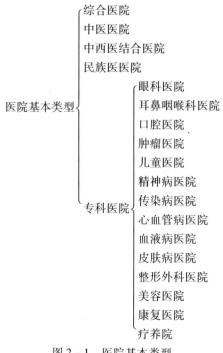

图2-1　医院基本类型

表2-1　不同医院级别设置要求

医院级别	床位	科室设置		人员
		临床科室	医技科室	
一级综合医院	20至99张	急诊室、内科、外科、妇产科、预防保健科	药房、化验室、X光室、消毒供应室。	每床至少配备0.7名卫生技术人员；至少有3名医师、5名护士和相应的药剂、检验、放射等卫生技术人员；至少有1名具有主治医师以上职称的医师。
二级综合医院	100至499张	急诊科、内科、外科、妇产科、儿科、眼科、耳鼻喉科、口腔科、皮肤科、麻醉科、传染科、预防保健科。其中眼科、耳鼻喉科、口腔科可合并建科，皮肤科可并入内科或外科	药剂科、检验科、放射科、手术室、病理科、血库（可与检验科合设）、理疗科、消毒供应室、病案室。	每床至少配备0.88名卫生技术人员；至少配备0.4名护士；至少有3名具有副主任医师以上职称的医师；各专业科室至少有1名具有主治医师以上职称的医师。

续表

医院级别	床位	科室设置		人员
		临床科室	医技科室	
三级综合医院	住院床位总数500以上	急诊科、内科、外科、妇产科、儿科、中医科、耳鼻喉科、口腔科、眼科、皮肤科、麻醉科、康复科、预防保健科	药剂科、检验科、放射科、手术室、病理科、输血科、核医学科、理疗科（或与康复科合设）、消毒供应室、病案室、营养部和相应的临床功能检查室。	每床至少配备1.03名卫生技术人员；至少配备0.4名护士；各专业科室的主任应具有副主任医师以上职称；临床营养师不少于2人；工程技术人员（技师、助理工程师以及以上人员）占卫生技术人员总数的比例不低于10人。
一级中医院	住院床位总数20至79张		三个中医一级临床科室和药房、化验室、X光室。	每床至少配有0.7名卫生技术人员；中医药人员占医药人员总数的比例不低于60%。
二级中医院	住院床位总数80至299张	中医内科、外科等五个以上中医一级临床科室	药剂科、检验科、放射科等科室。	至少配有0.88名卫生技术人员；中医药人员占医药人员总数的比例不低于60%；至少有4名具有主治医师以上职称的中医师、1名中药师和相应的药剂、检验、放射等技术人员。各临床科室至少有1名中医师；每床至少配备0.3名护士。
三级中医院	住院床位总数300以上	急诊科、内科、外科、妇产科、儿科、针灸科、骨伤科、肛肠科、皮肤科、眼科、推拿科、耳鼻喉科	药剂科、检验科、放射科、病理科、消毒供应室、营养部和相应的临床功能检查室。	每床至少配有1.0名卫生技术人员；中医药人员占医药人员总数的比例不低于60%；临床科室主任必须是具有副主任医师以上职称的中医师，至少有7名具有副主任药师以上职称的中药师和相应的检验、放射等技术人员；工程技术人员（技师、助理工程师及以上人员）占卫生技术人员总数的比例不低于1%；临床营养师不少于1人；每床至少配有0.3名护士。
街道卫生院	床位总数在19张以下的乡（镇）、街道	急诊（抢救）室、内科、外科、妇（产）科、儿科、预防保健科	药房、化验室、X光室、治疗室、处置室、消毒供应室、信息统计室	定员至少5人；卫生技术人员数不低于全院职工总数的80%；从事防保工作人员不低于卫生技术人员总数的20%。
街道卫生中心	床位总数20至99张的乡（镇）、街道	设有急诊（抢救）室、内科、外科、妇（产）科、儿科、预防保健科	设有药房、化验室、X光室、治疗室、处置室、手术室、消毒供应室、信息统计室	至少有3名医师、5名护士和相应的药剂、检验、放射技术人员；至少有1名具有主治医师以上职称的医师。
村卫生室			诊室、治疗室、药房	至少有1名乡村医生。

2009 年底，我国有各类级别的医院 19 822 所，其中综合医院 13 246 所，中医医院 2 763 所，中西医结合医院 301 所，民族医院 369 所，专科医院 3 243 所。70.5% 的医院分布在市级及以上城市，医疗水平较高的三级医院 1192 个，分布存在地区差异，东部地区三级医院占 46.5%，中部地区占 27.8%，西部地区占 25.6%。2009 年底，全国卫生技术人员达 522 万人，其中执业（助理）医师 216 万人、注册护士 174 万人。与上年比较，卫生技术人员增加 19 万人（增长 3.8%），执业（助理）医师增加 8 万人、注册护士增加 9 万人。全国卫生人力总量预计达 731 万人，其中卫生人员数 641 万人、乡村医生和卫生员数 90 万人。与上年比较，卫生人员增加 24 万人，增长 3.9%。乡村医生和卫生员减少 3 万人。

2. 疗养院

根据 2009 年《中国卫生统计年鉴》数据显示，我国有各类型疗养院 264 所。疗养院是运用疗养因子为基础的，在规定的生活制度下专门为增强体质、疾病疗养、康复疗养和健康疗养而设立在疗养地（区）的医疗机构。疗养院一般设在具有某种天然疗养因子（例如矿泉、海水、空气、日光等）的、自然环境比较清静优美的疗养地（区）。疗养院收治的对象大多是患有某些慢性病或职业病的具有疾病疗养、康复疗养适应症者，或为某些特殊职业的人员。疗养院一般配备各种生理功能检查设备、物理和体育疗法的设备以及适合使用自然疗养因子的各种设备条件和最基本的诊疗设备。主要应用疗养因子（包括自然疗养因子和人工理化因子）作为主要手段，并采用把疗养因子与医疗技术、心理卫生、生活服务融为一体的整体综合性疗养方法。疗养院对疗养员除要进行一定诊疗或预防保健性的医疗检查外，主要是组织他们进行各种文娱活动和体育锻炼。

我国疗养院可分为综合性疗养院和专科疗养院两大类。综合性疗养院主要包括职工疗养院（大多属工会或当地政府主管）、干部疗养院（大多属于老干部管理部门主管）、特勤疗养院（主要指部队疗养院和民航疗养院，部队疗养院又可分为陆军疗养院、空军疗养院、海军疗养院、特种兵疗养院）。专科疗养院主要指政府或大型厂矿企业单位办的职业病疗养院、结核病疗养院、肝病疗养院等。

3. 社区卫生服务机构

党的十七大提出"人人享有基本医疗卫生服务"的新目标，为了解决群众看病难、看病贵的问题，为群众提供安全、有效、方便、价廉的医疗卫生服务，近年来我国大力推进城市社区卫生服务建设。社区卫生服务是社区建设的重要组成部分，社区卫生服务机构的建设需纳入社区发展规划和区域卫生规划，要与城镇医药卫生体制改革、城镇职工基本医疗保险制度改革紧密结合，并充分利用中医和西医卫生资源，为社区居民提供预防、保健、健康教育、计划生育和医疗、康复等服务的综合性基层卫生服务机构。社区卫生服务机构以社区卫生服务中心为主体，社区卫生服务中心一般以街道办事处所辖范围设置，服务人口约 3 - 5 万人。对社区卫生服务中心难以方便覆盖的区域，以社区卫生服务站作为补充。社区卫生服务机构业务用房、床位、基本设备、常用药品和急救药品应根据社区卫生服务的功能、居民需求配置；卫生人力应按适宜比例配置。近年来有些医学院校开设了社区服务专业，将会有大批医学生从事社区卫生服务。

（1）社区卫生服务中心

基本功能：开展社区卫生状况调查，进行社区诊断，向社区管理部门提出改进社区公共卫生的建议及规划，对社区爱国卫生工作予以技术指导；有针对性地开展慢性非传染性疾病、地方病与寄生虫病的健康指导、行为干预和筛查，以及高危人群监测和规范管理工作；负责辖区内免疫接种和传染病预防与控制工作；运用适宜的中西医药及技术，开展一般常见病、多发病的诊疗；提供急救、会诊、转诊服务、康复服务和临终关怀；提供家庭出诊、家庭护理、家庭病床等家庭卫生保健服务；提供精神卫生服务和心理卫生咨询服务；提供妇女、儿童、老年人、慢性病人、残疾人等重点人群的保健服务；提供个人与家庭连续性的健康管理服务；开展健康教育与健康促进工作；开展计划生育咨询、宣传并提供适宜技术服务；负责辖区内社区卫生服务信息资料的收集、整理、统计、分析与上报；在社区建设中，协助社区管理部门不断拓展社区服务，繁荣社区文化，美化社区环境，共同营造健康、向上、文明、和谐的社区氛围。根据社区卫生服务功能和社区居民需求，提供其他适宜的基层卫生服务。

科室设置：设有开展全科诊疗、护理、康复、健康教育、免疫接种、妇幼保健和信息资料管理等工作的专门场所。

（2）社区卫生服务站

基本功能：开展社区卫生状况调查，协助社区管理部门实施健康促进；开展免疫接种、传染病的预防与控制、常见病、多发病的诊疗以及诊断明确的慢性病的规范化管理工作；提供院外急救服务、双向转诊服务、康复服务、家庭出诊、家庭护理、家庭病床等家庭卫生保健服务、妇女、儿童、老年人、慢性病人、残疾人等重点人群的保健服务；提供个人与家庭的连续性健康管理服务。开展健康教育与心理卫生咨询工作；在社区建设中，协助社区管理部门不断拓展社区服务，繁荣社区文化，美化社区环境，共同营造健康向上、文明和谐的社区氛围；根据社区卫生服务功能和社区居民需求，提供其他适宜的基层卫生服务。

社区卫生服务中心及卫生服务站人员配备：从事社区卫生服务的专业技术人员须具备法定执业资格，根据功能、任务及服务人口需求，配备适宜类别、层次和数量的卫生技术人员。辖区人口每万人至少配备2名全科医师。在全科医师资格认可制度尚未普遍实施的情况下，暂由经过全科医学培训、具有中级专业技术职称的临床执业医师承担。医护人员在上岗前须接受全科医学及社区护理等知识培训，待国家有关部门颁布社区卫生服务机构人员编制标准后，按有关规定执行。

4. 卫生院

卫生院是我国基层的医疗卫生机构之一，根据区域分布分为街道卫生院和乡镇卫生院，乡镇卫生院又分为中心卫生院和乡卫生院。98%的卫生院分布在乡镇。中心卫生院是乡镇卫生院的龙头，是农村卫生工作的关键。乡镇卫生院是农村预防控制工作的中心环节，是慢性病、传染病、地方病、寄生虫病和突发公共卫生事件的预防控制的职能部门。乡镇卫生院提供的医疗服务收费标准低，医技条件也能满足当地群众的就医需求，符合农村居民"花较少的钱，看更多的病"的现实需要，乡镇卫生院还是村卫生所和县级以上医疗机构承上启下的纽带和链接点。

乡镇卫生院，在做好常见病、多发病的诊断、治疗及预防保健工作的同时，要具有应急事件和急诊急救处理能力，能开展儿童的系统保健、孕产妇的保健和接生工作，负责辖区内疾病预防控制、卫生监督管理和妇幼卫生保健服务工作，建立农村居民健康档案，普及卫生知识，提高农民的自我保健能力和整体健康水平。根据当地居民对卫生服务的需求，协助当地政府制订和实施初级卫生保健规划及年度计划，协助主管部门对辖区有关行业实行卫生监督管理，负责村级卫生组织的管理和技术指导以及乡村医生的业务培训。

5. 门诊部

门诊部也是基层医疗单位之一，他们根据服务项目和专业特点分为综合门诊部、中医门诊部、中西医结合门诊部、民族医门诊部、专科门诊部。他们主要是以社区居民的医疗需要为导向，根据居民的一般病况和有代表性的特殊病况采取具有较强针对性的医师、医技和药物准备，开展一般常见病、多发病的诊疗以及诊断明确的慢性病的施治，同时开展社区居民的身体健康调查，协助社区管理部门有计划地实施健康保健促进工作。

6. 诊所、卫生所、医务室

诊所、卫生所、医务室是最基层的医疗机构，是分布最广，接触群众最多的，也是医疗机构中数量最大的部分。通常能够进行内科、妇科、儿科常见病的诊治和简单的外科疾病治疗。

2009 年底，全国有诊所 152 365 所，其中私营诊所占 92.5%，有卫生所、医务室 54 899 个，其中国营单位 46.2%，集体单位 30.9%。

7. 妇幼保健院（所、站）

妇幼保健院分为省级、市级、地市级及县级等妇幼保健院，分别承担着全省、全市、全县的妇幼卫生保健及对下一级妇幼保健院的业务指导和技术培训工作。妇幼保健院是医疗和保健相结合的单位，承担着"儿童优先，母亲安全"的职责，妇幼保健院一般分为保健部与临床部，保健部下设：妇保科、儿保科、生殖健康、口腔科、婚检科、健康教育，负责妇女病普查、中老年保健、青春期保健、性健康咨询、乳腺保健、饮食从业人员体检、42 天母婴体检、儿童入托体检、体弱儿保健指导、孕妇儿童营养测算、儿童智力筛查、儿童孕妇口腔保健、眼保健、婚前保健、孕妇学校、0～3 岁早期教育门诊、计划免疫、社区服务等工作。临床部下设妇科、产科、计划生育科、新生儿科、皮肤性病科等。

2009 年，全国有妇幼保健院 1 605 所，妇幼保健所 843 所，妇幼保健站 793 个，基本是由政府主办。

8. 专科疾病防治院（所、站）

专科疾病防治院（所、站）根据诊治疾病的不同分为口腔病、精神病、皮肤病与性病、结核病、麻风病、职业病、地方病、寄生虫病、血吸虫病防治所（站、中心）及药物戒毒所等防治院。2009 年，全国有各类专科疾病防治所（站、中心）1 763 个。

（二）疾病预防控制中心

2009 年，全国共有疾病预防控制中心 3 548 个，其中省级 31 个，地辖市级 390 个，县级 2 708 个。各级疾病预防控制中心的前身是防疫站。各级疾病预防控制中心在中国疾病预防控制中心的业务指导下，负责各自管辖区域内的疾病预防控制和爱国卫生工作。研究拟订疾病预防控制和爱国卫生运动方面的规章制度和政策建议，制订重大疾病防治规划与策略和对严重危害人民健康的公共卫生问题的干预措施，提出并组织实施疾病预防控制规划和重大疾病防治项目，对落实情况进行监督检查，协调有关部门对重大疾病和公共卫生实施防控和干预，防止和控制疾病的发生与疫情的蔓延。

（三）卫生监督所

2009 年底，全国有卫生监督所 2 706 所，其中省级 35 所，市（地区）级 396 所，县区级 2 275 所。各级卫生监督所是属于各级卫生行政部门的卫生执法机构。卫生部卫生监督中心承办 8 项由卫生部直接审批的行政许可工作，分别是：新资源食品、食品添加剂新品种受理、评审；国产特殊用途化妆品受理、评审；首次进口的化妆品受理、评审；化妆品新原料受理、评审；消毒剂、消毒器械受理、评审；涉及饮用水卫生安全产品受理、评审，建设项目职业卫生审查工作相关事项；建设项目职业病危害评价资质（甲级）的受理、资料审查、评审意见汇总上报。同时还承担国家计量认证卫生评审组工作，受理国家级、省级卫生检测机构和实验室开展计量认证申请、评审事宜。承担制订卫生监督执法检验技术规范。协助卫生部开展卫生标准审查、卫生标准制（修）订、重大理论问题研究、卫生标准宣传贯彻工作。负责国家级卫生监督信息平台运行与管理，并进行全国卫生监督信息的搜集、整理、汇总分析及卫生监督员培训等项工作。

其他各级卫生监督所的职责为：依据国家和地方公共卫生法律、法规、规章、标准，按照卫生防病、卫生监督工作规划、计划和有关程序、规范，具体实施传染病防治、环境卫生、饮水卫生、职业卫生、放射卫生、学校卫生、医疗执业活动等各项监督工作，对违法行为提出行政处罚意见；开展法制宣传和培训，做好卫生监督员的管理和考核、卫生监督信息、资料的汇总分析和报告，对下级卫生监督所的工作进行指导和检查。

三、卫生相关国际组织

（一）世界卫生组织

世界卫生组织（World Health Organization，简称 WHO）是联合国机构之一，总部在瑞士日内瓦，是国际上最大的政府间卫生组织，有 192 个成员国。WHO 主要从事国际公共卫生工作，其目标是"21 世纪人人享有卫生保健"。其主要任务有：根据会员国要求，协助政府加强卫生服务务；为卫生领域提供信息、咨询和帮助，促进流行性、地方性疾病及其他疾病的根治工作，促进改善营养、住房、卫生、工作条件和其他环境卫生方面的工作，促进专业组织间的合作，以利于加强卫生工作，提出关于卫生事业的国际公约及协议，推动并指导卫生领域的研究，制定食品、生物制品及药物的国际标准，协助开展群众性的卫生宣传工作，根据需要建立并进行管理及技术服务。

（二）联合国儿童基金会

联合国儿童基金会（United Nations Children's Funds，UNICEF）是联合国专门机构，总部在美国纽约，其前身是联合国国际儿童紧急基金会，提倡保护儿童的权益，帮助他们获得基本需要，并增加开发儿童潜质的机会。基金会的主要任务是帮助发展中国家儿童的保健、福利和教育等问题，援助对象主要是少年、儿童和年轻的母亲。

（三）联合国人口基金会

联合国人口基金会（United Nations Fund For Population Activities UNFPA）是联合国大学附属机构，总部在美国纽约，其前身是联合国人口活动基金会，在人口活动中增进知识和能力，以适应国家、区域和全世界人口活动和计划生育等方面的需要，促使各国根据各自计划寻找解决人口问题的可行办法，为发展中国家提供资金援助。

（四）联合国开发计划署

联合国开发计划署（United Nations Development Program，UNDP）是联合国技术援助计划的管理机构，总部设在美国纽约，是联合国系统内最大的多边援助机构。计划署的主要任务是帮助发展中国家加速经济和社会发展，向他们提供系统的、持续不断的援助。

（五）国际红十字

国际红十字（The International RedCross，IRC）是由红十字国际委员会、红十字协会以及得到红十字国际委员会承认的各国红十字会和红新月会组成，是一个独立、中立的组织，实行人道主义保护和帮助，如探视被关押者，组织救援行动，帮助离散家庭重新团聚以及在武装冲突期间进行类似的人道活动。

第二节　卫生行业人员分类及选择标准

一、卫生行业人员概述

卫生行业人员根据工作性质的不同，主要分以下六类：临床医师、护士、药剂人员、检验人员、卫生监督员和管理人员等。

（一）临床医师

我国对临床医师采用资格准入制度。《中华人民共和国执业医师法》规定，医师，包括执业医师和执业助理医师，是指依法取得执业医师资格或者执业助理医师资格，经注册在医疗、预防、保健机构中执业的专业医务人员。

国家实行医师资格考试制度，具备管理才能的临床医师可以在医疗机构中兼任行政职务，如科室正副主任、医院职能部门正副处长、医院副院长、院长等。

（二）护士

我国对护士也采用资格准入制度。《中华人民共和国护士管理办法》规定，护士系指按规定取得《中华人民共和国护士执业证书》并经过注册的护理专业技术人员。护士广泛分布于各类医疗卫生机构，如综合医院、专科医院、民族医院、疗养院、卫生院、社区卫生服务中心、妇幼保健院、急救中心等。

截至 2009 年底，我国共有护师（士）154.3 万人，其中，126.2 万人分布于医院，社区卫生服务中心（站）仅有 3.7 万人左右。根据 2006 年数据，注册护士以大专和中专为主，占总人数的 89.3%，2/3 的注册护士被聘为初级技术职务，近 1/3 的护士被聘为中级技术职务。近年来，护师（士）人数增长较快，高于其他卫生人员。

护士具备要求的学历和履职年限，在临床工作、科学研究等方面达到相应的要求后，可以申请相应的技术职务资格。技术职务由低到高依次为护士、护师、主管护师、副主任护师、主任护师。

具备了管理才能的护士在医疗机构中可以兼任相应的行政职务，如护士长、护理部正副主任等。

（三）药剂人员

药剂人员包括主任药师、副主任药师、主管药师、药师、药士，药剂员，医疗机构需要医师参加地区或卫生部统一组织的考试后，再进行内部聘任。

（四）检验人员

检验人员包括主任检验技师、副主任检验技师、主管检验技师、检验技师、检验技士和检验员。检验人员主要分布于临床科室的检验科或临床检验中心，非临床单位的一些检测中心或化验中心。

自 2000 年以来，我国卫生系统检验人员数量平稳，基本保持在 20 万－21 万人。以 2005 年数据为例，卫生系统检验人员 2/3 左右为女性，以中专学历为主，其次是大专学历。

（五）卫生监督员

卫生监督员指具有《卫生监督员证》且在卫生监督所（中心）、卫生监督检验（监测、检测）机构和疾病预防控制中心（防疫站）从事各类卫生监督执法、卫生监督检验（监测检测）工作的人员。不包括具有《卫生监督员证》但在政府机关从事卫生监督执法工作的人员。

目前，卫生监督员主要分布于上述机构的食品卫生监督科、公共场所卫生监督科、职业卫生监督科、学校卫生监督科等，其执业范围主要包括综合卫生、食品卫生、生活饮用水卫生、化妆品卫生、职业卫生、公共场所卫生、放射卫生、学校卫生及传染病管理等。

据《2009 年中国卫生统计年鉴》，截至 2008 年底，各类机构卫生监督员共有 26 023 人，主要分布于卫生监督所（中心）（66.73%）和疾病预防控制中心（31.1%）。从年龄来看，44 岁及以下卫生监督员数占总人数的 78.7%；从学历来看，以大专和中专为主，分别占 39.1% 和 29.1%，本科及以上学历共占 20.2%，从聘任专业技术职务来看，中、初级占 73.4%，其中待聘人员为 21.6%。

（六）卫生行政管理人员

卫生行政管理人员指从事医疗保健、疾病控制、卫生监督、医学科研与教学等业务管理工作的人员，以及从事党政、人事、财务、信息、安全保卫等行政管理工作的人员。

截至 2008 年底，我国卫生系统共有管理人员 41.3 万人，卫生系统管理人员也大部分分布于各类医院和诊所，相对其他卫生人员，管理人员在卫生机构中的分布相对平均。自1997 年以来，卫生管理人员数量也呈减少趋势。在上述卫生人员中，管理人员大学专科及以上学历的比例相对较高，其专业技术职务聘任以初级和中级为主。

二、卫生行业各类人员的选择标准及原则

卫生行业中的医疗机构可以分为多种类型，其中提供从诊断到治疗以及持续护理的全面医疗服务的机构主要是医院。在我国，医院中的从业者大多数是卫生专业技术人员，即医务人员，包括临床医师、护士、药剂人员、检验人员、放射技术人员等。

（一）临床医师

世界卫生组织（1992）在"明天的一线医生"中提出了五星级医生的概念，指出未来的医生必须具备五个方面的能力：提供卫生保健、作出决策、善于沟通、领导社区、精通管理。我国医学教育的培养目标也体现了对医生的品德素质、知识能力和思维等多方面的要求。

1. 学历和经历要求

正规高等医学院校临床医学专业本科以上学历，完成相应的临床实习时数以及各临床学科的轮转要求，通过国家医师资格考试，具备执业医师资格。

2. 职业素质要求

无论初入医行者还是已成为大师、名家，都不能忘却医生的使命和责任，不能背弃医生的天职，"健康所系，性命相托"。"竭尽全力除人类之病痛，助健康之完美，维护医术的圣洁和荣誉。救死扶伤，不辞艰辛，执着追求。"这是前辈所立下的誓言，是医务人员一生的行为准则，也是医生对人民的庄严承诺。做一名合格的医生，一要有高度的职业使命感、为医学事业献身的崇高信念；二要有认真负责、兢兢业业的工作态度，科学严谨的工作作风；三要关爱患者、视同亲人，尊重患者、一视同仁；四要谦虚好学、执著追求、团结协作、不断进取；五要诚实守信，廉洁行医。

3. 知识和能力要求

（1）具备扎实的学科基础和专业知识

掌握医学基础理论知识，如生物、化学、生化、医用物理、解剖、生理、组胚、病理、病理生理、微生物等知识；掌握临床医学理论知识，如内科学、外科学、妇产科学、儿科学、眼科学、耳鼻咽喉科学、口腔科学、皮肤科学、神经病学、精神病学、传染病学等，以及诊断学、医学影像学、核医学等。

（2）具备医学相关理论和人文社会知识

需掌握医学伦理学、循证医学、全科医学、康复医学、预防医学、流行病学、医学统计学、医学信息检索，以及哲学、心理学、美学、经济学、社会医学、卫生法学、管理学等方面的知识。

（3）具备基本的临床实践能力

医学是一门精于实践的学科，因而实践技能对于临床医师至关重要。基本的临床实践

能力应包括病历书写和分析、体格检查和一般基本操作技术、辅助检查结果分析、临床判断和诊断能力等，这是医师资格考试的重要内容，也是对临床医师最基本、最重要的要求。作为一名执业医师，应能够独立解决本专业一般病症的诊断与治疗问题，对常见病的诊断、治疗、预防等方面有一定的临床经验，能够独立完成相应的病房、门诊、急诊等工作，并能在上级医师的指导下正确地救治本专业的危重、急症病人。

（4）具有一定的科研、创新能力

医生是需要终生学习的职业，现代医学取得突飞猛进地发展，新理论、新技术、新疗法不断涌现，临床医师应掌握文献检索、资料调查的基本方法，具备较强的电脑知识、外语能力，能够阅读专业期刊，了解所要从事的专业的国内外现状及发展趋势，具备主动学习、求知创新的意识，科学研究的思维方式，掌握医学科学研究的基本方法和技术，具备一定的科研选题、课题设计的能力，能针对临床工作中发生的问题进行科学研究并撰写论文。

（5）具有良好的沟通能力和团队精神

医生需具有较强的交流能力和清晰的表达能力，才能全面准确地表达自己的想法，从而获得理解、信任和支持。医生与患者的良好沟通、掌握好服务的艺术性、懂得沟通的技巧有助于医生对病情的分析判断和治疗，并减少医患矛盾的发生。医生还需具有团队合作精神，能与同事相互配合，取长补短，营造融洽、愉快、健康的工作氛围。

（6）熟悉卫生政策和法规

医疗服务行业是一种高风险职业，医师应有法律意识，具备法律、社会等全方位的知识结构，了解国家的卫生政策和卫生保健服务体系，熟悉各项医疗法规，如《中华人民共和国执业医师法》、《医疗事故处理条例》、《医疗机构病例管理规定》、《处方管理办法》等，做到依法执业，防范医疗纠纷，保障医疗安全。

（二）护士

现代医学模式的转变把人与社会和环境有机地联系起来，提出了以病人为中心、以健康为中心。护理的主要目的是促进健康，预防疾病，照顾不同年龄的病人（包括精神病人和残疾人），除面对疾病外，护理还要考虑患者的整体情况，要从心理、社会及环境诸方面评估病人，还要开展健康教育等，因而对护理工作和护士的能力提出了更新更高的要求。

1. 学历和经历要求

正规高等医学院校护理专业专科以上学历，通过国家护士资格考试，获得国家注册护士资格。

2. 专业素质要求

（1）专业知识

具有比较系统、完整、合理的知识结构是衡量护士业务素质的中心和基础，护士应掌握：①公共基础知识。②人文基础知识，如哲学、伦理学、心理学、美学、社会学、法律等。③医学基础知识，包括基础医学与临床医学知识，临床各科常见病、多发病诊治基本知识，常见病和急危重症的病情判断、护理干预、预防保健和康复的知识等。④与护理相关的药学、检验学、预防医学、康复医学等知识，如常用药物的使用方法、用药观察、配伍禁忌的知识，临床常用化验、检查的正常值，不同人群的健康保健知识等。⑤护理学基本理论知识，急危重症护理的基本原则等。⑥专科护理知识。

（2）专业技术

良好的技能素质要求操作正规，精确熟练，包括：①基础护理操作技术。②护理体格检查技术。③急救、危重护理技术。④专科护理、专门监测操作技术。⑤整体护理技术。

（3）专业能力

护士的专业能力主要体现在临床护理能力、护患沟通能力、自主学习能力等几大方面。具体要求包括：

①临床护理能力，即：应用护理程序解决各种健康问题的能力，包括发现问题、确定目标、制订计划、决策实施、评价反馈等。

②护理管理能力，如病人的管理、药品的管理、护理质量的检查、组织协调能力等。

③护理教育能力，即具有教学意识，有实习带教和小组讲课的能力。

④护理科研能力，如查阅文献、收集资料、简单分析资料，撰写综述、论文等。

⑤社区护理能力，即为个人、家庭、社区提供健康教育、指导和咨询的能力，如健康档案的建立、健康宣传教育等。

⑥沟通合作能力，护患沟通能力是护士与患者之间准确传递感情、态度、知识、信息的能力，有效的护患沟通是提高护理质量的保证；另一方面，与同事有效合作的能力是团队精神的体现。

⑦自我学习、自我发展能力，即能独立、持续地获得与专业有关的新知识，不断丰富自己并促进本专业的发展。

⑧使用外语和计算机的能力。

（4）专业态度

面向21世纪，护士除应具有扎实的专业知识、娴熟的操作技术外，更应具备良好的品质和专业态度。

①对护理专业有正确的认识和评价，要热爱护理事业，安心本职工作，有高度的同情心、责任心和敬业精神。

②科学、严谨、慎独、负责的工作态度：如执行医嘱时"三查七对"，记录病情时客观、真实、及时、准确、完整，明确职责，自我监督，确保护理质量和安全。

③增强人性化服务意识，要树立"以人为本，以病人为中心"的服务理念，工作中应话语亲切、仪表端正、举止文雅、动作敏捷，对病人真诚热情、尊重宽容、关心体贴、同情爱护，使病人得到优质的护理服务，在和谐、温暖的环境中得到康复。

（三）药学人员

现代医院药学工作的目标是"提供负责的药物治疗"，主要工作内容已由传统的"药品供应"转变为"药品供应"和"直接面向临床的药学技术服务"。医院药师的工作任务主要分三方面：药品后勤保障、调剂制剂、临床药学服务等。临床药师的职责是提供良好的临床药学服务，包括临床合理用药、治疗药物监测、新药临床评价及临床药学研究等。

1. 学历和经历要求

正规高等医学院校药学专业专科以上学历，通过国家执业药师资格考试，临床药师应是临床药学专业硕士以上学历，或本科毕业后经过 2 年以上的专门培训。

2. 职业素质要求

药学是与人类健康和生命安全、与社会公共利益密切相关的特殊职业，药学职业道德规范是药学人员必须遵守的标准和准则，包括义务、良心、荣誉、审慎、同情等。一名合格的药师应具有良好的职业道德、健康的心理素质，以病人利益为重，做到关心病人，态度和蔼，钻研业务，精益求精；全心全意，极端负责；正直诚实，团结协作。

3. 知识和能力要求

（1）掌握药学专业知识

医院药学工作属于责任性大、关系公共利益的专业，对上岗人员应有严格的要求，其必须掌握药剂学、药理学、药物分析、药物化学、调剂学等方面的专业基础知识、基本理论和基本技能，了解学科发展趋势，用理论指导实践，又在实践中提高理论水平。

（2）拓展临床药学知识

临床药学是新的应用学科分支，掌握临床药学知识，对执业药师开展药学实践、指导临床用药具有重大意义。执业药师应学习并掌握《临床药理学》、《药物动力学》、《生物药剂学》、《临床药物治疗学》、《数理统计学》等临床药学的必需科目，并应用于临床工作中。

（3）熟悉临床医学知识

药师需指导不同病人安全、合理、有效地使用药物，因此，还要熟悉生物医学、临床医学、诊断学、分子生物学、药物疗效学、流行病学等医学综合知识，以了解分析病人的病因、病史、病情、诊治和用药。

（4）具有经济与管理知识

执业药师和医院药师应掌握经济学、信息学、心理学、统计学、药学史、药事法规等有关理论知识，对临床病人用药进行效用、效益、效果分析，设计最佳用药方案，能熟悉和运用"金额管理、重点统计、实耗实销"的药品经济管理办法，保证医院药品正常供应。

（5）具备法律意识

随着《药品管理法》等20 多个管理办法的先后出台、颁布实施，我国已形成了初具规模的药政法律法规体系，同时确立了医院药学在医疗工作中的重要地位、组织形式、任务和发展方向等。作为一名药学人员，必须强化法律意识，学法、知法、懂法、执法，并能运用法规正确处理工作中出现的问题。

（6）掌握外语与应用计算机的能力

药学是一门实用科学，要跟上现代科学的发展，药学人员必须掌握新理论、新技术、新剂型、新制剂。因此，不仅要具备阅读和翻译外文资料、专业文献、外文说明书的能力，还应掌握计算机知识和操作技能，以便及时学习了解国际医药新动态，运用新知识、新技术促进药学事业发展。

（四）检验人员

检验医学是指对临床标本进行正确收集和测定，并作出正确解释和应用的一门科学，是医学的一个重要分支，也是近几十年来发展最快的学科之一。随着高新科技的迅猛发展，并与临床医学的相互渗透结合，检验医学的工作内容、方式及其在临床诊疗、科研中的地位和作用都发生了深刻的变化，对人才的需求也在发生重大变革。为适应我国医学卫生事业的发展，医学检验工作需要多层次人才，特别是能在各级医院、血站及防疫部门从事医学检验及医学类实验室工作的高级专业人才。目前，医院检验科的人员队伍包括了基本队伍和两翼队伍，前者占整个队伍的 50% ～60%。

1. 学历和经历要求

从事日常第一线检验诊断工作的人员是医院检验科的基本队伍，这部分人员应具有检验医学专业专科以上学历，在医院中的岗位为检验技士或技师；除基本队伍外，医院检验科中还有学科发展中侧重点不同的两个高级群体，右翼队伍为检验医师，左翼队伍为中高级的检验技师，他们应具有检验医学专业本科以上学历。

2. 职业素质要求

临床医学检验是医学诊断、治疗、预防中不可或缺的重要手段，检验人员与医生、护士一样，都要面对病人，特别是病人的血液、呕吐物、排泄物等，因此，检验人员更需具有高尚的职业道德和良好的专业素质，爱岗敬业，认真负责，实事求是，吃苦耐劳，以对病人极大的同情心、对工作高度的责任心，完成好临床医学检验任务。

3. 知识和能力要求

（1）具有扎实的专业知识和技能

检验人员应掌握本专业所有检验项目的基本原理、实验操作步骤、理论影响因素、实际操作时注意事项，能正确分析检验结果，同时检验知识丰富，动手能力强，具有临床检验和卫生检验的基本能力，并做到一专多能。

（2）具备一定的基础和临床医学知识

检验人员应掌握生物化学、分子生物学、免疫学、病原学、细胞学等基础医学的基本理论，了解常见病、多发病诊治的基础知识，了解疾病的基本治疗药物及其对检验项目的影响。检验医师是检验学科各亚专业的学术骨干，应具备与临床沟通的能力，参加必要的临床培训，培养临床思维，为临床提供咨询服务，并具有该专业深层次的科研能力。

（3）具备熟练的实践和操作能力

检验技师是医院检验科中的技术骨干力量，应具有熟练的检验专业实践和操作能力，具有较强的仪器分析、应用化学、物理、生物工程、数理统计、计算机技术应用等基础，熟悉技术应用、质量管理、实验室认证、计算机网络、仪器维护保养等。

（4）具备相应的医学人文知识

医学检验人员应学习掌握心理学、伦理学、社会学、卫生法学等具有医学特色的人文社会科学知识，提高综合素质，在临床工作中强化服务意识，加强医患沟通，减少纠纷发生。

（五）管理人员

卫生行业管理人员主要分布于卫生部、卫生局、疾病预防控制中心和各级医院等卫生行政部门和医疗机构中，是指主要从事计划、组织、控制、协调和指挥活动的人员。根据其所从事的工作与卫生行业的密切程度，管理人员可以分为两类：第一类人员是业务管理人员，他们的工作内容涉及行业知识，比如医疗质量管理、医疗行业从业资格、卫生保健、疾病控制、食品安全、药品准入等，他们不仅要掌握医学专业知识和卫生行业的特点及运行方式，还需要有一定的管理学知识。另一类是行政管理人员，他们的工作内容并不具备卫生行业专业特性，如人力资源管理、财务管理、经营管理、物资设备管理、信息系统管理、档案管理等，这类人员应对卫生行业有一定的了解，更应具备系统全面的管理学基础理论及所从事专业的理论知识。

选择这两类管理人员，对其学历、经历及知识的要求有所不同，而对其能力和素质方面的要求是基本相同的。随着管理人员学历的提高和组织对员工培训的日益重视，管理人员的知识和技能水平基本都能满足组织发展的要求，但其能力结构的发展和发挥更多依赖于态度、价值观、性格等品德素质，甚至品德优势可以弥补知识和技能上的不足。因此，对管理人员的能力和素质要求要高于选择卫生行业的专业人员的要求。

1. 学历和经历要求

（1）业务管理人员

业务管理人员应具有正规高等医学院校医学相关专业本科及以上学历，有医疗卫生行业的实习经历，熟悉卫生行业特性，或参与过医疗卫生行业的科研课题研究或实际工作。

（2）行政管理人员

行政管理人员应具有正规高等院校相关管理专业本科以上学历，在卫生行业相关部门有实习经历或参与过实际工作，对卫生行业有一定了解。

2. 职业素质要求

随着卫生事业和科学技术的飞速发展以及知识经济时代的到来，对卫生事业管理人才提出了更高的要求。作为一名合格的卫生事业管理人员，应做到政治合格、业务精通、思路清晰、学习认真、工作创新。

（1）政治素质：坚持正确的政治方向，树立全心全意为人民服务的思想，具有正确的人生观、价值观，有较强的事业心、责任心和全局意识。

（2）职业道德：具有爱岗敬业、无私奉献的精神，忘我投入、认真负责的工作态度，理论联系实际、密切联系群众的工作作风，严于律己，正直、公平，不弄虚作假，不以权谋私。

（3）法制观念：国家法律、政策、条例等是做好管理工作的依据，卫生管理人员须正确理解、贯彻、执行党的路线、方针、政策，遵守相关法律、法规和规章制度，严格执法、廉洁奉公。

（4）心理素质：保持稳定乐观的情绪，具有较强的逻辑思维能力，良好的记忆力及分析判断能力。处事果断，待人诚恳，性情温和。善于自我调节、自我约束，增强控制力。

（5）服务意识：树立管理和服务相统一的理念，通过为管理对象服务，加强管理，加强学习。

（6）集体荣誉感：管理人员在各项工作中都只是"一颗螺丝钉"，工作的成功必定是团队合作的结果，因此，需要有较强的团队协作精神和高度的集体荣誉感。

3. 知识和能力要求

（1）知识结构

卫生管理人员必须具备医学科学、管理科学、人文和社会科学的完整的三维知识结构。

①熟悉医学科学理论的基本框架，包括基础医学知识、临床医学知识、公共卫生学知识等。公共卫生学中，应掌握流行病学、预防医学、环境医学、劳动卫生学、卫生统计学等知识。业务管理人员应系统掌握卫生事业管理的基本理论和方法，包括社会医学、卫生项目管理、卫生法学、卫生经济学、卫生政策学、医院管理学等。

②掌握管理学基础理论知识，如管理学原理、行政管理学、管理心理学、管理运筹学、组织行为学、公共关系学等。

③掌握从事专业所需的专业管理知识，行政管理人员须熟练掌握相关专业管理知识，如财务管理、人力资源管理、工程管理、物流管理、行政管理、现代信息技术应用等。

④了解人文社会科学知识，如哲学、政治经济学、心理学、伦理学、社会学、法学、逻辑学、领导科学等。

（2）管理能力

卫生管理人员必须具备的能力包括以下几个方面。

①较强的综合组织和协调能力：具有很好的上下级间、部门间协调能力，能够综合协调各方面工作，积极应对突击性工作。处理突发事件，能沉着冷静、应对自如。能够从繁琐复杂的日常事务中找出关键环节和主要矛盾，并妥善处理，使管理工作高效运作。

②良好的沟通能力和社会交往能力：掌握人际沟通技巧、领导艺术，善于与同事合作，与上级和下属相处，在开拓工作的同时，广泛接触各界人士，活跃思想，促进交流。

③较强的理解力和执行力：正确领会、贯彻组织的战略规划、战略思想，明确目标任务，快速、准确地实施，随时解决实施中遇到的困难和问题，保证目标任务的完成。

④终生学习的能力：新的管理理念和方法的不断出现，需要管理人员不断学习，有针对性地吸收新的知识，使自己的学识不断充实和提高。

⑤不断创新的能力：能够通过思维的创新开辟新的领域，创造新的工作方法，与团队成员共同努力创造性地开展工作。

⑥一定的科研能力：能够结合实际工作，总结经验，撰写管理论文。

⑦熟练运用外语及计算机技术的能力：卫生行业管理人员不仅需要掌握国内卫生行业的发展状况，也需要了解国外的管理模式及信息，因此，需具备一定的外语知识，并对计算机、网络、系统、数据库等方面知识有一定了解，并能熟练运用办公自动化系统和现代化办公设备。

⑧清晰的语言文字表达能力：做到合法、得体、真实、简明、准确、规范、完整、清晰，力求客观性、时效性、概括性和逻辑性的完美统一。

（六）卫生监督人员

卫生监督人员担负着公共卫生的监督、监测、审查，突发公共卫生事件的调查、控制，依法实施行政处罚等职责，因此，需要卫生监督员不仅要掌握专业知识和专业技能，更重要的是要学会如何适应新的环境，并能在新的环境中学习创新、工作创新、有思路、有发展。这就要求卫生监督员必须具有较高的道德文化素质、较强的专业素质、健康的心理和强健的体魄。

根据卫生部制订的《2005—2010 年全国卫生监督员教育培训规划》要求，到 2010 年，具有相关专业大专以上文化程度的卫生监督员，在国家级和省级卫生监督机构中将占 98% 以上，在地（市）级将达到 95% 以上，在县级将达到 80% 以上。为培养一支高素质、专业化的卫生监督员队伍，规划提出，至 2010 年，建立和完善卫生监督员培训基地、培训教材、培训师资队伍，初步形成覆盖全国各省、地（市）、县的三级培训网络，力争达到每名监督员每年都能至少接受一次培训，进一步优化卫生监督员的知识结构，使卫生监督员从传统业务型向法制型、综合型转变，增强卫生监督员的依法行政能力，提高卫生监督员整体素质，建立专业比例合理的卫生监督员队伍，推进卫生监督综合执法。

1. 学历和经历要求

具有正规高等院校医学、生命科学、食品、化学等相关专业本科以上学历，并且通过卫生监督员资格考试，经国家有关部门选拔和任命的人员才能成为卫生监督员。

2. 职业素质和知识能力要求

（1）政治素质

卫生监督员必须具备较高的思想政治素质，爱岗敬业、认真负责、无私奉献，才能担负起为保护人民健康、保护社会公共卫生安全的神圣职责。

（2）职业道德

卫生监督员要遵纪守法、作风正派、实事求是、忠于职守，有法必依、执法必严。只有具备较强的职业道德，才能树立监督人员“依法治国”的良好形象，才能促进被监督对象增强遵守法律法规的自觉性和积极性。

（3）综合素质

卫生监督员必须具备较高的综合素质。既要熟练掌握和运用与本职相关的各项法律法规、卫生行业相关的技术规范，又要一丝不苟地执行工作程序，才能正确履行卫生监督职责。如对卫生技术人员的监督、传染病防治监督、国境卫生检疫、职业卫生监督、食品卫生监督、健康相关产品卫生监督、放射卫生监督、学校和公共场所卫生监督、妇幼卫生与计划生育监督等不同的监督工作，不仅需要法律法规知识，同时需要相关专业领域的技术知识。

（4）专业知识

卫生监督涉及医学、药物学、卫生学、法学等自然科学和社会科学，监督活动是一项严格的行政执法活动。卫生监督员除了需要掌握相关的医学、药学、卫生学等学科知识，运用公共卫生、流行病学等专业的基本理论、技术和方法，认真做好卫生评价和管理工作外，同时还必须具备法学知识，熟练掌握和运用法律法规，做到知法、用法和宣传法律知识。

第三节　医药企业介绍

医药行业是一个公认的国际性朝阳行业，在各国的产业体系和经济增长中都起着举足轻重的作用。医药行业是我国国民经济的重要组成部分，其主要门类包括：化学原料药与制剂、中药材、中药饮片、中成药、抗生素、生物制品、生化药品、放射性药品、医疗器械、卫生材料、制药机械、药用包装材料及医药商业。医药行业的下游产业除医疗卫生外，目前正向保健食品、器材、卫生用品、化妆品、环保产业、绿色农业等方向渗透。作为医药行业主体的医药企业，越来越受到全社会的关注，同时，医药企业人才需求也在迅速增加。

企业是指以盈利为目的从事生产、流通或服务等经济活动，向社会提供商品或劳务以满足市场需要的基本经济组织。企业必须具有法人资格，实行自主经营、自负盈亏和独立核算。企业可分为工业企业和商业企业两大类。工业企业是指从事工业性生产的经济组织，它利用科学技术、合适的设备，将原材料加工，使其改变形状或性能，为社会提供需要的产品，同时获得利润。商业企业是指从事商业性服务的经济实体，它以盈利为目的，直接或间接向社会供应货物或劳务，以满足消费者的需要。

一、医药企业的概念与特点

从企业的概念出发，医药企业是指专门从事药品生产、经营活动以及提供相关服务的企业。根据生产、流通领域的不同，医药企业可分为药品生产企业和药品经营企业。

从产品形式来分，药品生产企业又可以分为原料药生产企业和制剂生产企业。药物制剂是通常意义上我们所说的药品，直接供医生和患者使用，而原料药作为药物制剂的主要成分，指具有一定药理活性，用作生产制剂的化学物质。化学原料药生产大都经历了物理或化学变化，工艺复杂、专业面广、生产周期长，前部分是生化（或合成）过程，后部分是精细化工过程，生产的全过程兼容了食品生产与流程性生产企业的过程。

从药品大类看，药品生产企业又可分为化学药物生产企业、天然药物生产企业、生物药物生产企业。化学药物是指用化学方法合成的西药成药。天然药物是指一切具有药用价值、可直接提供药用的植物、动物及矿物或这些天然产品的简单加工品，也包括从天然产品中提取出的有效部位或成分，广义上说，天然药物包括欧美植物药、日本汉方药和绝大部分在中国及其他国家的传统药物。生物药物是指运用微生物学、生物学、医学、生物化学等的研究成果，从生物体、生物组织、细胞、液体等，综合利用微生物学、化学、生物化学、生物技术、药学等科学的原理和方法制造的一类用于预防、治疗和诊断的制品。生物药物的特点是药力活性高、毒副作用小、营养价值高。

从专利保护的角度看，医药生产企业生产的药品可以分为两种：专利药与仿制药。专利药是制药企业经过研究开发新的药物成分，再实施严格的实验，包括动物实验、人体临床实验等，再经过各国药政单位审核之后，才能上市的品牌药（brand drug），又称原厂药。仿制药是所谓的通用名药（generic drug），又称副厂药，指品牌药的专利过期后，通用名药公司仿造原来品牌药的成分，加上一些简单的临床试验，或直接使用原来品牌药药厂所做的实验资料，而向药政单位申请审核上市的药品，通用名药的好处在于节省了开发新药所需花费的各种动物或临床实验的费用，所以可以大幅降低通用名药的价格，且因为药物成分类似，所以基本有一样的药效。各国政府都给予专利药足够的保护，拥有专利药的医药厂商有足够的时间去谋取超额利润，仿制药只是这些知识产权保护到期后对人类健康的一种合理回报。

与一般企业相比，药品生产企业具有以下特点：

（1）产品的技术含量高：人类最新科技成果总是以第一时间被生命科学及与之紧密相关的医药行业所运用。医药行业和医药企业的发展是一个国家基础研究和各类前沿科学研究进展的具体体现，需要分子生物学、细胞生物学、生物工程学、组合化学、材料学、计算机科学等多学科相互配合支持，同时还需要超微量分离分析技术、细胞培养技术、基因重组技术等多种技术手段联合运用。

（2）研发投入高、周期长、风险高、收益大：医药产业是为世界公认的高技术产业，具有投入高、周期长、高风险、高收益的特点。目前，发达国家研发一个新药一般要 8 - 12 年，需要投入资金 8 亿 - 14 亿美元，研发投资占企业销售额的比例为 15% - 20%，是所有行业中最高的，约为所有行业平均水平的 4 倍。新药研发具有高风险性，从合成提取、生物筛选、药理、毒理等临床试验、制剂处方及稳定性试验、生物利用度测试和放大试验直到用于人体的临床试验以及注册上市和售后监督一系列步骤，一旦研发失败，就会使巨额投入血本无归。有关资料表明：在国际上，进入临床研究的新药最终能实现产业化并进入市场的仅占 5% - 10%，其研发风险之高居各行业之首。即使进入市场的新药也存在巨大的市场竞争风险。对于投入市场并成功开发市场的新药，其投资回报率很高，发达国家医药行业的销售利润高达 30%，尤其是拥有专利技术的产品，在专利期内，该药享有市场独占性，其利润率大大高于非专利药品。

（3）社会效益与经济效益并重：追求经济效益是任何一个医药企业的主要经营活动目标，但医药产品是一种特殊商品，必须将防病治病、促进人类健康、保护人类生命安全作为重要社会责任。2006 年发生的"齐二药事件"、"鱼腥草事件"、"欣弗事件"都反映出医药企业必须要重视社会道德和社会责任，一定要讲社会效益，不但要对企业的自身生存与发展负责，更要对人民的生命健康负责。

（4）生产经营活动过程法律及规范多：由于医药产品与人类生命健康密切相关，世界各国都对药品的生产经营颁布了相关的法律和规范进行控制与管理，我国于 1985 年 7 月 1 日正式实施《中华人民共和国药品管理法》，之后又陆续颁布了《药品生产质量管理规范》（GMP）、《药品临床试验管理规范》（GCP）、《药品非临床研究质量管理规范》（GLP）、《药品经营质量管理规范》（GSP）、《中药材生产质量管理规范》（GAP）、《药品流通监督管理办法》等一系列法律法规及规范，对医药企业的产品研发、生产和经营活动进行规范管理。

二、国际知名医药企业及在华发展情况

（一）世界医药行业发展与国际知名医药企业

当前世界医药行业呈现两大发展趋势：一是超大规模的跨国制药公司的资本购并活动高潮迭起，二是医药高新技术领域竞争日趋白热化。跨国公司重组购并的目的就是要在未来更加激烈的国际竞争中增强核心竞争力——技术开发实力和市场控制力。

高技术、高回报的医药产业，一直是发达国家竞争的焦点。跨国公司为了增强国际竞争力，通过大规模的联合与兼并和国际资本运作，建立全球性的生产与销售网络，扩大市场份额。在世界范围内，全球前十强的制药企业已经占有国际药品市场份额的 59%。《财富》杂志公布的 2009 年世界 500 强企业中，有来自经济发达国家的 12 家医药企业入选

（表2－2）。

表2－2　2009年进入世界500强的制药企业排名

2009排名	2008排名	中文名称	国家/地区	利润（百万元）
103	107	强生公司	美国	12 949
152	143	美国辉瑞公司	美国	8 104
154	155	拜尔集团	德国	2 516.1
168	151	英国葛兰素史克公司	英国	8 438.9
171	175	瑞士罗氏公司	瑞士	8 288.1
181	178	法国赛诺菲—安万特集团	法国	5 636.7
183	181	瑞士诺华公司	瑞士	8 195
268	265	英国阿斯利康公司	英国	6 101
294	312	美国雅培公司	美国	4 880.7
378	332	美国默克集团	美国	7 808.4
401	381	美国惠氏公司	美国	4 417.8
435	427	美国百时美施堡公司	美国	5 247

随着社会经济发展，新兴国家在全球药品市场上所占的份额逐年增加。面对新兴国家药品市场正在迅速扩大，世界制药业巨头不能无视新兴国家的高速经济增长和诱人的低成本。据报道，西方国家医药实验室目前瞄准的是新兴国家最需要的消炎和抗病毒类药品。另外，工业社会容易出现的糖尿病、呼吸道疾病和癌症等慢性病也呈加速蔓延趋势，为各大制药公司提供了商机。

（二）国际知名医药企业在华发展情况

据记载，早在20世纪初就已经有跨国制药企业的先行者开始了在中国的经营活动，如美国的礼来公司在1903年就在当时的上海成立了代表处，瑞士的罗氏公司、德国的默克公司等也在同期陆续进入中国，但它们与中国市场真正开始全面的"亲密接触"，还是改革开放以后。20世纪70年代中后期，我国逐渐恢复了药品进口，80年代，国家医药管理局提出了以"新产品、新技术、外向型"为基本内容的"医药行业利用外资指导三原则"，医药行业开始大规模地引进外资。进入20世纪80年代后，跨国公司在中国从最初设立药品生产基地，再到研发、生产、销售、采购等经营整体转移，最后进入中国医疗体系的市场竞争，走出了一条投资布局逐渐深化的道路。

目前，世界前20名的跨国医药公司都在中国设立了合资工厂。如：2001年4月，阿斯利康投资1亿美元在无锡设立工厂；2004年10月，葛兰素史克在天津投资1.36亿美元修建工厂等都曾轰动一时。此外，许多中国药企都留下了外资控股运作的身影，如西安杨森、天津中美史克等企业外方控股都超过了50%。而近年来，外资新设立的合资企业，外方往往要求控股90%以上。作为新兴市场，跨国制药公司在华获得了巨额利润，数据显示，继各大跨国药企2006年在华销售收入平均同比增幅超过15%之后，2007年这一增幅的平均数又跃上20%。增幅最高的罗氏公司，去年的全球销售额增长10%，而在中国市场增幅则高达30%。对比最明显的是诺华公司，其制药环节在全球的销售额增幅仅6%，在中国的销售额增幅却高达 24.5%。

与此同时，跨国医药公司也为中国在资金、就业机会、产品、技术、理念、营销方法、管理体制和人才诸多方面带来了巨大益处。此外，许多国际标准也伴随着跨国企业进入中国，例如，GMP、GSP、GCP 和 GLP 等，现在这些标准已经成了中国法规政策中的重要部分。当然，跨国企业也给中国带来了全新的市场营销与产品推广模式，并随之产生了一些新的职业，如医药代表、产品专员、职业医药经理人等。在 30 年的变迁中，很多重要岗位的领导者已经从外国人变成了中国人，跨国企业培养出的很多本土人才已走出了跨国企业，在本土企业中找到了自己的位置，为本土药企发展正发挥着重要作用。最为重要的是，跨国企业在中国设立研发中心。特别是近几年，随着全球性医疗开支缩减与近年专利药专利保护期大规模到期等原因，跨国医药企业不得不加大新药研发，并展开错位竞争，以缩短新药研发周期，加快上市步伐，中国逐渐成为跨国药企首选地之一。诺和诺德、诺华、阿斯利康、罗氏制药等跨国制药巨头相继喊出"研发，到中国去"的口号。不仅如此，跨国公司为实施其全球战略，还不断整合在华医药业务，实行并购，跨国企业或国内外资企业的并购以战略并购为主。

三、我国医药企业及发展现状

（一）我国医药行业发展与知名医药企业

从传统药品生产的前店后厂、手工作坊，发展到新中国成立后建立了一大批医药生产企业，再到改革开放以来不断引进先进仪器设备与技术，实现了药品生产的现代化，并建立了适应市场经济的现代企业制度和运行机制。随着社会的发展和人民生活水平的不断提高，我国人民对健康的需求越来越突出，医药行业在国民经济中也占有日益重要的地位。2009 年度中国最受关注十大制药企业：

哈药集团有限公司

上海医药（集团）有限公司

天津市医药集团有限公司

广州医药集团有限公司

扬子江药业集团有限公司

石家庄制药集团有限公司

华北制药集团有限责任公司

吉林修正药业集团股份有限公司

东北制药集团股中国 IT 企业排名股份有限公司

四川科伦药业股份有限公司

目前，在全球 2000 余种化学原料药产品中，我国能生产 1400 余种，其年产能力仅次于美国，位居世界第二位，其出口额大约占我国医药产品出口额的 50%，占全球原料药贸易额的 1/4。但其中只有 60 多种化学原料药在国际市场具有较强的竞争力，已有 50 多家原料药企业通过了美国 FDA 认证，增强了我国医药企业的标准化程度和国际竞争力。但国内医药生产企业每年需要从国外进口大量的高端原料药。

（二）我国医药企业发展现状

2007 年，中国企业 500 强的营业收入为 17.49 万亿元人民币，资产总额达 51.98 万亿元人民币，平均数 3 497 621 万元。但进入 500 强的 10 家医药企业，营业收入没有一个超过平均数的。10 家合计 1431 亿元，与世界 500 强中排位第 10 名的雅培相当，只相当于强生的 38.4%。随着世界知名医药企业进军中国，以及 2001 年中国加入世贸组织，我国医药企业在发展上面临更为严峻的考验。

（1）医药生产企业规模小，数量多。截至 2008 年 4 月，我国共有药品生产企业 6 693 家（其中合资企业 1 500 余家），较 2006 年增加了 43%，据统计，2007 年上半年，医药工业累计完成工业生产总值 2913.2 亿元，还不及美国强生和辉瑞两家制药公司销售收入之和。

（2）医药企业缺乏拥有自主知识产权的产品，且产品重复严重。制药业以仿制药品为主，在能生产的 1 500 多种化学药品中，有 97.4% 都是仿制品。产品结构单一，重复严重，导致市场竞争激烈。缺乏高端原料药生产企业。

（3）中药企业缺乏国际竞争力，急需现代化。由天然药物制成的药品已占全球药品市场总量的 30%，国际植物药市场份额已达 300 亿美元，大部分为日韩企业的"汉方药"或"植物药"所占领，中国的中药占交易额的 3% 左右，而这 3% 中，中药制成品的出口量每年都在一亿美元上下。这一亿美元的份额中，中药原料提取物的比例又在不断提高，可见，中国出口的大多还是原料药。这样的一个格局清楚地揭示了中药在世界天然药物市场中所处的地位。近年来，这些打着"汉方"或"植物药"的外资，也开始大量进入中国本土市场。

（4）医药销售企业数量多，无序竞争激烈。据统计，2006 年底全国持有《药品经营许可证》的企业共有 334 236 家，其中法人批发企业 9 318 家、非法人批发企业 3 437 家；零售连锁企业 1 826 家，零售连锁企业门店 121 579 家；零售单体药店 198 076 家；全国持有《医疗器械经营企业许可证》的企业共有 144 977 家。医药流通领域企业过多，导致市场竞争无序，市场失控。相比之下，发达国家的药品市场集中度较高，且市场秩序规范。比如，美国前十位药品经销企业控制着全美 95% 以上的市场份额；日本的药品经销企业约为140 多家，其中前十位企业的销售量占市场的 50% 以上。

四、医药企业发展前景

从全球范围看，据美国 IMS 战略小组预测，今后 10 年，全球药品销售额将保持每年 7% 的增长，随着医药行业的高速发展，天然药品、生物药品和非处方药将三分天下，形成 21 世纪药业的三大新兴市场。据国家药品监督管理局南方经济研究所的预测，未来医药行业将呈五大趋势：中成药市场竞争加剧、处方药生命周期缩短、第三终端市场竞争加剧、批发企业走向集中化、委托生产成为新趋势。总之，随着国民经济的持续发展，人们生活水平的不断提高、人口的增长、社会的老龄化和农村医药市场的逐步扩大，我国对新的治疗方法和新的药物的需求将持续扩大。医药行业作为朝阳行业的基础在为生物科技的不断发展提供了技术可能性、老龄化社会提供了庞大的消费群体、政府福利支出加大提供了大笔买单。单就农村合作医疗资金来看，目前各种来源资金总计每年 100 亿元，而两年后将达到 300 亿元以上，农村医疗增长的潜力是十分巨大的。

从整体上看，医药工业在我国国民经济中发展情况良好，未来发展前景也很看好。医药制造行业是典型的技术型行业，唯有新产品和特色产品才能在市场竞争中立于不败之地。相对于国际医药企业高比例的研发投入，转变经济增长方式，积极推进医药技术创新将成为我国医药行业十二五规划重点之一，积极推进医药企业国际认证，帮助我国医药企业进入国际市场。中国医药业的制造能力，特别是仿制能力已居世界领先，在原料药方面，我国产品的价廉物美吸引了全球制药厂商和经销商的目光，特别是海正药业等一批原料药企业已经在国际认证上走在前列，原料药出口消化了一半的生产能力，世界原料药制造开始向中国转移。同时，制剂制造能力也出现过剩，十二五的重点之一将是帮助中国医药企业在制剂认证和出口上迈开国际化的脚步，抓住世界通用名药市场高速增长的机会。为应对加入世贸后的挑战，我国医药业将加速战略重组，用 5 年左右时间，扶持建立 5—10 个面向国内外市场、年销售额达 50 亿元以上的特大型医药流通企业，建立 40 个左右年销售额达 20 亿元左右的大型企业，这些企业的销售额要达到全国销售额的 70% 以上。

中药产业多年来一直保持着较快的增长速度，全球市场正处于快速增长期。国际植物药市场份额以每年 10% – 20% 的速度递增，全球对天然营养药品的需求正以 70% 的年增长率递增。据世界卫生组织统计，目前全世界有 40 亿人使用中草药治病，占世界人口的 80%。各国正不断放宽对中医药的限制，中药销量逐年攀升，中医药产业在全球正迎来一个新的发展机遇期。根据《中医药创新发展规划纲要（2006 – 2020 年）》，积极推进中药国际化和现代化。中药在中国拥有悠久的历史，同时也是中国在医药方面最有机会取得自主知识产权的领域。近 10 年来，中药的现代化方面取得不错的进展，涌现出天士力这样优秀的中药现代化生产企业，但是中药的国际化方面却遭遇困境。借助世界天然药物使用风潮的涌现，中药现代化与国际化将成为十二五重点之一。

合同研究组织（contract research organization，CRO）、外包服务（outsourcing service）作为一个新兴行业，发展非常迅速，顾名思义，即药品生产企业将研发中的某一步骤外包给另一企业来做。CRO 能够向制药工业提供从先导化合物合成及工艺直到新药上市后安全监测的全程服务，形成了完整的产业链。2007 年，新药研发外包服务的市场总值达到 150 亿美元，预计 5 年内会翻一番。然而，从环节和区域的角度看，研发外包服务市场发展并不平衡。我国医药企业由于研发能力有限，科研人才薪金偏低但素质相对较高，因此，不少外国公司将新药研发的某些步骤交给了中国公司进行。目前的 CRO 基本上都是国内中小企业或研究机构承接外国公司的业务。中国医药研究开发中心有限公司副总经理于中生认为，我国创新药研发能力有限，而 CRO 能帮国内企业熟悉国际规则、采用国际技术，最终的目标应该是为我国新药研发做铺垫。尽管目前没有国内从事 CRO 企业的统计数据，但业内人士预测，CRO 肯定将成为国内不少医药企业的一个利润增长点。但 CRO 绝不是我国医药企业的终极目标。

第四节 医药企业人员分类及选择标准

一、医药企业人员概述

现代医药企业把人视为一种资源，以人为中心，强调人和事的统一发展，尤其注意开发人的潜能，注重人的智慧、技艺、能力的提高和人的全面发展。在个人素质方面，员工要具备良好的思想素质、道德品质、学习能力、知识水平、专业技能和身体状况；在群体素质方面，医药企业要有团结协作、同心同德、相互促进的人力资源群体，要有合理互补的专业、知识、智能、年龄等结构，以发挥最大的整体效能。虽然不同的医药企业职位设置不尽相同，但粗略可分为：营销人员、管理人员、研发人员三大类。

近20年来，我国医药行业以平均每年18%的速率增长，其对人才的需求远远高于市场供给。在近期全国人才需求量最大的前十个行业里，生物、医药类已升至第5位，在销售类人才的十大排名中，医药销售人才也已跻身第10位。医药英才网反馈的企业热招职位还有：中端人才包括区域销售经理、产品经理、CRO项目经理、QA/QC质量工程师、生物制药与医疗器械研发工程师等；高端人才包括医药及医疗器械全国市场总监、销售总监、医药研发总监等。从事药品开发、研究的职业，对专业能力的要求非常高，相应的对学历等各个方面的要求也会比较高。从事生产质量保证等工作，对学历的要求没有那么高，但对相关专业知识的要求依然是很严格的。相比之下，从事销售工作专业要求要低一些，而更侧重销售能力。

（一）医药营销人员

在我国，市场营销观念已经深入到医药企业内，随着国内医药行业的一步步规范化，无论是国有医药企业、民营医药企业，还是外资医药企业都站在同一起跑线上参与对国内药品市场的竞争，其核心是对营销人才的竞争。人们对市场营销的观念也有更深的认识，所以对这方面人才的需求将继续看好。目前，医药营销人员市场需求量最大，约占医药企业招聘职位的70%。目前，从事销售工作专业要求要低一些，而更侧重销售能力。

营销专业是医药行业市场需求较大的专业，就业前景很广阔，历年平均就业率达97%左右。但营销类专业由于所有高校基本上都设置了这个专业，导致连年供给不断增加，反映在人才市场上就是低层营销人员的薪资水平被拉低。有些医药企业的市场营销人员大部分都是从其他专业或行业发展过来的，很多高级市场营销管理人员也没有接受过系统的营销知识培训和学习，做市场完全靠的是他们的经验和对医药行业发展前景的感觉，市场运作的科学性、系统性不强。这种状况已经难以适应国内、国际不断提高的市场竞争水平。因此，医药企业急需那种具备系统营销知识和医药医学背景技能的人才，特别是高级市场策划和管理人员。我国医药行业的企业在新经济形势下缺少既懂管理又懂技术，既熟悉国内医药市场又熟悉国际医药市场的复合型高级管理人才，好的产品经理、市场营销总监、市场营销经理等高级营销管理人员将会是医药企业的重点争夺对象。

产品经理（product manager），又称品牌经理（brand manager），负责策划与产品或产品有关的活动，具体分析市场（含消费者、竞争者和外部环境），利用这些信息为产品制定营销目标和策略，并争取研发、生产、市场调查、财务等部门的支持，获得高层管理人员的协助与支持。"品牌经理"负责对产品销售全方位的计划、控制与管理，灵敏高效地观察市场变化，改善公司参与市场竞争的机能，能够覆盖更多的顾客需求，拉长产品的生命周期，从而为企业赢得更广阔的市场和更具发展力的空间。20世纪70年代后，欧美制药企业广泛采用产品经理负责下的产品管理制，产品经理由此被誉为产品的"总经理"。中美史克的"康泰克"、"芬必得"，西安杨森的"吗丁啉"、"达克宁"，施贵宝的"施尔康"，辉瑞的"络活喜"，诺华制药的"扶他林"等都是跨国企业品牌战略在中国的成功实现。20世纪90年代开始，国内的制药企业也开始了产品品牌管理，"步长脑心通"、"地奥心血康"、"复方丹参滴丸"、"斯达舒"、"感康"、"快克"、"白加黑"等家喻户晓，销售业绩明显。

市场总监（chief market officer，简称CMO）是指企业中负责市场运作的高级管理人员，有的企业叫营销总监，或是主管市场的副总裁。在企业非常重视营销的今天，CMO几乎成了企业的宠儿。其主要的职责为：寻找市场机会，确定市场营销战略和贯彻战略决策的行动计划，完成企业的营销工作，在企业中进行营销思想的定位、指导和贯彻的工作，及时、准确地向企业的各个部门传递市场及企业的要求，做好信息沟通工作；负责企业市场营销战略计划的执行，在计划实施过程中，对执行过程进行控制，做好内部协调关系工作；对企业市场行为进行监督，对市场需求做出快速反应，使市场营销效率最大化，代表并维护消费者利益，负责或参与进行企业文化的建设，做好组织、激励工作。因此，具有战略规划能力、经营决策能力、沟通协调能力、危机处理能力、学习与创新能力等都非常重要。

另外，医药代表在药品营销中占有重要位置。我国实行药品分类管理，处方药品与非处方药品（OTC）的营销运作上，在前期是大致一样的，但是在销售的最终环节上却走向不同渠道，这就使两类药品在销售方式上各有特点。OTC药品在营销策略和技巧上与其他消费品相似。而处方药只可以在国家卫生行政部门和药品监督管理部门共同发行的医学、药学刊物上介绍，不得在大众媒体发布广告以及用其他方式进行以公众为对象的宣传，而且处方药必须经过具有行医资格的医生开处方才可使用，所以它的营销终端主要是医院。它的销售关键是获得医生的支持和推荐，尽管病人是最终使用者，但选择药品的决策者却是医生。所以处方药的销售实际上是医药代表以医院为核心的推销行为。医院内客户主要有三类，即药剂科人员、临床科室医生及护士、医务科人员，这其中最关键的客户是医生。由于临床治疗的需要，医生在使用新药时会有两方面的考虑。一是药品因素，医生必须确认临床上对该药品有治疗需求，如现有药物不能取得满意疗效，而新药物疗效优于现有药物，并且使用方便、安全性好，性价比适合。一是医药代表的因素，医药代表的产品介绍必须使医生信服，无论从药品的药理特性还是临床验证的文献，医药代表都能提供足够的、有说服力的证据证明该产品符合医生的疾病治疗需要。同时，使医生了解并熟悉企业的情况，增强对医药代表个人与企业的信任。通常只有当医生接受了新药品的确值得尝试解决临床问题，并认为医药代表同样值得信任时，医生才会真正开始尝试使用某种新药。因此，医药代表的专业背景、沟通表达、产品知识运用和诚实守信等显得格外重要。

（二）医药管理人员

由于企业中的管理涉及生产、设备和动力、物资、售后服务、财务、行政及人力资源等方方面面，专业要求上不限于医学和药学专业，工作中人员相对稳定。医药管理人员市场需求量约占医药企业招聘职位的20%。

药品是人类与疾病斗争的有力武器，药品质量的好坏，直接关系到人们的身体健康和生命安全。我国医药企业要求实行药品生产质量管理规范（GMP），世界卫生组织（World Health Organization. WHO）的药品生产质量管理规范（1992年）第十章对"人员"规定得十分具体详细。我国药品生产质量管理规范（1998年修订）第二章对机构与人员有明确规定。

我国GMP对岗位人员，即药品生产操作人员及质量检验人员，没有规定具体的学历。随着社会的进步，岗位人员应具备高中或医药中专以上学历。除了生产与质量管理人员外，其他管理人员根据岗位需要，招聘不同专业的毕业生或有一定工作经验的员工。

（三）医药研发人员

中国具有医药人才质优价廉、临床实验资源丰富、原料来源广泛等优势，这让因新药研制成本不断上升而倍感困扰的全球制药企业争相移师中国。虽然医药研发人员市场需求量相对较小，约占医药企业招聘职位的10%，但在专业、学历、经验、创新等方面要求较高。

药学专业毕业生主要分配到制药厂和医药研究所从事各类药物开发、研究、生产质量保证和合理用药等方面的工作，也有很多人从事药品销售代理。社会对药学人才的需求正在增加，本专业的大学生就业率高达95%。制药业发展较快，尤其是生活水平提高以后，人们对保健品的需求在增大，企业对药学人才比较青睐。另外，生化药品是一个新兴、尖端的行业，发展前景很好。外资企业偏重研发，国内企业偏重仿制，但随着市场经济的不断完善，企业发展的动力还是来源于自主知识产权药物的研发，另外，CRO市场的急速扩张和向发展中国家转移为我国提供了重大机遇。随着跨国医药企业新药研发外包服务在中国的不断发展，研发人员的需求也在不断上升，尤其是既懂得药理研究、又有医院临床实践经验，能在找准市场需求基础上进行项目策划、组织运作、落实研发和生产并担当管理职能的复合型人才极为紧缺。

在研发上，中药研发在我国占有重要位置。经过千百年的临床实验，以中药为研究对象的项目远比从事其他研发项目失败率低，因此，中药研发被国内诸多企业看好，我国的中药研发人才优势凸显。与西药相比，我国的中药研发人才在技术、项目开发、生产、临床实验方面具有绝对优势。很多中医药研发企业已与国内各高校进行人才对接，将中医药大学的博士生工作站人员输送到企业，同时企业的研发总监由高校博士生导师或权威人士担当。随着人才竞争加剧，国内企业的中药研发人才成了外资企业争抢的对象，竞争将更加激烈。

六、一般医药企业的机构框架

高等医药院校的毕业生根据自身素质及兴趣的不同，在选择医药企业时，可以关注上述相关岗位介绍的任何一个部门的岗位，但通常与医药院校毕业生最有相关性的则是研发、质量控制、销售或市场、医学部等方面的岗位，并在这些岗位上有很大的发展空间，可以在积累一定的经验和技能之后，进入企业的管理层。一般医药企业的组织架构见图2

-2。通常而言，医药企业不同，上述部门的归属也可能不同，但就从事的工作内容来说，主要有以下各方面：

1. 生产相关部门（包括质量控制 QC 和质量分析 QA）。

2. 研发相关部门：由项目经理或项目负责人负责统筹，项目组成员负责实施。

3. 临床研究相关部门：负责药物的各期临床实验。

4. 药品注册相关部门：上市前药品的注册申请和上市后药品的说明书（有些企业，像西安杨森就是临床研究、药品注册、法律事务等都归在医学部下面，医学部与市场部和营销部并行）。

5. 医学信息相关部门：为药品的销售和临床应用提供医学信息支持。

6. 政府事务相关部门（与注册有重叠部分）。

7. 市场部。

8. 销售部。

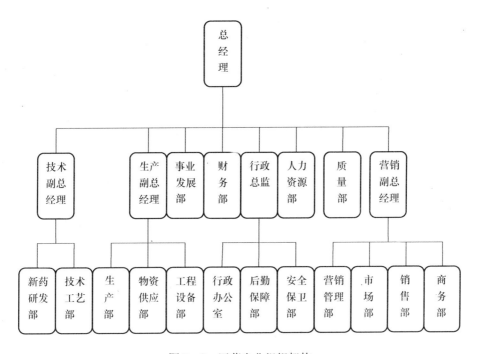

图 2-2 医药企业组织架构

 思考与讨论

1. 试述各类卫生人员的职业素质要求。

2. 简述我国目前社区卫生服务状况并展望发展前景。

3. 药品生产企业有哪些特点，你如何看待？

4. 国内外医药企业的现状及发展前景如何？

5. 通过本章学习，你对医药企业的哪些岗位比较感兴趣？这些岗位对人才有何要求？在校期间如何提高自身素质？

第三章 医学职业生涯应具备的条件

新时期医学职业生涯应具备的条件一直是医学教育界关注的热点。每五年召开一次的世界医学教育学会，曾在1988年和1993年连续两次发表了对医学职业素质的若干看法，指出"应该促使医学教育在结构、关系、教程和结果上，有近期和远期的转变，为21世纪重新设计和培养医生"。医学职业生涯的角色养成即应具备的知识、能力与素质需要靠医学生在校学习、在职学习和终身学习来获取。作为新时期的医科大学生要学会学习，养成继续学习和终身学习的习惯。

第一节 医学职业的角色

医生及其相关职业是一个令人向往的、神圣的职业，是任何国家、任何社会都需要专业性很强的职业，换言之，医疗卫生人员是人类社会所必需的专业人才和重要的社会角色。新时期科学技术的飞速发展，人类社会文明程度的巨大提高，医学模式和医学服务模式的变化，使得医学职业在极大发展的同时也面临着复杂的问题和众多的挑战。21世纪医学所肩负的责任，客观上对医学职业提出了更高的要求。如何准确地把握未来医学职业的基本要求，是国内外医学教育界和卫生界研讨的重点。

一、医学职业的角色特点

医学职业角色是众多社会角色中的一种，也是任何社会所必需的重要的角色。医学职业自其诞生之日起，就担负着救死扶伤的神圣职责。因而，社会赋予医务人员一个特定的、公认的内涵，即人们心目中的医务人员应是医术精湛、医德高尚的华佗或白求恩式的专业人员。正是这样，人们才视医务工作为圣职，才如此尊重和信赖医务人员，才胆敢将性命和健康托付给医务人员。具体讲，人们心目中的理想医务人员应具备如下特征：

1. 追求精益求精，严谨求实

具有精湛的诊疗技术是履行医务人员角色的基础。只有始终如一地刻苦钻研业务，追求技术，精益求精，严谨求实，永不满足，才能永远胜任医务人员的角色要求。同时，应淡泊名利，这是对医务人员角色的内在要求。

2. 崇尚医德，廉洁奉公

合格的医务人员不仅要有精湛的医术，更要具备高尚的医德。精医尚德是医务人员这一职业所要求的。医务人员这一职业是为他人奉献的职业。的确，选择医学为业，就决定了其必须重医德避利禄，重奉献少索取。胡佛兰德氏医德12箴言中有这样两句话需要每一位医务人员和即将成为医务人员的人都铭记于心："应尽可能地减少病人的医疗费用。你挽救了他的生命又拿走了他维持生命的费用，那有什么意义呢？应该掂量一下有钱人的一撮金和穷人感激的眼泪，你要哪个。"

3. 重事业，重集体，轻个人

在社会生活中，个人事业的成功固然与个人的不懈努力直接相关，同时，亦与集体所提供的环境、同事所给予的支持与合作分不开。只有以事业为重并能够与他人合作的人才能在现代社会中完善地履行自己的职责与义务。就医务人员而言，若凡事都仅从个人利益出发，不顾及集体和他人的利益，唯利是图，沽名钓誉，把自己所做的一切均看成是追逐名利的资本，这是不道德的，也是与医务人员的期望角色相违背的。

4. 具有高度的爱心与同情心

医务人员的职业要求其具有高度的爱心与同情心，具有良好的为他人服务、替他人谋利益、牺牲自己解救他人于危难之中的思想境界，时时处处以追求患者利益的最大化为行医的最高宗旨。在 2003 年防治 SARS 的战斗中，无数医务人员表现出大无畏的牺牲精神，救治病人，表现出医务人员崇高的思想境界。

5. 一视同仁，平等对患

在医务人员面前，患者无高低贵贱之分。尊重患者的各种权利，平等地对待不同社会地位、不同经济状况、不同文化背景、不同疾病程度、不同认知和行为能力甚至不同意识水平的患者，这是医务人员角色的另一内在要求。否则，将有辱医务人员的神圣使命，辜负患者对医务人员角色的真诚信赖。

6. 治病救人

古人云："上医治世，中医治人，下医治病"。古希腊医学家希波克拉底认为："了解什么人得了病，比了解一个人得了什么病更重要。"医务人员的角色首先是与人打交道，其次才是与病打交道；人的特点是高级社会动物，其疾病的发生与发展不仅与生物学致病因素有关，更与社会、心理因素密切相关；随着人类疾病谱与死亡谱的改变，慢性非传染性疾病、伤害的发生率（患病率）与病死率不断上升，也已成为危害人类健康与生存的重要公共卫生问题。而这两大类疾病，尤其是慢性非传染性疾病，均为多种因素共同作用下导致的结果。其中，相当种类的疾病至今病因尚不清，亦无有效的、针对性的治疗方法。因此，必须以整体医学的观点，以生物 - 社会 - 心理 - 环境模式来对应这些疾病。随着社会的发展，身心疾病的特点愈加突出。综上所述，合格的现代医务人员仅仅将目光投向疾病是远远不够的，而必须重视人的整体（社会、家庭背景与心理因素对疾病的影响），以整体论的思维模式来处理疾病。

二、医学职业的责任

医务人员的责任是指医务人员应尽的社会责任。它是依靠医务人员内心的信念而不以患者的任何报酬为前提，高度自觉地去履行的。一般地，病人有什么权利，医务人员就应有什么责任。

1. 医务人员的责任

（1）治疗疾病，解除病痛。

（2）解释和说明。

（3）医疗保密。

（4）卫生常识宣传和提供健康咨询。

（5）搞好医学科研，提高医疗技术水平。

（6）病人人格尊严、人身安全不受侵犯。

2. 医务人员的特殊责任——干涉权

干涉权是用来限制病人权利的。在特定情况下，医务人员可以限制病人的自主权利，以达到医务人员对病人尽义务、实现病人利益的目的。此权利应以医学伦理学原则为依据，有条件、有范围地使用。通常，如下情况才允许使用：

（1）病人拒绝治疗。

（2）病人要求医务人员讲真话，但若病人了解到自己疾病的诊断及预后将可能影响治疗的过程或效果，甚至导致不良后果时，医务人员可以隐瞒真相，或"合理撒谎"。

（3）病人要求保密，但当保密对他人或社会可能造成危害时，医务人员可以拒绝。

（4）对病人实行行为控制，如隔离、限制自由等。

三、医务人员的使命

人们常把掌握一定医疗技术，专门从事救死扶伤、治病救人职业的人称为医务人员。"白衣天使"是近代人们对医务人员的称谓，其中不仅蕴含着期望、赞誉，更承载着要求、责任与义务。随着社会和科技的进步以及医学的发展，医务人员所肩负的使命愈加艰巨和伟大。一方面，新的健康问题和生命现象不断涌现，医务人员将面对更高层次的攻坚战，迎接更为艰巨的新的医学难题，而这些难题的破解不仅预示着医学的不断进步与发展，而且将使人类在与自然做斗争中更为主动，更能掌握自己的命运。

另一方面，随着新的健康观和新的医学模式的转变，临床与预防间的"裂痕"必将"弥合"，人们将更加站在大卫生的角度考虑和处理健康问题，更加重视防病。特别是面对病因不清或多病因的慢性非传染性疾病和伤害，以及越来越突出的所谓"身心疾病或健康问题"，给现代医务人员提出了更高的要求，即面对新的疾病谱与死亡谱，要求医务人员不仅会治疗疾病，而且必须重视预防，并将预防纳入其日常工作中去。在疾病的治疗过程中，应秉承新的生物－心理－社会－环境的医学模式。最后，新的医学目的要求医务人员不仅要重视生命的数量，更要关注生命的质量，应以促进健康、延缓衰老、预防早死、提高生命质量作为医务人员的使命。这就对医务人员提出了进一步的、更高的要求。

总之，医务人员的使命是随着社会与科学的进步而不断丰富和发展的，医务人员所肩负的责任伟大而艰巨。概括起来，医务人员的使命可表述为：

1. 献身科学，救死扶伤，实行革命的人道主义。

2. 促进和维护健康，重视预防保健，提高生命质量。

3. 探索生命科学的无穷奥秘，攻克医学科学的堡垒。

我国确立新的医学人才角色观的思考：

根据国际医学教育界关于医学职业的标准及其观念并综合有关未来医学人才素质的各类讨论，当前，研讨和确立医学人才角色观主要基于以下考虑：

1. 医学与其相关科学有着系统、紧密的联系：医学的发展主要基于自然科学、技术科学和人文社会科学的发展。特别是 19 世纪以来，现代自然科学（化学、物理学、数学、生命科学等)、现代技术科学（生物技术、计算机技术、医学工程技术等）和人文社会科学（哲学、心理学、伦理学、管理学、社会学、法学、经济学等）的新进展，是导致现代医学科学发展进步的主导因素，医学与相关科学的系统联系性，应当是构建未来医学人才知识结构必须遵循的客观规律，除去医学学生自身对此有深刻的认识外，要在相关学科的有关方面注意培养学生应有的知识兴趣，以适应现代医学的发展趋势。

2. 医学具有社会性：一方面，医学的服务对象是人；另一方面，医学实践的主体（医疗卫生人员）本身也是社会中的一员。马克思曾经指出："人是一切社会关系的总和"，医患双方的相互作用以及各自的活动，都必然与其他的人、物、事发生着关系。就患者而言，疾病的发生、发展和转化往往与心理、生活方式、工作环境等不可忽视的社会因素有关。医学的实践也已证明，随着人类对疾病与健康认识的深入以及对自身健康、生活与生存质量要求的提高，医疗卫生工作正在面对越来越多的心理、社会、法律、伦理等方面的问题。由此可见，21 世纪医学人才必须掌握或具备这些方面的基本知识，尤其是要具有优良的思想品质，养成高尚的职业道德。

3. 医学又是一门实践性非常强的科学：学科的特点规定了医学人才除了要经过正规、严格的培训，养成运用所学的知识诊治病人、解决实际问题的熟练专业技能外，还应适应时代发展的趋势，拥有独立学习新知识和新技术的能力，善于使用图书馆、计算机等信息工具不断丰富知识和提高能力。

4. 鉴于社会卫生事业发展的需要，未来的医生还应能有效地组织社区保健，足以胜任从事健康教育和卫生事业管理的职责，能够参与国际交流和与他人良好地合作。

第二节　医学人才应具备的知识结构

知识是人们对客观世界的认识和实践经验的总结。客观事物之间不是互不相关、杂乱无章，而是相互联系的，因而知识与知识之间也是相互联系的。知识之间的客观联系和关系构成了知识网络体系，形成知识结构。历史形成的众多学科及其相互之间的联系和系统，反映了人类对客观事物之间联系的认识，是知识结构的具体体现。知识结构不是固定不变的，而是在不断发展的。随着人类认识的深化，发现新的事物和新的联系，就出现新的知识结构，创造出新的知识产品。众多边缘交叉学科的出现，就是知识结构发展变化的生动体现。

一、医学知识结构的基本框架

医学生在校学习期间，首要的任务是完成所学专业开设的必修课程，这是长期经验所形成的、比较科学合理的知识结构基本框架，即公共基础知识、专业基础知识、专业知识三个基本要素。首先，公共基础知识要宽厚。基础知识包括社会科学知识、自然科学知识、人文科学知识等方面的基础部分，是人类知识结构中的核心和基础，一般比较稳定、陈旧且更新较慢。扎扎实实地掌握宽厚的基础知识，不仅是形成合理的知识结构所必需的，而且是按照自身特点和社会需要在人的一生中不断学习、掌握新知识的需要。基础知识好比大厦的基石，宽厚坚固才能合理地建筑起稳固的知识大厦。

其次，医学专业基础知识要稳固。专业基础知识介于公共基础知识和专业知识之间，是医学专业知识的先导与基础，起着承上启下的作用。医学生只有掌握稳固的医学专业基础知识，才能进一步深入学好医学专业知识。

再次，医学专业知识要精深。医学专业知识是从事医疗岗位工作最直接的知识。随着医学科技卫生事业的不断发展和进步，医学专业知识在不断地更新，医学生在学好专业理论的基础上，一方面要加倍学习，钻研医学专业知识；另一方面要时时注意医学专业的发展脉搏，及时了解和努力掌握最新动态，使所学专业知识能步入医学专业发展的前沿。

同时，要了解现代管理和人文知识并做好新技术新知识的储备。作为一名大学生，应该把学校开设的各种人文课程学好，利用空余时间多读一些社会科学、管理科学方面的书，拓宽自己的知识面，开阔自己的视野，不断加深对社会和现代管理科学的了解。阅读现代科学书籍，关注本专业国内外研究新动向、新成果，了解世界科技新动态，注意本专业的科学前沿情况，为走入社会做好充分准备。

知识结构的三个基本要素是有层次、由浅入深、渐渐发展的。目前我国大部分医学院校专业教学计划实际上是按这种金字塔形的知识结构设计的。（图3-1）

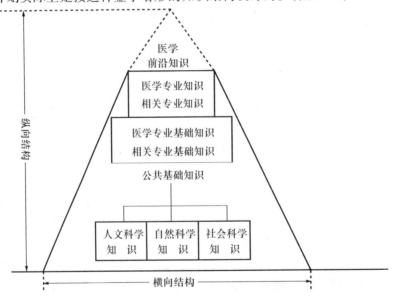

图3-1　金字塔形的知识结构

二、医学人才应掌握的知识

医学生的知识结构中实际上包含了自然科学知识、人文社会科学知识和医学知识。

（一）自然科学知识

自然科学知识包括数学、物理学、化学、生命科学和信息科学等学科。广博的自然科学知识能为专业知识的掌握和能力的培养奠定坚实的基础。由于科学技术的发展，几乎整个自然科学学科都和医学直接或间接地发生联系。例如，DNA分子结构的发现者沃森和克里克都具有坚实的物理学和数学基础；现代医学科学的发展，如同位素技术、超声技术、磁共振技术、电子计算机技术，都需要掌握自然科学知识。

（二）人文社会科学知识

随着医学的发展，医学早已不是一门单纯的自然科学。医学与社会、政治、经济、法律、伦理、道德等的关系越来越密切。掌握人文社会科学知识是适应医学模式转变的需要。广博的人文社会科学知识有利于医学人才素质的提高，有利于医学人才对专业知识和技能的掌握，有利于医学人才创新精神的培养，有利于医学社会化的需要。一般来说，医学人才应掌握的人文社会科学知识包括以下内容：

1. 思想品德教育：包括思想道德修养、马克思主义哲学、政治经济学原理、毛泽东思想概论、邓小平理论与"三个代表"思想概论、医学伦理学、法律基础、中国传统医德、卫生法学、当代世界形势与政策等。

2. 医学与人文社会科学相结合的边缘学科知识：包括医学心理学、医学社会学、医学行为学、社会医学、全科医学、医学史、医学美学、医学人际关系、卫生经济学、人口学、卫生事业管理等。

3. 科学方法论：包括自然辩证法、逻辑学、系统科学、现代科技概论、科研方法设计、文献检索、临床思维方法等。

4. 文化修养知识：包括中国传统文化、大学语文、音乐欣赏、美学概论、中外名著欣赏、中外美术鉴赏等。

在人文社会科学知识中，"两课"（即马克思主义理论课和思想政治课）是核心内容，是人文素质教育和德育教育的主渠道，其目的是培养学生的思想政治素养和逻辑思维方法，其他思想道德课程是对"两课"的延伸和拓展。医学与人文社会科学相结合的边缘学科知识，旨在借用人文社会科学的手段和方法研究医学中人文、社会、心理和行为等问题，主要是培养学生的职业素养。科学方法论和文化修养知识旨在培养学生的科学文化素养。除此之外，积极参加各种不同类型的社会活动和社会实践，有助于学生对人文社会知识的获取和掌握，对学生产生潜移默化的影响，是理论知识无法替代的。

（三）医学知识

对医学人才来说，医学知识是其知识结构的最重要的部分。只有熟练掌握现代化医学学科知识，才能更好地开展医疗、教学、科研等工作，提高自身的服务水平。

1. 基础医学知识

基础医学是研究人体正常结构和功能，各种因素对机体的影响和疾病的发展。当前，分子生物学作为基础医学的纽带继续向各分支学科渗透，形成了医学分子生物学、免疫学、神经科学、人体遗传学等学科竞相发展的局面，同时推动了临床医学和预防医学的发展。

基础医学包括人体解剖学、组织学与胚胎学、生理学、生物化学、细胞生物学、分子生物学、免疫学、医学遗传学、微生物学、寄生虫学、病理学、病理生理学、药理学等。基础医学根据研究内容和性质的不同分为两大类，即形态学科和功能学科。

2. 临床医学知识

临床医学以疾病为研究和诊治对象。临床医学通常是指诊断学、治疗学、内科学、外科学、妇产科学、儿科学、神经精神病学、皮肤科学、口腔科学、眼科学、耳鼻咽喉科学、传染病学、肿瘤学、中医学、麻醉学、医学影像学、医学检验学等。临床医学根据疾病的特性、诊断和治疗的技术与手段再做相应的分科。

3. 护理学知识

护理学知识是研究人类疾病护理和健康教育的知识，包括健康评估、内科护理学、外科护理学、妇产科护理学、儿科护理学、五官科护理学、精神科护理学、老年护理学和急救护理学。

4. 预防医学知识

预防医学是从医学中分化出来的一个独立的学科群。它以人类群体为研究对象，应用生物医学、环境医学和社会医学的理论，宏观与微观相结合的方法，研究疾病发生的分布规律以及影响健康的各种因素，制定预防措施和对策，达到预防疾病、促进健康和提高生命质量的目的。

预防医学吸纳和融合了现代自然科学和社会科学的有关内容，组成了自己的学科体系。其中包括环境卫生学、劳动卫生学、儿童少年卫生学、营养与食品卫生学、卫生统计学、流行病学、职业病学、社会医学、老年医学等。

另外，医学人才还要掌握外语、计算机等知识，为获取医学知识和医学实践服务。从事不同专业的医学人才还要掌握相应的医学专业知识。

第三节 医学职业要求具备的能力结构

能力是调用知识、运用智力、借助技能，顺利完成某种实践活动的个性心理特征。能力结构是各种能力的有机组合。能力结构是有机联系的能力系统，能力只有在合理的结构中，才能具有潜在的创造功能。我们之所以说能力结构是有机联系的能力系统，就是说，它并不是各基本因素机械相加的总和，而是各基本因素有机结合所构成的体系。在能力结构各个基本因素中，有一个因素发生了问题，就会影响到其他各基本因素的水平高低，从而影响整个能力水平。由此可见，组成能力结构的各基本因素之间的关系是互相影响、彼此制约、统一而不可分割的。但不等于能力结构中的各基本因素就没有各自的独立作用。事实证明，各种基本因素在能力发展中无时无刻不在发挥着自己的独立作用。各个因素都可以进行单独的考察和研究。

创新能力、人际交往能力、实际操作能力、组织管理能力、分析和解决问题能力和自学能力这六个方面既相互区别，又相互联系、相互作用，共同组成一个有主次的、交叉的有机结构体系。其结构模型如图 3-2 所示。下面我们具体阐述医学生应着重增养的九种能力。

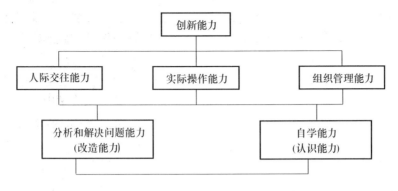

图 3－2　医学生的合理能力结构模型

一、分析问题和解决问题的能力

掌握知识的目的是解决实际问题，这些实际问题包括常规问题和新问题。常规问题一般是指已经基本认识的且已有了具体解决该问题的原则和方法的问题，临床上的疾病诊治问题大多属这一类的问题。新问题是过去实践中尚未遇到过的问题。这类问题又可分为两种类型，一种是可以用已有模式或范例加以解决，另一种则是不能用已有模式或范例来解决。分析问题就是分析问题构成的要素、问题的性质、解决它的具体方法和手段、对实践操作结果的预计和评估等。分析问题的能力实质上是一种认识能力，这种能力是融合多种专业知识经过转化形成的一种能力。相对于分析能力而言，解决问题的能力是一种再造性活动能力，再造能力是经过反复练习，熟练掌握的一种技能。由于医学的特殊性，医生经常所面对的是没有唯一结论的临床问题，需要通过系统地分析病史、体检、实验室检查结果等内容，得出较为合理的结论，这就需要医生具有很强的分析问题和解决问题的能力。

医学生要在学习中，锻炼自己分析问题和解决问题的能力。在理论教学中，要积极参与教学过程，按照教师设立的问题情境，提出问题，寻找答案；在实践教学中，积极参与病人的管理和诊治过程，同时注意观察医务人员处理病人问题的思路和方法。

二、自学能力

自学能力是指独立获取知识的能力，是形成其他能力的基础和重要条件。学生由于已经有相当的知识储备和经过较复杂的思维锻炼而具有一定的自学能力。自学能力可分解为选择学习资料的能力、选择和储存信息的能力、记忆和提取信息的能力、消化和使用信息的能力等。学习能力是许多动物共有的能力，但人的学习能力是通过自觉的思维活动掌握知识和技能的能力，是与其他动物的学习在本质上完全不同的一种能力。自学能力是学习能力的一种升华，它不仅是自觉的，而且是完全依靠自身完成的。另外，自学还是一种发展智能的学习，便于增强人的主动性和独立思考的能力。

在知识急剧增长的今天，自学能力显得格外重要。学校不可能在有限的时间内将所有的新知识传授给学生，这就需要学生具有自学能力。自学能力也能为终身学习提供保障。

三、实际操作能力

实际操作能力也是动手能力。实际操作能力包括实验操作技能和临床操作技能，是医学生必须具备的基本功。由于大学生文化素养、社会阅历、年龄层次以及智能发展都有一定的基础，因而具有一定的独立操作能力，但还远不能适应医学实践的需要。医学的重要特征之一是实践性强，这就要求医学人才具有较强的动手能力。

在实验教学中，学生要自己多动手，锻炼实际操作能力，同时还应加强设计性实验及科学研究方法等方面的训练，锻炼探求知识的思维能力。在临床教学中，充分重视实践教学，与病人多接触，完成必要的诊疗操作，这些都是锻炼动手能力的重要内容。

四、交往能力

人是生活在群体中的，在社会生活中人际关系良好、社交广泛可以配合工作顺利开展。医生是与人打交道的职业，只有做好与病人的沟通、交流，了解病人的身心状态，才能做出正确的诊断和处理，解除病人的疾苦。另外，具有较强交往能力，才能更好地与国内外同行进行广泛的交流，开阔视野，拓展空间，了解最新的国际医学学术动态，走在医学的前列。培养良好的交往能力首先要建立良好的交往愿望；要尊重他人，以诚相待；要同情和理解他人；要严于律己，宽以待人；要善于表达自己，善于控制自己的感情、态度和行为；要培养自己多方面的兴趣和爱好。

五、表达能力

医学是与人打交道的学科，而人是有思想、有感情的复杂的高等动物。医务人员欲正确、准确地诊治疾病，就必须有效地与患者沟通，以便准确、全面地采集病史，观察疗效及病情变化，争取患者的信任与配合，即临床工作离不开与病人进行交流。无论你是否愿意，你都应该去与你的患者沟通。另外，良好的交流与沟通有助于良好医患关系的建立，有助于病人心理情感的满足，从而起到间接的治疗作用。正如希波克拉底所言，医务人员有两件东西可以治病，一是药物，一是语言。事实上，医务人员职业要求的语言等表达能力应高于其他普通职业。医务人员应善于适时、适度、准确、和蔼、亲切地表达意见与建议，医疗服务的艺术性多体现在表达能力上。医学生要注意加强这方面的修养。

六、应急能力

扎实的理论基础和娴熟精湛的操作技能是应急能力的条件，敏锐的观察、思维、判断能力是良好应急能力的基础素质；理性、果断、胆大心细是良好的应急能力的前提。诊疗抢救病人的第一要素是时间观念，从某种意义上说，争取了时间意味着减轻病情，或缩短了病程，甚至挽救了生命。雷厉风行、动作敏捷、专心投入等都是医务工作者的行为特质；相反，拖泥带水、散散漫漫、悠闲自在与临床工作无缘。无论你先天是何种性格和气质，选择了作医务人员，就得树立严格的时间观念、效率观念。

七、组织和管理能力

组织和管理能力是人际关系活动能力，也可称之为社会活动能力。医疗卫生工作是在人际关系中进行的。组织和管理能力是医学中的一种重要能力，医生不但需要协调与患者和服务人群之间的关系，还要协调与工作有关的各种关系，如医患关系、医护关系、医技关系等。从事预防保健和社区医学工作的医学工作者，还必须承担一定的组织管理任务。医学家本身应当成为社会活动家，成为他们服务对象的良师益友，要取得他们的信赖，获得他们的支持，影响他们的行为，不但帮助他们医治生理疾患，还要帮助他解决心理问题。

八、临诊能力

临诊能力即临床诊疗、处置病人的能力，此为医务人员各种素质、能力的综合体现，也是医务人员的"看家本事"。它根本决定了一位临床医务人员业务素质与水平的高低。高素质的医务人员无一不是临诊能力强的医务人员。难以想象一位看病能力弱的医务人员会是一位受患者喜爱的医务人员，即使他有其他千百样优点。

临诊能力同样是建立在扎实的医学基础知识、全面的临床治疗技能基础上的，同时，尚需要经过反复的、大量的临床实践方可获得，并得以巩固和发展。

医学是一门实践性很强的学科，其根本原因即在此。有成就的、成功的医务人员，几乎都"爱"接触病人，不断接触病人是医务人员"力量"的源泉。反感病人，远离病人，必将无法锤炼临诊能力。当然，及时查阅文献，用最新理论和知识武装头脑对临诊能力的提高起着促进作用，但不能代替看病人。

九、创新能力

创新能力是人类特有的能力，是认识与实践能力的总和，是智能培养的最高目标。创新能力是 21 世纪人才的显著特点。医学人才创新能力的培养需要具有扎实和广博的基础知识、深厚的专业知识、丰富的想象力和发散性思维。创新能力需要认知领域的知识、智能因素和非认知领域的动机、情感、意志、性格等因素的有机结合，这些因素共同作用，才能有效发挥创新能力。

医学人才需要有创造力。这不仅是因为疾病的多样化、复杂性、新病种的不断涌现，更重要的是，即使是已经攻克的疾病，在不同人身上也表现有异。前人、他人的经验的确需要大量地汲取（主要通过看书、阅读文献、查房等途径），但面对具体病人时，更需要灵活地处理，因为疾病的处置是需要个体化。忘记了这一点，就不能成为合格的医务人员。另外，医学科学的发展需要有创新意识，医学人才要具有批判性思维的意识，要敢于在"深思熟虑"的基础上，质疑、挑战既有的检查和治疗方法（方案），只有这样，医学才能不断进步和发展。

医学人才创新能力的获得要充分注意医学生学习过程中创新精神、创新思维的培养。所谓创新思维，是指在探索未知领域中，充分发挥认知的能动作用，突破固有的逻辑通道，不断以新颖方式和思维转化来寻求获得新成果的思维活动。因此，在学习的过程中，学生不能只是被动地接受知识，而是要独立思考，敢于提出新问题，探索未知；学生不能只是接受问题的答案，而应独立寻找解决问题的方法。另外，积极地参加社会实践活动十分有利于创新精神和创新思维的培养。

第四节 医药技术人员应具备的基本素质

医学职业是一种特殊职业，其特殊性不仅表现在它的服务对象是有生命、有思想、具有社会性的人，而且表现在它所从事的活动或工作可谓"健康所系、性命攸关"。因此，该行业要求从业者应有较高的综合素质。作为医科大学生，应及早关注医学职业所应具有的素质以及如何培养训练，有意识地、自觉自愿地、始终如一地按照该标准要求和锤炼自己，以便将来能够胜任这样一个光荣而艰巨的工作，完成岗位和历史所赋予的重任。

一、思想道德素质

思想是思维活动的结果。作为现代人，首先应树立爱国、立志服务和报效祖国的个人信念，要将个人的命运与国家的命运紧密地结合起来，要有强烈的民族自尊心和自豪感，要用科学的世界观和方法论看待世界，以科学的态度对待各种困难和挑战，把促进人类健康和服务社会作为自己的人生价值取向。

道德是一种社会形态，它是一定社会调整人们相互间以及个人和社会间关系的行为准则和规范的总和。医学人才的道德主要指医生的职业道德。医生的职业道德是医生与服务对象、医生（护士）之间、医生与医院、医生与社会之间的关系的行为规范的总和。古人云："医无德者，不堪为医"。古希腊的希波克拉底提出的"希波克拉底誓言"于1949年被定为国际医务道德准则："我把教我学艺的恩师当作父母。我要按照自己的能力与判断，为了病人的利益，运用一切措施；我要保护自己的生命和技艺的纯洁和神圣；无论我上谁家的门，我一定是为病人的利益而来，绝不能有伤天害理的念头，也不能有任何恶意；在我行医过程中，或是行医以外看到或听到的有关人们生活的事情，绝不张扬出去，我一定把这样的事情看作是耻辱"。毛泽东主席题词"救死扶伤，实行革命的人道主义"体现了社会主义医务工作者职业道德的基本原则。

关于医学生道德素质的培养我们将在后面的章节阐述。

二、科学素质

医务人员的科学素质主要是指业务素质，或称专业素质。科学素质包括执着的科学精神和工作态度与习惯、扎实的专业知识以及综合的、全面的临床实际工作能力等。其中，尤其应倡导自我设计与发展的能力。

概括讲，高素质的医务人员应具有的科学素质首先应有执着科学精神以及严谨的工作态度和习惯，并立志献身医学事业，明确事业发展的方向，具有历史使命感和饱满的工作热情；其次应视野开阔，善于思维发散，了解整个医疗保健系统的发展规律；最后，也最重要，高素质的医务人员应具备较强的临床工作能力，掌握现代医学的先进知识和技术，具有较高的专业技术水平。这是医务人员的立足之本，也是前两方面素质在实际工作中的具体体现。具体讲，高素质的医务人员应具备的科学素质包括：

1. 观察敏锐

医务人员需要有敏锐的观察力。敏锐的观察力是及时有效地收集病史以及进行体检、诊断、治疗的基础，也是调整治疗方案的基础（首先应能及时发现病情的变化）。医务人员应在接触病人的整个过程中，运用所有感官和各种可能发现、分析、判断各种情况，善于从患者的精神、神色、气味、声调、面色、情绪等捕获有用的信息。具体讲，医务人员应有一双灵敏的耳朵，能做一位耐心的听众；有一双敏锐的眼睛，是一位细心的观察者；有一张善辩的嘴，是一位思维敏捷、表达清晰的交谈者；有一个嗅觉灵敏的鼻子，是一位不屈不挠的发现者和终生学习者。

2. 学会记忆

医务人员的诊疗过程离不开记忆。良好的记忆功能是医务人员从事病史采集、诊断、鉴别诊断、疗法选择（特别是药物选择）等日常工作的条件。医学是一门"精确度"极高的科学，来不得半点的含糊或模棱两可。医务人员需要掌握的信息不仅庞大，而且需要精确，否则，无法具体应用于实际。这点在医学院校在校生的学习中就已经充分地体现出来了。

3. 善于思考

思维是人脑的功能，是智力的核心部分。日常医疗工作时时处处需要不断地做出分析和综合判断，不断地进行演绎推理、归纳和总结，以便一方面从既往的类似病例中找出共性的东西，此所谓临床积累的一个侧面；另一方面，由于同一种疾病在不同年龄与性别、不同个体、不同阶段表现不同，即临床上没有完全一样的病例，因而医务人员应善于归纳和总结，此为临床积累的另一侧面。临床经验的获得主要通过后者，这也是为什么医务人员应多看病人、医务人员不能离开病人的道理。医学是一门实践性很强的科学，经验的积累与业务的提高需要医务人员在实践中做一个有心人。另外，思维还是做出整体判断的基础，医务人员最忌讳的是"头痛医头，脚痛医脚"。再者，思维敏捷是临床工作中在有限的时间内迅速做出正确判断的基础条件和业务素质，特别是在急诊抢救时。

三、文 化 素 质

文化素质亦称文化修养，它是以专业领域以外的一切人文科学知识、自然科学知识为基础，通过情感作用于人的精神世界，最终内化为精神深处的一种内在品质。

医学的服务对象是人，医务人员应具有强烈的人文情感，这是做好工作的有利条件。随着社会的进步、医学科学的发展以及疾病谱、死亡谱的改变，人们的健康观发生了巨大的变化。伴随之，医学模式（从生物医学模式转为生物－心理－社会－环境模式）以及医学目的也发生了转变，新的服务市场要求医疗保健服务摒弃机械、冷漠的纯生物思维模式，医疗服务更加关注人的整体，诊疗服务更加关注心理、社会因素，服务也需要更为人性化。因此，当今做一名医务人员，没有较强的人文情感，不能全面考虑病人的全背景因素对健康的影响，将难以实现"以人为本"的服务理念，难以完成新形势下的医疗保健任务。

要体现"以人为本"的整体服务理念，医务人员就必须具有广博的知识、合理的知识结构以及深厚的文化底蕴。现代医学教育和从医者要适应新形势所提出的更高的要求，不断加强人文修养。从某种角度讲，一个人的文化修养越高，知识结构越合理，则学习能力越强，知识更新越易、越快，对事物本质及规律的认识能力越强，解决和处理问题的综合能力越强，灵活性越大，发展潜力和创造力也越大。

四、身心素质

顾名思义，身心素质包括身体素质和心理素质两方面。身体素质是"革命的本钱"，是一切素质的载体，而心理素质对从医者来说尤其重要。作为为他人谋求健康的医务人员，其自身首先必须是一个身心健康的人，否则不仅不能胜任工作，还可能带来严重的不良后果。

医疗工作是高强度（脑力和体力两方面）、高度紧张、压力很大的工作。没有健全的体魄、健康的心理素质是难以承受的。良好的心理素质包括坚强的意志力、稳定的情绪、良好的个性品质、较强的人际交往能力等。医务人员之所以需要具有良好的心理素质，一方面是因为工作的特殊性，另一方面是科学迅猛发展、现代社会高节奏所带来的巨大精神压力。前者更为突出，因为医务人员所面对的是来自各个不同社会阶层、各种文化背景以及不同性别、年龄、职业的患者，即医务人员的服务对象不仅"构成复杂"，而且多处于"病态"，或"失衡状态"，或"应激状态"（身或心）。此种情况要求医务人员能够有较强的心理承受能力、良好的心理素质以及较高的个人修养。只有这样，才会体谅病人的痛苦，容忍一些过激言行，甚至无理的指责和谩骂，以专业人员特有的胸怀包容一切，理智地处理各种可能发生的情况，为患者服务。

第五节　医学生毕业去向及岗位要求

长期以来，由于医学的专业性和整体供需相对平衡的状况，医学生在求职方面的能力相对薄弱，尤其是想从事其他行业的毕业生，到底自己的医学背景能发挥怎样的作用？自己未来的职业人生应该怎么规划？这些都让他们感到迷茫和困惑。

随着市场经济的快速发展和高校毕业生就业机制和就业方针政策的转变，医学院校毕业生除了主要面向卫生行业、医药企业、医学院校和科研院所外，部分学生选择了保险、出版、咨询等相关行业，甚至还有转向IT、房地产、金融行业等。虽然这部分学生只占毕业生总数的一小部分，但是已能看到医学生的就业去向趋于多元化。另外，由于职业规划的欠缺和高考制度的影响，部分医学生在选择学校和专业时，存在一定的盲从性，甚至只是顺从中学教师和家长的意愿，因此，他们在就业的过程中可能会选择离开专业去向的主渠道。目前，毕业生毕业去向多元化，也是本科教育教学中育人理念之一，鉴于以上种种原因，就业指导部门对这部分学生的选择要给予支持和帮助。本节将对医学院校、科研院所、保险、出版、咨询行业的情况进行一个大致的描述，使学生们在了解这些行业的同时，了解和掌握自己是否符合这些行业的特质，自己是否适合从事该行业。

一、医学院校及科研院所

科研院所内部管理体制往往与高校比较相似，因此，本节以医学院校人员、岗位职责及职责要求进行介绍，科研院所的情况不再单独描述。

新中国成立以来，我国的医学教育事业有了很大的发展，取得了显著成绩，通过实践逐步探索出医学教育的规律和特点，形成了医学教育的管理体制和运行机制，初步建立了包括学校基础教育、毕业后教育、继续教育的连续统一的医学教育体系。医学教育的规模、质量、效益有了明显提高。伴随着中国高等教育体制改革，通过高等医学院校与其他科类大学联合办学或合并等形式，我国的高等医学教育已经形成了综合性大学医学院与独立设置的医学院校并存的管理与办学体制。

到 2006 年，普通高等医学院校数量达到 128 所。从综合实力来看，医学专业达到 A 级以上标准的学校共有 13 所，其中北京大学、复旦大学、上海交通大学、清华大学等四所大学名列前茅，达到了 A + + 的标准，中山大学和四川大学被评为 A + ，达到 A 级标准的包括浙江大学、中南大学、华中科技大学、首都医科大学、中国医科大学、南方医科大学和武汉大学等 7 所高校。其评价标准和体系涵盖了教学科研获奖情况、学术论文发表及被引用情况、发明专利授权。

卫生部于 2001 年 7 月发布的《中国医学教育改革和发展纲要》中，设定 2015 年的目标之一是"普通医学院校本专科和研究生招生规模进一步扩大，中等医学教育规模大幅度压缩"。普通高等医学院校的招生人数不断上升，这势必带来医学毕业生的就业问题越来越突出，例如，医学毕业生供应量剧增与社会需求量有限增加之间的矛盾，医学毕业生供需的专业、区域、学历层次等结构性矛盾等。据由共青团中央学校部、北京大学公共政策研究所合作完成的"2009 年中国大学生就业状况报告"结果显示，一直很热门的医学专业连续两年位于全国失业率前十名之列，是高失业风险专业。

在这种形势下，规划好自己的职业生涯对于医学毕业生来说显得尤为重要。毕业生有必要在踏入职场前对医学院校的岗位分类与设置、岗位职责等方面有整体性了解，进而能够更有针对性地提高自身竞争力，更有前瞻性地规划职业发展，以及更迅速地转变角色，适应工作环境与工作要求。以下我们介绍一般高等医学院校的岗位分类与职责。

（一）医学院校的岗位分类与职责介绍

依据人事部颁布的《事业单位岗位设置管理试行办法》相关规定，事业单位的岗位划分为专业技术岗、管理岗与工勤技能岗三大类。专业技术岗位是指从事专业技术工作，具有相应专业技术水平和能力要求的工作岗位。管理岗位指担负领导职责或管理任务的工作岗位。而随着高校后勤社会化工作的推进，工勤岗除关键技术岗位外，其余岗位原则上不再接收编制内人员，且此类岗位对于大学生就业没有参考意义，在此不再赘述。

医学院校是以专业技术提供社会公益服务的事业单位，专业技术岗位一般不低于岗位总量的 70%，其中按岗位职责来划分，包含教学科研岗和教辅岗，管理岗位主要是指专职从事党团工作、行政管理、教学管理、科研管理及其他事务工作的岗位，一般占岗位总量的 20% 左右。按照事业单位岗位设置管理办法，专业技术岗位又分为 13 个等级，包括高级岗位、中级岗位和初级岗位。高级岗位分 7 个等级，即一至七级，中级岗位分 3 个等级，即八至十级，初级岗位分 3 个等级，即十一至十三级。管理岗位分为 10 个等级，即一至十级职员岗位。按照级别又分为初、中、高级职员。这种分类分级的岗位管理体系就是要实现从身份管理到岗位管理的转变，做到按需设岗、平等竞争、择优聘用、分级流动，建立一个能进能出、能上能下、能高能低的激励竞争机制，达到最优化的人力资源配置。下面就这些不同岗位类型的职责进行概要阐述。

1. 教学科研岗

顾名思义，教学科研岗是指具有教师资格、从事一线教学科研的岗位，其基本工作职责涵盖两个大的方面，教育教学工作与科研工作。除此之外，教师还是高校社会服务职能的实施主体，要承担一定的社会服务职责。人才培养与科学研究是社会服务职能的表现之一，而对于医学院校来说，专业特色使其在发挥社会服务职能时更具备优势，例如，在突发公共卫生事件、医疗体制改革、医学科普宣传等方面，医学院校的教师和学者都起到了重要作用。

按照人事部关于专业技术岗位的十三级划分，教学科研类高级岗包括教授和副教授，中级岗为讲师，初级岗为助教。教学、科研及社会工作的比重分配、具体工作职责的划分以及主体在其中的作用地位有所不同，但并非简单的线性关系，而是因人因岗而异的。下面简要阐述各级岗位的职责范围。

（1）助教岗位职责：配合讲课教师做好教学准备工作，如实验教学技术准备工作，承担课程的辅导、答疑、批改作业、辅导课、实验课、组织课堂讨论等教学工作，在上级教师的指导下担任某些课程的部分或全部讲课工作，协助指导毕业论文、毕业设计。参加实验室建设，参加组织和指导生产实习、社会调查等方面的工作；承担教研室（实验室）中的日常科研管理和行政工作，担任学生的思想政治工作，了解学生的思想、学习、生活状况，做好沟通教与学的工作；参加教学法研究或科学研究、技术开发及其他科学技术工作；积极参加教研室（实验室）的各项社会服务活动和公益活动。

（2）讲师岗位职责：系统地担任一门或一门以上课程的讲授工作，组织课堂讨论、指导实习和社会调查，指导毕业论文、毕业设计；担任实验室的建设工作，组织和指导实验教学工作，编写实验课教材及实验指导书；积极参加科研工作及学术活动并发表学术成果，参加教学法研究，参加编写、审议教材和教学参考书；根据工作需要协助教授、副教授指导研究生和进修教师等，做好助教、见习助教培养工作；担任学生的思想政治工作或教学、科学研究等方面的管理工作；根据工作需要，担任辅导、答疑、批改作业、辅导课、实验课、学习课和指导学生进行科学技术工作等教学工作；积极参加教研室（实验室）的各项社会服务活动和公益活动。

2. 教辅岗

教辅岗是指为完成教学科研任务提供辅助服务的从事实验技术、图书情报、电化教育和网络管理，为完成学校事业发展任务而配备的财务管理、工程技术、编辑出版、档案管理等岗位。在医学院校中，实验技术系列占教辅岗位的大多数，在此仅就实验技士（师）岗位的工作职责进行分析，其余不再一一阐述。

技士（师）岗位职责：了解本实验室有关的实验原理和实验技术，在有关人员的指导下完成科学研究实验、教学实验的准备工作和辅助工作；基本掌握常规的实验工作方法和步骤，承担本实验室部分仪器设备管理工作或其他具体工作；做好实验室日常管理和安全卫生工作。

3. 管理岗

对于高校来说，教学环境和师资是非常重要的，同时，一支高素质、高效率的管理骨干队伍也是学校发展的有力保障。一直以来，高校行政化被人们普遍认为是高校发展的顽疾而遭受垢病，如何有效地促进大学教学、科研与管理的协调发展也一直是学者、教育工作者、高校管理者乃至全社会所关心的热点问题。事实上，随着高校人事制度改革的逐步深化，管理的概念已经逐步被服务所替代。管理岗的宗旨在于为学校师生员工服务，为学校教学科研等各项事业发展服务。做好定位是理顺高校管理、提高管理效率与效益的前提。

尽管医学院校中的管理岗位所涉及的职责范围可以说千头万绪，包括教学管理、学生管理、医院管理、人事管理、党务管理，科研管理、财务管理、资产管理等各个方面，但这些管理岗位的职责范围仍然具有一些共性。

（1）政策的执行者。管理岗位的一个重要职责就是执行上级政策。这意味着管理岗位上的人既要了解、熟悉政策，又要从事具体的、事务性、操作性的工作，既要坚持政策的原则性，又要具备面对和解决具体问题、特殊问题的灵活性。

（2）信息的沟通者。管理岗位涉及方方面面的内容，接触的单位部门与个人也是各种各样的，能够最全面最详实地了解、收集信息，这使其在组织内部沟通中扮演着关键角色，在信息的上传下达，充分了解组织和个人需求、改进和推动事业发展、利益关系的协调、矛盾问题的化解等方面都起着至关重要的作用。

（3）专业服务的提供者。如前所述，管理岗位的要义是服务，这涉及工作理念和态度的转变，即要有良好的服务态度和精神风貌，而不是行政化的冷漠与教条，而且要求要有专业化、高效率的服务质量。只有高素质、专业化的高校管理队伍，才能带来一流的服务。

（二）各类人员的选择标准及原则

随着教师专业化进程的发展，教师胜任特征研究逐渐成为国内外教育界极为关注的领域。学者们就教师胜任特征纷纷提出不同的标准。在此，采用国内研究者所一般认同的标准，将教师胜任特征分为三类：专业知识、专业技能或能力、专业态度或价值观。其中，专业知识包括专业学科知识和教育科学知识，专业技能包括教学技能和科研技能，专业价值观包括价值观、责任感和归属感等。以下结合不同岗位工作性质、内容的差别，对岗位任职资格条件进行分析。

从应届毕业生招聘角度讲，致力于教学科研工作的人员需要具备与岗位相适应的专业知识与专业技能，一般应获得本专业学科或相关学科的硕士或博士学位，在本专业领域具有一定影响力的学术成果，并对将来的学术研究有明确的发展计划。有阅读英文文献、用英语撰写论文或报告、参与英文学术研讨的英文听说读写能力（一般应通过国家英语六级考试）。了解教育学、教育心理学、教育法规等一般高等教育知识，了解医学高等教育教学规律，掌握基本的教学方法与技巧。明确教师职业道德规范，并以身作则。要具有献身教育事业的热情与决心，要有对学生负责、对教育负责、对社会负责的高度责任感，要具备严谨求实的科学研究态度，要能耐得住清贫和寂寞。教学科研岗的不同类别、级别的岗位有不同的要求和标准。需要说明的是，在量化指标上不同的院校可能会有不同的标准。

1. 助教的任职条件

具有本学科或相关学科本科以上学历（一般应具有研究生学历），试用期或见习期满且考核合格，能够较好完成学校规定的教学、科研任务，以及学生教育管理工作。

2. 讲师的任职条件

具有本学科或相关学科本科以上学历（一般应具有研究生学历）。具有博士学位的，试用期满且考核合格者可确定讲师职务，具有硕士学位的，担任助教职务 2 年以上；或具有双学士学位的，担任助教职务 3 年以上；具有学士学位或大学本科毕业的，担任助教职务 4 年以上，履行助教岗位职责，历年考核合格可申报讲师职务。讲师应具有较坚实的基础理论和专业知识，能基本掌握本学科国内外发展动态，具有完成本专业教学工作和从事研究的能力，承担过本科生的教学工作，完成系（教研室）分配的教学工作量，历年教学评估良好，以第一作者身份在正式期刊上发表与工作相关的论文 1 篇以上，参加院级以上科研项目（含教改项目）1 项以上，胜任交付的工作，有担任学生班主任等学生教育管理工作的经历且考核合格。

3. 教辅岗

从应届毕业生招聘角度讲，从事教辅岗位工作应具有本科及以上学历，具备岗位所要求的专业基本知识和业务技术水平，如计算机操作、信息统计与分析、实验技术等，具有熟练的技术操作能力。具有较好的服务意识及良好的职业道德，刻苦钻研业务。在毕业生入职之后，不同的岗位有不同的任职条件。

4. 管理岗

从专业态度和价值观上来讲，管理岗位人员首先需要具备坚定的政治立场和高尚的思想道德素养。把握正确的办学方向，能在思想上、政治上与党中央保持一致，对国家和社会有强烈的责任感，能担负起"管理育人"的责任，为人师表，以身作则。其次管理岗位人员要有求真务实的实干精神和与时俱进的创新精神。管理工作面临的大多是具体的、事务性的、操作性的工作，没有实干精神，只能是"纸上谈兵"，同时，没有创新意识与能力，管理工作不可能有作为、有成效。还要有较高的人文素养，贯彻以人为本的管理理念。人文素养对一个管理者来说十分重要，它可以开阔管理者的思维、决策和管理能力。

二、保险公司

（一）行业概述

这里的保险公司主要指商业保险公司。商业保险分为财产保险、人寿保险和第三领域保险三类，其中第三领域保险就是健康保险和意外伤害保险。健康保险是指被保险人在保险期间内，因为疾病的发生，而导致医疗上的财务损失时，保险公司负责给付保险金。健康保险（health insurance）包括医疗保险（medical insurance）、失能保险（disability income-insurance）和护理保险（lone－term care）。其中，最常见的医疗保险包括了疾病医疗保险和意外医疗保险。判断一个保险产品是不是健康保险，主要是看它的保险责任、设计者的目的、投保人购买的目的是不是为了保障被保险人的健康。健康保险的责任不仅包括对被保险人医疗费用损失方面的经济补偿，而且还包括被保险人因疾病或伤残而不能工作引起的收入损失的经济补偿，以及生活不能自理时所需要的护理经济补偿。人寿保险是以人的生命为标的，以被保险人的生存或死亡为保险事故的一种人身保险。它是人身保险的一个重要组成部分。

（二）行业现状

医学毕业生求职的保险公司主要是人寿保险和健康保险方面。国内这两方面的公司主要是外资保险公司和本土保险公司。外资保险公司有美国友邦保险、中德安联寿险等，由于国外商业保险已经有很长历史了，所以外资公司对于商业保险的理解以及业务水平上要高于本土的公司，但是由于其成本控制严格等因素，工作氛围和薪水外的其他福利可能不及本土公司。本土的保险公司主要有中国人民健康保险股份有限公司、中国人寿保险公司等。本土保险公司尤其是市场占有率大的公司基本上都是国有单位或者是国家控股。因为保监会对外资保险公司的审核比较严格，所以国内的保险市场还是本土公司占主导。另外，中资保险公司对中国市场比较了解，培训方面相对于外资公司更适合中国市场。中国的本土保险公司尤其是健康保险方面基本上兴起不久，还处于襁褓之中，有很多挑战，同时也伴随很多机遇。健康保险产业被称为21世纪的阳光产业，随着中国保险系统的完善和人们对健康的重视，健康保险的前景会越来越好。在保险公司的工种中主要分成两个部分，一个是金融投资和精算师，对险种进行计算以及对保费进行投资；另一个是与保险具体相关的一些工作，比如理赔、销售等。一般适合医学生就业的具体部门主要有以下几个：

1. 产品开发部

负责客户需求、客户需求分析研究，提出意外险和健康险产品改造创新的可行性分析报告；负责健康险新产品开发、初包装及配套工具推出；进行新产品培训。产品开发主要属于精算方面的，但是他们开发产品时同时需要医学、法律等人员进行合作。

2. 健康管理部

制订诊疗服务规范和咨询服务管理制度，制订医疗服务标准，流程和实务，并监督实施。

3. 核保核赔部

以核保审核为例，就是客户想要购买主份医疗保险时，你需要运用你的医学、金融、法律等知识，审核客户的风险，防止欺诈和平衡个别客户健康状况所带来的额外风险。

4. 个险销售部

负责公司个险业务、市场开拓、业务培训、营销员队伍发展及管理。

5. 团险销售部

负责厂矿企业、学校、机关等单位团体保险业务。另外，保险公司一般倾向招聘有工作经验的人，当然也会招一部分应届毕业生，因为这个特点，所以保险公司很少会到医学院校进行校园宣讲，常常需要应聘者自己投递简历。

下面列举一些公司对于岗位的要求，不同的公司或者总公司与分公司对应聘者的能力都会有些不同层次的要求，从以下的描述中，可以看出各个岗位对应聘者要求的一些共性。

（1）产品开发部：大学本科及以上学历，金融、保险、精算、法律等相关专业；3年以上工作经历，2年以上同类岗位经验；较强的产品开发能力；具有良好的市场发现能力，缜密的思维，沟通能力强；硕士及以上学位优先。

（2）健康管理部：40岁以下、大学专科以上学历；有较强的培训能力和沟通能力，良好的团队合作精神和服务精神；有医学背景或有保险业从业经验者优先。

（3）核保核赔部：全日制本科（含）以上学历，精算、数理统计、医学、法律类专业优先；耐心细致，反应敏捷，熟练使用各类办公软件，能进行业务项目谈判；具备两年以上意外险和健康险两核工作经验，熟悉产品条款与基本业务流程，具有两核资格与机构工作经验者优先。

（4）销售部：25 - 40 周岁、大专以上学历；具有良好的表达能力和人际沟通能力；具有较强的市场拓展能力；能做好本职工作；有医学背景人员优先考虑。

三、出版行业

（一）行业概述

出版行业是一个国家文化产业的重要组成部分，一般包括图书、期刊、报纸、音像制品等的出版和发行。出版是一项涉及经济、政治、科技、文化等领域的综合性工作，是推动社会进步的一个有效工具，其基本功能是积累和传播科学文化知识，以提高国民素质，促进社会的发展。一般来说，出版业是指营利性的、经常性的出版事业。

世界出版业的发展突飞猛进，近 20 年来，世界图书出版总量（出版品种和销售收入）以每年大约 4% 速度稳步增长，图书进出口的平均增长速度则为 7.4% 左右。美、英、法、德是世界出版业的中心，它们的图书具有全球影响，决定着世界出版业的走势，它们是运作出版资本和输出图书、版权的主要国家，也是巨型跨国出版公司的所在地。中国、印度、埃及、墨西哥、阿根廷是地区出版大国。

自改革开放以来，中国的出版业也有了迅速的发展。据统计，1978 年改革开放之初，国内图书出版社仅有 100 余家，2003 年，国内图书出版社达到 570 家，出版图书 190 391 种，出版期刊 9 074 种，出版报纸 2 119 种。全国有音像制品出版单位 320 家，电子出版物出版单位 121 家，出版录音制品 13 333 种，录像制品 14 891 种，电子出版物 4 961 种。到了 2005 年，全国的出版社数量达到 573 家，其中中央级 220 家、地方级有 353 家，出版发行网点 139 150 个，产业规模不断扩大，图书出版与销售稳步增长，经济产业发展与文化产业发展成正比。

（二）行业现状

对于医药类毕业生来说，他们在求职过程中选择的出版行业主要集中在卫生系统内或卫生相关领域内，这些主要的出版社、期刊杂志社和报社包括：

1. 人民卫生出版社

人民卫生出版社是中华人民共和国卫生部直属的中央级医药卫生专业出版社，成立于1953 年 6 月 1 日，是我国规模大、实力强、出版品种多的医学出版机构。1993 年被中宣部、新闻出版署评为全国首批优秀出版社。人民卫生出版社在医学出版领域经过半个多世纪的努力，已形成了包括图书、期刊、电子音像制品在内的多类型、多层次、多媒体、品种齐全、结构合理的产品体系，成为我国最重要的医学出版基地。

2. 医学院校出版社

医学院校出版社包括中国协和医科大学出版社、北京大学医学出版社、上海医科大学出版社、军事医学科学出版社等，主要出版医学学术专著、教材；教学参考书以及医药卫生普及性读物，为弘扬医学科学精神、学术传统和道德风范，努力推出医学科学一流水平的专著，为医学科学界人才及优秀学者服务，为培养中青年医学工作者服务，为提高全民健康水平服务。

3. 医学学术类杂志社

与医学相关的学术类杂志社数目众多，仅中华医学会主办的由中国科学技术协会主管和卫生部主管的医学学术杂志就有 100 余种，如《中华医学杂志》、《中华临床医学杂志》、《中华预防医学杂志》、《临床与实验医学杂志》、《中华中西医学杂志》等学术类杂志，这些杂志社除了聘请知名的医学专家、医学教育专家作为主编、编委外，均有一定的专职人员的编制，从事杂志的编辑、出版和发行等业务及管理工作。

4. 医学相关报社

随着全民健康意识的提高，人们对关注健康、寻医问药等方面的知识和信息需求不断扩大。其中《健康报》是最具影响的全国性卫生行业报，1931 年创刊于江西瑞金，属中华人民共和国卫生部主管。另外，与中医中药相关的养生保健类报刊及强身健体、健康饮食方面的出版社近年来有很限的发展势头。

5. 其他综合类及教育类出版社

其他综合类及教育类出版社在医学书籍出版中也占有相当大的份额。这些出版社包括各级科技类出版社、高等教育类出版社、文化类出版社等。出版行业是技术密集型的行业，所需的人才较为宽泛，所涉及的学科领域也较广。主要的岗位包括编辑岗位、营销岗位、发行岗位和管理岗位。目前出版行业普遍紧缺的人才主要有：编辑策划人才、营销策划人才、图书市场分析人才、文化产业管理人才、图书版权贸易人才和出版社经营管理人才等。医学生在出版行业的主要岗位有编辑岗位、营销岗位和发行岗位等。

出版业是一项智力型产业，随着中国出版业的进一步发展，人才的需求将会越来越大，近十年来我国新闻出版业从业人员增长很快，目前总量已接近 500 万人。对人才的素质要求将越来越高，对人才的知识结构和专业技能的要求将更加多元化，那些既懂相关专业理论，又了解出版实务的复合型人才将会得到更多的青睐。

（1）编辑岗位

编辑的主要职责是整合专家资源，维护作者队伍。其知识和能力要求如下：临床医学、医学信息，卫生事业管理及新闻学专业，有良好的专业素养；有较强的人际沟通能力；具有敏锐的国内外新闻洞察和捕捉能力；有较高的外语水平，医学文献翻译能力、文字驾驭能力、选题策划能力；有医学行业报刊经验者优先考虑。

（2）营销岗位

营销岗位职员的主要职责为拓展销售渠道，扩大发行销售量，并和重要客户保持良好、稳定的关系，完成大型活动或会议的策划工作，其知识和能力要求如下：年龄在 45 岁以下，有医疗行业销售工作经验；热爱媒体发行工作，具有坚韧不拔的职业精神，勇于突破和挑战自我；良好的形象、专业素养、语言表达能力和较强的公关能力。

四、咨 询 公 司

（一）行业概述

所谓咨询，就是从组织外部聘请专家或专业人员向组织提供专业技能，即有关人员运用信息、知识、经验、技术和智能，向客户提供信息和智力服务的一类活动。现在对于咨询的分类并没有一个清晰的概念，所以我们在日常生活中会听到各种形形色色的咨询公司。但大体上咨询公司的业务有以下五大范畴。

1. 政策咨询

政策咨询又称综合咨询，即带有全局性、战略性、综合性课题的咨询，是一种跨学科、跨行业、多领域的咨询活动，主要为国家和政府部门重大问题的决策提供决策依据和可供选择的方案。比如医改政策，各地的医疗政策咨询等。

2. 工程咨询

工程咨询是指对各种建设项目提供的咨询服务，包括投资机会研究、工程项目建议书、可行性研究、评估咨询、工程设计方案咨询、设备选型采购咨询、施工监理监督咨询等。

3. 技术咨询

技术咨询是指咨询机构运用各类专门知识如技术、经验和信息等，为委托方提供解决复杂技术问题的系统方案。

4. 管理咨询

狭义上的咨询公司主要都是管理咨询方面的。管理咨询是指由独立的合格的个人或几个人深入到企业现场，运用现代化的手段和科学方法，通过对企业的诊断、培训、方案规划、系统设计与辅导，从集团企业的管理到局部系统的建立，从战略层面的确立到行为方案的设计，对企业生产经营全过程实施动态分析，协助其建立现代管理系统，提出行动建议，并协助执行这些建议，以达到提高企业经济效益的一种业务活动，主要包括综合管理咨询、战略管理咨询及生产、人力资源、财务、物流、市场营销、信息系统管理咨询等。

5. 专业咨询

专业咨询是指针对某一专业领域中具体问题所进行的咨询活动。这类咨询，涉及面较狭窄，专业性强，主要是针对咨询对象所提出的特定问题进行咨询，如税务咨询、会计咨询、保险咨询、法律咨询、心理咨询、医疗咨询等。

（二）行业现状

国内咨询公司主要有两类：第一类是外资咨询公司，主要有麦肯锡、BCG、摩立特等；另一类是本土咨询公司，主要有北大纵横管理咨询公司、新华信商业信息咨询有限公司等。相对来讲，外资公司的咨询业务发展比较成熟，对个人的能力提升有很大帮助，薪水也比较高，但是同时对求职者的要求也很高。本土咨询公司是相对新兴的一些公司，业务能力上还不是非常成熟，而且往往很多业务是冲着公司中的灵魂人物来的，一旦这个灵魂人物离开公司，那么其业务量很受损，也就是其制度和体系方面并不十分完善，同时，薪水也会相应地比外资公司要低一些。

咨询公司的一个很重要的特征就是工作量大。在咨询行业，加班和出差是家常便饭。曾有人戏言，咨询从业人士就是把宾馆当家，把家当宾馆。由此对其工作量可见一斑。对于其付出的工作时间，许多咨询顾问都觉得他们的工作性价比并不像外人想象的那么高。另外，咨询业的发展与经济景气周期有很大的关系，当经济不景气时，咨询公司的业务量会受损，此时公司有可能会裁员以减少开支。在咨询业中职员间的竞争是很激烈的，所以必须时刻保持良好的工作状态，这样你才不会被淘汰。很多人因为压力太大或者表现不尽如人意而离职跳槽，这点在外企尤为明显。曾有咨询顾问说："咨询公司就是，你要它的钱，它要你的命。"所以在咨询公司你见到的更多是朝气蓬勃的年轻人。

咨询公司的另一个特征就是招聘人数极少。因为这个行业相当于一个智囊团，需要人人都是精英，所以，人员在精而不在多。"宁缺毋滥"是他们的招聘原则。一般他们一个项目的团队成员只有 5 个人左右，这也是他们工作强度大的原因。现在咨询公司很少到医学类院校来招聘。综合性大学的医学院可能还有这样的机会，但单纯的医科大学可能这类机会就比较少，需要求职者自己主动。麦肯锡公司前两年也曾在少数几个医学院进行过专场招聘。

（三）能力要求

一般咨询类公司，尤其是管理咨询公司对于能力的要求有一些共性。比如：成绩优异；具有在顶级跨国公司或本地公司兼职的相关工作经历；具备领导能力；出色的中英文沟通技巧；快速学习能力；不限专业。

一般来讲，咨询公司的项目五花八门，所以，需要它的雇员够聪明，有快速学习的能力，这样才能有效地适应和深入了解项目。而判断应聘者够不够聪明，除了面试时的考察外，应聘者的成绩也是一个重要的衡量标准，尤其是在简历筛选的时候，应聘者有可能因为成绩不够优异而得不到面试机会。英文对于外资咨询公司来说尤为重要，因为公司的工作团队可能是世界人，大家唯一的通用语言就是英语。咨询公司原则上不限专业，但是在实际录取及面试考察过程中还有倾向性，经济或者管理出身的应聘者会占很大的优势。

五、考研和留学

医科院校大学毕业生除了选择在述各行业外，还可以选择考研和出国等多种途径和渠道。

（一）考研

随着我国加入 WTO，医药行业也面临巨大挑战，在服务于大众健康的基础上，更加注重增加医疗的科技含量、新药的研发创新等，这种形势使各单位对人才的需求也向高学历转移。并且随着近几年医学各专业长学制的出现，本科毕业生面临的就业压力日渐增大。在这种用人市场的引导下，很多大学毕业生选择了继续深造。因此，考研在时下也成为一种时尚，报考研究生的人数连年上升，考研也被认为是一条拥挤的崎岖小径。作为一名医学院校毕业生，如何策划自己的职业生涯，考研还是就业，是不少毕业生面临的一个抉择。事实上，大学毕业及时就业和考研继续深造各有千秋，尽早就业可以积累工作经验，并在经济上尽早独立，若继续读研究生，则可以提高自己的竞争起点、专业素质，从而实现个人的最大价值，使自己达到较高层次，更好地服务于社会。

面临毕业，决定是否考研，可以根据自身情况从以下几方面进行考虑：

1. 自己是否对做学问和从事科研工作有浓厚的兴趣。

2. 成绩是否优秀，考研成功的可能性有多大。

3. 家庭是否有一定的经济实力，如果继续读研是否会有较大的经济负担等。

（二）出国留学

自中央 1993 年提出："支持留学、鼓励回国、来去自由"的出国留学工作方针后，我国出国留学人数逐年递增。出国留学不仅可以感受不同国家的文化，更有助于提高自身能力，成长为国际化人才，因此出国对于大学毕业生有着独特的魅力，在国外的研究生学习经历和锻炼，使人才由大众化向精英方向转化。但毕竟出国留学是一种高风险投资，是否出国也需要综合考虑各方因素。在选择留学前，要注意对自我做一个准确的认识和评价，并在对自我正确的认识上选择合适的学校和国家。

具体来说，应从以下几方面进行自我认识和评价：

（1）留学的目的是什么？留学的优势和劣势是什么？留学是否能帮助实现职业规划？

（2）自己是否具备足够的语言能力和独立学习能力？是否具有必备的专业学术技能？

（3）在国外是否具备独立生活的能力？是否能与不同文化的人交流？事实上，出国留学的准备和申请期漫长而艰苦，起码需在大学四年级以前参加 TOEFL、GRE 考试，加之获得两个成绩需要 1 年左右的时间，因此出国留学应尽早开始准备。

1. 自费留学材料准备

国外院校及科研单位一般要求申请人提供的材料有：（1）个人简历。（2）学习成绩单。（3）学历证明。（4）2～3 名专家或教授写的推荐信二、三封。（5）经济保证书。（6）健康证明（不同大专院校及科研单位要求的健康证明不同）。（7）外语考试成绩根据对方要求提供。如美国和加拿大的学校一般都要求提供 TOEFL 和 GRE 的考试成绩。

2. 自费出国办理程序

（1）与国外科研院校或科研单位联系，获得入学许可证。（2）寻求经济担保，并开具外汇资助证明。即持有亲友提供的经济保证书或持有国外院校、科研机构或基金会等提供的奖学金或资助证明。（3）在校生要向所在学校提出申请，按要求正式填写《毕业生自费出国留学不参加就业申请表》，将申请表一式三份交学校毕业生就业中心。学校报校领导和教育厅主管部门等审批。大学在校生出国留学必须出具省一级教育主管部门出具的"自费留学资格审核证明"。（4）本人持有关材料及单位签署的证明到户口所在地的公安部门申请办理出国护照。公安部门将按照有关规定给予批复，发给护照。（5）本人持护照到所去国家的驻华使领馆办理入境签证。（6）根据入学时间，购买到留学国家和学校的机票。

3. 语言考试相关介绍

（1）英语国家

雅思（IELTS），国际英语水平测试系统，是许多国家包括澳大利亚、英国、新西兰和爱尔兰教育机构的优先选择。

托福（TOEFL），由美国教育考试服务中心（ETS）主办，是除澳大利亚外的所有英语国家学校普遍接受的英语能力测试。

GRE，是美国和加拿大研究生入学资格考试，是各类研究生院要求申请者所必须具备的一个考试成绩，也是导师对申请者是否授予奖学金所依据的最重要的标准。

（2）非英语国家

德国：中国教育部与德国签订协议正式推出 TestDaF 考试，申请进入德国高等院校或者从事科学研究者都必须通过这项考试。

法国：需参加 TEF 测试。

 思考与讨论

1. 你认为医学人才应具备的知识结构和能力有哪些？

2. 医学院校和科研单位有哪些特点？你如何看待？

3. 你认为医学生的就业去向有哪些？

4. 通过本章学习与你刚入学时比较，你对医学生毕业后的去向途径是否有不同认识？

第四章　大学生涯与发展规划

进入大学后要尽快了解大学的环境，了解专业的特点，未来职业的要求；要尽快适应大学环境，积极投入大学生活，为制订合理的职业规划做好充分的准备。

第一节　了解大学校园生活与职业环境

一、适应校园生活

大学是研究和传授科学的殿堂。在大学校园里，可以自由地学习，可以独立地思考，可以接触各个学科最前沿的理论和思想，这是一种享受，也是大学学习生活的本质之一。在大学，学习的概念不仅仅指课堂里、教科书里的内容，还包括其他方面，如查阅图书、做实验、参加丰富多彩的课外活动及各类竞赛，参与各种集体和社团活动，聆听各类讲座、讲坛，搞社会调查等，更可以和同学、师长广泛交往，互相切磋，互相交流。学习的内容变得更加宽广，学习方式更是多种多样。大学生活的显著特点是学生必须自主独立，不论衣食住行还是学习、交友乃至认识社会和人生，都需要更多地依靠学生自己的知识、能力去思考、判断、选择和行动。了解大学生活有哪些新变化，将有助于学生较快地适应大学生活。

（一）生活环境的改变

大学生活与中学生活的不同，首先是生活环境的变化，生活方式由依赖父母安排转为凡事要靠自己处理的集体生活。生活习惯如饮食、气候、语言、作息制度与卫生习惯不同，都会造成适应不良。客观环境的变化对于来自不同地区的同学，适应和改变的程度更是不同的。从偏远的山区考到大城市来的同学，比来自大城市，或就在本市的同学适应大学校园的生活更要艰难得多，需要付出更多的努力。大学更多地强调学生的自我管理、自我教育、自我服务、自我约束。刚入学的同学要对所处的生活环境有一个客观、重新的评价和适应。到了一个新的环境之后，要注意观察这个环境的特点和原来的环境有些什么样的变化，应该重新估价所面临的一些新的变化，不要总是用自己原来的眼光和观念去看待新的事物。当人生不同阶段的主要任务发生变化之后，思维方式、生活方式都要随之改变，要做一些调整。

（二）学习方法的改变

比起中学来，大学的课程内容多、任务重、范围广，学习方式由依赖老师转为学生自己主动安排学习。大学学习是一种"自主学习"，学什么、怎么学、学到什么程度基本上是由自己决定的，学校和老师的要求只是辅助性的。到了大学以后，学习的方式发生了变化，大学学习的终极目标并不明确，不知道学到什么程度才算学好了。学习的方式也发生了变化，虽然也有老师的督导，但这种督导大大减弱了。从中学到大学，对学生的外界督导减少了，学生的自由增加了。自由度变大了，责任也变大了，原来由别人负责的事情，现在要由自己负责。遗憾的是，很多学生往往意识不到这一点，第一学期就出现不及格现象，这时才大吃一惊。

（三）人际关系的变化

对人际交往的方式与对象的改变会难以适应，大学生渴望与周围的同学交往，建立友谊。但由于缺乏交往技巧等原因，常常难以建立友好的协调关系。大学生来自全国各地，每个人的生活方式，每个人的行为方式都有所不同，这么多的人在一个屋顶下生活，不可避免地要面临各种各样人际关系问题。可以说，从中学生到大学生的转变中一个核心的内容就是人际关系观念的转变。在大学以前，人际关系的概念更多的是友谊的扩展，其重要特点就是它的交往双方是根据个人的好恶来作取舍的。但成年以后，人际关系是生存和发展的必要条件，不能仅凭个人的好恶来处理人际关系。一个人要想发展，充分发挥自己的潜力，必须有一个良好的人际环境，这个良好的人际环境就是能够与周围的人有一种和谐的人际关系。

（四）正确认识和评价自我

在大学里每个同学都要面临一个非常严峻的挑战，就是如何客观地认识和评价自己及所面临的处境。大部分同学在中学时都是出类拔萃的、优秀的，但上了大学之后却发现自己变得很平庸，没有那么突出了，感到很失落、很沮丧。正确评价自己就是要真正了解自己。当自己在一片赞许声中时，你往往会忽视自己的缺点。很多同学在上大学之前都是生活在支持、鼓励、赞许的氛围里，是被无条件接受的，因而很少想到自己有哪些方面做得不够。来到大学里，当发现与其他同学的差距时，要对自己做客观的分析。这个差距可以分为两类，一类是必须想方设法弥补赶上的，比如在学习、人际交往上的问题。学习、掌握知识是将来开创事业的必要基础，人际交往是事业成功重要的辅助手段，这是安身立命的最根本的东西。如果与周围人有差别，一定要想办法缩短这类差距，但要允许自己有一个逐渐改善的过程。很多同学不愿别人知道自己与他人的差距，想在短期内弥补并超过其他人。实际上这种期望是非常不现实的，需要相当长的一段时间来改变现状，这意味着在相当长一段时间里，将会与周围的人之间一直存在着差距。第二类差距是技能方面的，如果这种差距能被赶上，则是锦上添花的事情，如果赶不上也无伤大雅。人来到这个世界上必须面对这样的现实，在一生中我们能做的事情非常少，能做好的就更少了，所以不要指望自己在所有方面都比别人强。贝多芬不会因为拳击打不过阿里而感到自卑，因为他的价值不在于拳头，而在于为人类留下了许多美妙的音乐；阿里也不会因创作不出第九交响曲而感到自卑，因为他的价值在于拳头。大学是全国优秀青年的聚集地，每人都具备许多优点，在某一方面赶不上别人没有关系，即使是硕士、博士、专家也只是在某特定领域有所专长，跳出这个领域他们与普通人没什么差别。我们应该把有限的精力集中放到某一具体问题上，不应为与自己无关的问题徒伤脑筋。

二、了解知名医学院

医学是强国的科学，可以从一个侧面反映出一个国家的综合实力。衡量一个国家医学水平的根本标志是这个国家全体国民的平均健康水平。当我们对医学职业有了一个基本的认识后，作为一名21世纪的医学生，要了解我国目前医学院校的大体分布，在校期间需要接受本专业哪些方面教育以及其他医学专业配置情况，毕业后在社会上的去向，才能全面掌握医学专业动态，使自己尽早确立专业目标，向着医学领域的前沿迈进。

2009 年中国医学院校排名实力较强的学校见表 4－1。各层次的学制包括七年制、八年制教育，本科 5 年，专科 3 年，药学专业本科 4 年。

表 4－1　2009 年中国医学院校前十五位排名（军校不参与排名）

序号	院校名称	主要附属医院	所在地
1	清华大学北京协和医学院	北京协和医院、阜外心血管病医院、肿瘤医院	北京市
2	北京大学医学部	人民医院、第一医院、第二医院、积水潭医院	北京市
3	复旦大学上海医学院	中山医院、妇产科医院、华山医院	上海市
4	上海交通大学医学院	瑞金医院、仁济医院、新华医院、上海九院	上海市
5	中山大学中山医学院	中山一院、中山二院、肿瘤医院	广州市
6	华中科技大学同济医学院	同济医院、武汉协和医院、梨园医院	武汉市
7	中南大学湘雅医学院	湘雅一院、湘雅二院	长沙市
8	四川大学华西医学中心	华西医院、华西口腔医院	成都市
9	南方医科大学	南方医院、珠江医院	广州市
10	吉林大学白求恩医学部	第一医院、第二医院、第三医院	长春市
11	山东大学医学院	齐鲁医院、山大二院、省立医院	济南市
12	首都医科大学	同仁医院、宣武医院、安贞医院、佑安医院	北京市
13	中国医科大学	盛京医院、中国医大一院、中国医大二院	沈阳市
14	浙江大学医学院	浙医一院、浙医二院、邵逸夫医院	杭州市
15	哈尔滨医科大学	附属一院、二院、肿瘤医院	哈尔滨市

三、了解相关行业发展趋势与就业环境

个人的职业生涯的发展，除与个体自身条件相关外，与所选择的行业发展现状、发展趋势有很大的关系。因此，作为一个学生，一个未来的社会从业人员，在选择职业前，应对目前国内的就业形势以及所学的专业在今后的发展潜力等进行必要的分析、预测，为正确的判断提供依据。

（一）当前的就业形势分析

我国作为发展中国家，就业形势不容乐观。近几年，高等院校连续扩招，使医学高等院校学生增幅较大，出现毕业生的高存量、高膨胀，给他们的就业带来一定的压力和难度。

1. 高校毕业生逐年增加，就业压力上升

2010 年全国应届高校毕业生 630 万人，比 2009 年增加了 17 万人，是近年来毕业生人数最多的一年，是毕业生总量和增量最大的一年。近年来随着高等教育的扩大，高校毕业生的逐年增加，无疑对医学高等院校毕业生的就业带来了不小的压力和困难。

2. 人才需求存在结构性矛盾

从地区分布看，相对发达的东部沿海省、市对高校毕业生的需求旺盛，吸纳了全国 50%

以上的高校毕业生，西部欠发达省区对高校毕业生的需求则难以满足，接受高校毕业生的比例不足全国总毕业生人数的20％；从学历层次看，医学高等院专科校学生仍然是就业的重点和难点；从学科专业看，工科和应用性较强的学科专业就业形势相对较好，如工科类、医学类、管理类等专业的就业形势就相当不错，而一些"时髦专业"和文科专业就业出现困难。

（二）相关行业的发展趋势和就业市场变化

随着改革开放步伐的加大以及经济体制改革的进一步深化，相关行业的就业市场产生不少新变化，为高校毕业生的就业带来了机遇的同时也带来了挑战。

1. 人才培养模式的转变为医学高等院校毕业生进入国外就业市场提供了机会

我国高教市场逐步向国外资本开放，各种形式的国外教育机构的进入，产生了多种类型的人才培养机构及人才培养模式。如国内的多家医学院校与国外的教育机构合作办学，进行高级护理人才培养，注重与国际先进的护理教学理念相结合，引进国外的教学模式，注重学生综合素质的发展，增加了学生的就业竞争力，同时使学生具有一定的向国外发展、到国外就业的能力。但不得不提到的是，这些在全新的教学模式下培养出来的人才，又对由中国本土的教学培养模式培养出的学生形成一定的压力。

2. 社会需求决定"好"专业或"热"专业

当前就业市场紧缺的专业，就是所谓的"好"专业或"热"专业。大学所学专业是否与社会需求相一致，是影响医学高等院校毕业生就业的重要因素。

以护理专业为例，全球非常关注的老龄化问题，使得护理需求量日渐增加。随着社会的发展以及医疗保险制度的改革，需要护理人员从医院走向社区、走入家庭，为个人、家庭、社会提供直接、连续、全面、方便、快捷、经济、优质的家庭护理服务，以满足社区居民的需求。服务内容也不断增加，在基础护理、临床护理的基础上要发展专科护理、社区保健、康复护理、健康教育、临终关怀等。同时由于家庭结构的变化，家庭的护理保障作用明显不足，使居家护理、长期护理成为必然的需要。上述这些因素反映了社会对护理需求增加的同时，也对护理执业人员提出了更高的素质要求。

正如《美国新闻和世界报道》和国内外关于未来职业发展趋势的调查和预测的，在未来世界的20个主导行业中的医疗服务、社会工作、医学、公共事业等主导行业都可以由护理专业的人员担任其中的部分工作。从这个角度看，护理是一个为社会需要的"好专业"。

3. 转变就业观念，赢得就业先机

合资及民营企业的发展，使其成为吸纳医学高等院校毕业生的重要渠道，对医学高等院校毕业生的需求量增长较快。如近年来，随着我国合资医院、外资独资医院及民营卫生事业的发展，其对高级护理人才的岗位需求也进一步增加。这要求医学高等院校的毕业生转变就业观念，根据自身条件，做好符合实际的岗位定位，抓住机遇，赢得先机。

四、了解国家、地方等相关政策法规、经济形势

针对大学生就业，国家和地方政府制订了详细的政策，有些政策明确规定了某些毕业生的就业行为，是高校毕业生顺利就业的保障。作为一名医学生，如果你不认真了解这些政策，

仓促就业，结果只能是事倍功半。

（一）熟悉大学生就业相关政策，抓住政策机遇

我国高校毕业生就业政策的主要依据是《普通高等学校毕业生就业工作暂行规定》。这是指导毕业生就业工作最根本最原则性的法规。其他的一些部门性、地方性的就业法规都是以它为基础的。

1.《普通高等学校毕业生就业工作暂行规定》

《暂行规定》对大学生就业的各个环节，如毕业生就业工作程序、毕业生就业指导与毕业生鉴定、供需见面和双向选择活动等都进行了详细的规定。

以供需见面和双向选择活动为例，在《暂行规定》中指出，供需见面和双向选择活动是落实毕业生就业计划的重要方式。各部委、各地方主管毕业生就业工作部门负责管理和举办本部门、本地区的毕业生就业供需见面和双向选择活动，其他部门不得举办以毕业生就业为主的洽谈会或招聘会。举办省级上述活动要报国家教委备案，跨省区、跨部门的有关活动须报国家教委审批。有条件的高等学校要举办或校际联办毕业生供需见面和双向选择活动。高等学校在毕业生供需见面和双向选择活动中起主导作用。经供需见面和双向选择后，毕业生、用人单位和高等学校应当签订毕业生就业协议书，作为制订就业计划和派遣的依据。未经学校同意，毕业生擅自签订的协议无效。供需见面和双向选择活动，不得以赢利为目的向学生收费。

2. 其他特殊政策

除了基本的政策规定外，国家根据当年的具体情况针对大学生就业会出台一些特殊政策，或者补充政策。

（1）1999 年出台的《关于选拔高校毕业生到农村基层工作有关问题的通知》，对大学生到农村就业的具体操作进行了规定。

（2）2003 年起实施的《关于实施大学生志愿服务西部计划的通知》与国家开发大西北的战略计划相一致。在通知中就如何引导大学生到西部，如何促进西部贫困地区教育、卫生、农技、扶贫等社会事业的发展，如何拓展大学生就业、创业的渠道，如何培养造就一大批既有现代科学文化知识、又有基层工作经验和强烈社会责任感的优秀青年人才，弘扬"奉献、友爱、互助、进步"的志愿精神，推动经济社会的全面发展进行了阐述。

（3）2006 年起通过采取考核或考试的办法，每年招募高校毕业生，主要安排到农牧乡镇从事支教、支农（支牧）、支医和扶贫工作（简称"三支一扶"工作）。引导和鼓励高校毕业生到农村牧区去、到基层去、到祖国和人民最需要的地方去，经受锻炼，健康成长，促进农村牧区基层教育、农牧业、卫生、扶贫等社会事业发展，为建设社会主义新农村新牧区和构建社会主义和谐社会作出贡献，服务期限为 2 年。

（4）2009 年开始国家关于征集普通高等学校应届毕业生入伍服义务兵役。中央部门和地方所属全日制公办普通高等学校、民办普通高等学校和独立学院的全日制应届普通本专科（含高职）毕业生、毕业研究生、第二学士学位毕业生。不包括往届毕业生及成人教育、高等教育自学考试、各类非学历教育、培训类学生。年龄要求：高职（专科）毕业生为当年年满 18 至 23 岁，本科及以上学历毕业生可放宽到 24 岁。

（5）在《国家公务员暂行条例》和《国家公务员录用暂行规定》对大学生报考国家公务员提供了政策依据。

（6）2008 年 5 月正式实施的《护士条例》，在护士的权利和义务、执业行为及医疗机构的职责方面，都做了严格的规定，这些规定将促进护理工作的规范化，吸引更多的优秀人才从事护理工作。我们国家的护理事业也将更加健康、快速地发展。

（7）2009 年，出台《国务院办公厅关于加强普通高等学校毕业生就业工作的通知》，各地区、各有关部门把高校毕业生就业摆在当前就业工作的首位，采取切实有效措施，拓宽就业门路，鼓励高校毕业生到城乡基层、中西部地区和中小企业就业，鼓励自主创业，鼓励骨干企业和科研项目单位吸纳和稳定高校毕业生就业。

另外，各地政府教育主管部门会根据当地的情况，制订相应的高校毕业生就业政策，比如《上海普通高等学校学生就业工作管理办法》、《江浙沪三地毕业生就业工作合作政策》等。各高校根据国家、地方政府的政策，也会制订具体的学生就业政策。

（二）了解当年的经济形势，寻找良好机会

大学生的就业情况与经济发展形势直接相关。这是由于国家总体的经济形势影响当年人才的总体需求所决定的，而区域的经济形势不但影响当地的人才需求、人才环境，也导致人才的流向不平衡。

如我国东部沿海地区和中心城市如北京、上海、广东、浙江等省市对人才的需求旺盛，成为人才流向集中的地方；而流向中西部地区的人才，虽然在广泛宣传发动以及政策支持下，逐年增多，但西部地区要构成对人才的强烈吸引力，还有待于西部开发的进一步深入进行。经济发展的过程，是人才不断参与的过程，只有经济发展了，才能对人才产生吸引力，对高层次人才的需求量也自然增多。

五、探索环境对个人职业发展的意义和价值

个人职业的发展是个人自身努力与环境共同作用的结果。环境涵盖内容很广，包括家庭、生活、学习、社会等，各种环境在个人职业发展中起着举足轻重的作用。

（一）家庭环境与职业发展

1. 家庭是个人职业发展的职业模板

在中国这样重视家庭甚至家族影响的文化中，必须关注家庭因素对学生的影响。家庭作为青少年学生职业发展的背景，为青少年提供了与职业发展有关的信念、价值观和最初的职业模板，同时，家庭背景及父母的职业地位还决定着孩子未来可以利用的各种社会资源，甚至包括职业选择范围的大小。

2. 亲子关系和亲子间的相互作用影响青少年学生的职业发展

当青少年学生的职业抱负与父母期望相一致时，他们的未来发展是父母所认同的，因此出现困惑的方面可能是对自身的认识不足或对职业信息了解不够。但当青少年学生的职业抱负与父母期望不同时，他们选择的发展道路可能是父母不认同的，因此可能首先遭遇的阻力来自家庭，他们要应对的问题就会更多。

（二）社会环境与职业发展

1. 政策环境

宽松有力的政策环境使医学高等院校毕业生的从容就业得到保障。近年来，国家为了推动和促进包括医学高等院校毕业生在内的高校毕业生就业，出台了一系列的方针政策，提供了制度保障、政策保障和工作保障。比如，在自主择业方面，破除了部门限制及地区限制，医学高等院校毕业生可以在全国范围内自由流动；在择业期限方面，从毕业前直至毕业后两年内均可双向选择；在自主创业方面，创办企业的有关行政事业性收费项目被免除，并可提供小额贷款资助；在就业服务方面，政府有关部门特别是人力市场、劳动力市场和毕业生就业市场提供多种公益性服务，毕业院校亦有周到的指导和服务；在困难补助方面，毕业后可以登记失业，享受失业人员优惠政策，特别困难的还可以申请临时救助，可以得到比如生活救助、医疗救助、司法救助等方面的支持。可以说，现有政策涵盖了医学高等院校毕业生就业的各个方面，基本形成了比较完善的政策框架体系。

2. 经济环境

经济的快速发展为医学高等院校毕业生提供了广阔的就业空间。解决医学高等院校毕业生的就业问题的根本办法是依靠经济的健康快速发展。我国加入 WTO、实施西部大开发战略等都会增加更多的就业机会。

3. 组织环境

西方关于职业发展有句名言"你选择了一个组织，就是选择了一种生活"，组织将是个体实现个人职业抱负的舞台。现代组织越来越强调组织文化的建设，对员工的适应生存能力也提出了更高的要求，只有在组织和员工之间拥有较多的共同点，才是个人融入组织的最佳选择。如组织的人力资源需求增加将扩大就业和晋升机会，教育培训工作的有序开展使组织内成员的能力得以提高等。因此，组织环境是个人职业发展的依托。

4. 人际环境

个人处于社会中，不可避免地要与各种人打交道，而事业如何发展与个体交往能力的关系越来越密切，在环境中建立良好的人际关系将有助于个人的职业发展。处理好个人在职业发展过程交往的人群，包括上下级、同事及竞争者，甚至服务对象的关系，是作为一个职场人员必须关注的问题。

对于个体来说没有绝对的不利环境，好的环境可以通过自己的努力去营造。在社会大环境中，我们应审时度势，学会选择环境和利用环境，找出环境中利于自己发展的空间，并努力为自己所用，为自己的职业发展创造契机。

第二节　了解所学专业及其课程设置

医学高等教育是我国高等教育的重要组成部分，其专业目标是培养全面发展的高级专业人才，在社会经济发展过程中发挥了重要的作用。正确认识医学高等院校教育的性质、特点、专业培养目标、专业的课程设置，有助于帮助学生更好地自我定位，把握人生。

一、了解本专业所应该学习的课程设置

要学习一个专业，首先必须对该专业所需学习的课程、课程资源配置、学习的目标与要求、考核方式等作一初步的了解。课程设置是整个专业教学计划的核心，科学的、符合专业教学指导思想并富有专业特色的课程设置是培养优秀专业人才的基础。

（一）课程设置的作用

课程设置对专业的全部教学活动具有原则性、方向性和指导性的说明作用，它对哲理的形成、概念框架的制订、培养目标的确立、教学内容与教学方法的选择、教学进程的计划与安排以及评价过程都有具体和明确的限定。

（二）医学高等教育的课程设置

目前，医学高等教育基本按照理论教学与实践教学并重的原则，将课程体系分为理论课程体系与实践课程体系，这一课程体系还特别加大了实践教学的环节。医学院校传统的专业设置见表4-2主干课程见表4-3。

医学高等教育强调理论教学和实践教学过程中的相辅相成。在整体上，注重理论课程涵盖知识的先后顺序；在课程形式上，以必修课、选修课和各种形式的教学活动相结合。实践教学课程贯穿专业教学始终，与理论教学体系做到配合紧密，相互渗透、弥补不足、促进知识技能的融合。实践技能训练课程在整体安排上遵从简单到复杂、单一到综合、操作技能向心智技能发展的顺序。

理论课程体系包括公共理论课和专业理论课两部分：公共理论课如思想政治、体育、大学英语、计算机、大学语文等；专业理论课则分为专业基础课与专业课。以医学类专业为例，专业基础课包括人体形态学（解剖学）、生理学、病理学、生化学、免疫与微生物学、药理学等；专业课则包括内科学、外科学、儿科学、妇产科学等。

表4-2　医学类传统专业设置

专业类别	学　　科
基础医学类	基础医学
预防医学类	预防医学
专业类别	学　　科
临床医学与医学技术类	临床医学
	医学检验
	麻醉学
	医学影像学
口腔医学类	口腔医学
中医学类	藏医学
	中医学
	针灸推拿学
	蒙医学

续表

法医学类	法医学
护理学类	护理学
药学类	药学
	中药学
	药物制剂

表4-3　医学类专业主干课程设置

专业名称	主干学科	主干课程	主要实践性教学环节	相近专业
临床医学	基础医学、临床医学	人体解剖学、组织胚胎学、生理学、生物化学、药理学、病理学、预防医学、免疫学、诊断学、内科学、外科学、妇产科学、儿科学、中医学	毕业实习安排一般不少于48周	临床医学、麻醉学、医学影像学、医学检验、放射医学、视光学、康复治疗学、精神医学、医学技术、听力学、医学实验学
药学专业	药学、化学、生物学	有机化学、物理化学、生物化学、微生物学、药物化学、药剂学、药理学、药物分析学、药事管理学、临床医学概论	包括生产实习、毕业论文设计等，一般安排22周左右	药物制剂
中医专业	中医学	中医学基础、现代医学基础、中医古典医籍、中医诊断学、中药学、方剂学、中医内科学、中医外科学、中医妇科学、中医儿科学、中医骨伤科学、针灸学	毕业实习安排一般不少于48周	中医学、针灸推拿学、蒙医学、藏医学、针灸推拿
护理学专业	伦理学、心理学、护理学	人体解剖学、生理学、医学伦理学、心理学、病因学、药物治疗学、诊断学基础、护理学基础、急重症护理、内外科护理学、妇儿科护理学、精神护理学等	包括临床综合实习、社区实习、论文撰写等，一般安排不少于36周	护理学、营养学、医学美容技术、助产、护理
预防医学	基础医学、预防医学	生物化学、医学微生物学、免疫学、生理学、病理学、诊断学、内科学、卫生统计学、流行病学、环境卫生学、营养与食品卫生学、劳动卫生学、少儿卫生学		预防医学、眼视光学、卫生信息管理

二、与未来职业发展有关的课程设置

对于一位专业技术人员，学校学习只是个人职业生涯发展过程中的一个阶段而已，在以后的职业生活中，还需要不断的学习来充实和提高自己，这就是在医学高等院校培养目标中提及的"学生应具有一定的可持续发展能力"。医学高等院校教育者对于这一点进行了充分的研究和探讨，设置了有助于个人未来职业发展的一些课程，使学生具有一定的发展潜力。各专业与未来职业发展有关的课程设置有所差异，但一般具有以下的共同点：

1. 课程应有助于学生获得和应用各种信息

随着国际交流的增加，信息技术的日益发展，"信息"已成为社会、国家、行业和个人发展的重要因素。而要做到"善于获得信息、利用信息"，则需要具有一定的外语能力以及网络技术。如大学英语、计算机应用能力、医学文献检索等非专业课程，应该当成专业课来学习，打好基础，为以后的职业发展做好铺垫。

2. 课程应有利于综合素质的提高

各用人单位均希望所聘用的人员业务能力强，团队合作好，综合素质高。为了提高学生的综合素质，各高职院校开设了相应的课程，如某高职院校的护理专业开设护理人文学：将护理哲学、护理职业素质、护理伦理、护理与法、护理与社会、护理与文化、护理与人际关系、护理与行为和护理美学等内容融为一体。其课程目标为通过学习，使学生树立正确的世界观、人生观和价值观；培养学生具有良好的职业道德品质和较高文化修养；培养学生具有解决问题能力和人际交往能力，最终使学生的综合素质能得到全面提高。同时，一些其他的课程，如文学欣赏、音乐欣赏、现代交际学、大学语文等，均有利于学生综合素质的提高。

3. 课程应有利于解决问题能力的养成和发展

工作就是不断地发现问题、解决问题的过程。有企业经济学家提出："一个人才的价值体现在其解决问题的能力上，在人才竞争日益激烈的当今社会，个体的竞争力表现为卓越的解决问题的能力。"使学生具备明显的竞争优越性，是高等教育的职责。如香港理工大学护理专业开设了"以问题为本的学习"课程，该课程旨在通过案例讨论，使学生从个案分析、提出问题、收集相关资料、解决问题的过程中，确立正确的思维模式，掌握解决问题的正确方法。另外，护理专业开设的护理管理学、护理科研设计，以及新兴的护理经济学等课程，其最终目的亦在于教会学生如何去解决护理行业中管理、科研、护理成本核算等方面的问题。

对于学生而言，了解专业课程设置必须先了解该专业的人才培养目标，因为人才培养目标是方向，课程设置只是达到目标的手段，而且课程设置并非一成不变，将依照社会需求的变化，做出适时的调整。

第三节　形成职业期望

通过对职业环境和自我剖析，进入大学后要尽早思考自己的职业方向，形成职业预期。

一、我的优势与不足

（一）认识自己，了解职业

认识自己，既包括认识自己的兴趣、气质、性格和能力，也包括认识自己的生理素质、知识结构和职业适应性。其目的在于真正了解自己最适合干什么工作。了解职业，既包括职业活动内容、职业特点、职业环境、职业报酬，也包括了解职业对从业者素质的要求。了解职业的目的，在于求职时有针对性，减少盲目性。任何人都有自己的优点和缺点，然而，优点和缺点并不是绝对的，有时对一种工作来说是优点，对另一种工作来说却是缺点。同样一种因素，对某些职位来说是优点，而对另一些职位来说就可能是缺点。因此，有选择的突出自己的某些优点，就要扬长避短。

（二）明确自身优势

一个人在选择职业岗位时，综合考虑自己的素质情况，根据自身的特长和优势选择职业岗位，以利于在职业岗位上能够顺利、出色地完成本职工作。发挥个人素质优势主要包括以下三点。

1. 发挥专业所长

医学生经过大学阶段的学习，不仅具有较为扎实的基础知识，而且具有一定的医学专业知识。因此在选择职业岗位时，要从所学专业特点出发，做到专业基本对口。这样就可以在职业岗位上发挥所长，大显身手。

2. 发挥能力所长

同一专业的同届毕业生，由于个人的情况不同，能力也有差异，根据不同的能力选择不同的职业岗位，是充分发挥个人素质优势的最佳体现。比如，有的人语言表达能力较强，适合医学教学、医疗保险、医疗器械销售工作；有的人研究能力较强，适合继续深造搞科研；有的人组织能力较强，适合领导或管理工作；还有的人动手能力较强，适合从事外科、产科等工作。由此可见，根据自己的能力所长选择职业岗位，既是胜任工作的需要，也是发挥个人最大潜力、进行创造性劳动的需要。否则的话，事与愿违，功不成、名不就，就会贻误事业与前程。

3. 适当考虑性格特点

就性格本身来讲，并不能决定一个人的成才方向和成就的高低。同一性格的人，有的可能很有作为，有的则可能一事无成。性格相异的人也可能在同一领域、同一职业中成才。但是，在选择职业岗位时，适当考虑自己的性格特点，充分发挥性格所长则是十分必要的。比如在职业活动中，有的人是用理智去衡量一切并配合行动，这样的人就适合从事基础理论研究工作；有的人很有主见，并善于发现问题和解决问题，这样的人就较适合从事科学研究或领导工作。

（三）发现自己不足

"金无足赤，人无完人"，人无法避免与生俱来的弱点，必须正视，但应尽量减少其对自己的影响。优柔寡断的性格不适宜医院管理者的职位，缺乏耐心、粗心大意的人当不了好的护士。因此，在职业规划之前后都要注意静下心来，多与人交流，了解预想中的自己与别人眼中的是否一致，并找出自身弱点与所期望的职业、目标之间的偏差，尽量寻找弥补、克服的方法，这将有助于自我提高，也为将来的成功除去障碍。

二、我心目中理想的职业是什么

一般来说，一个人明确的职业目标是在大学期间产生的，职业生涯规划实质上是形成职业期望、追求最佳职业生涯的过程。医学专业的学生不一定就从医而终，在现代社会中，职业发展的机会众多，在充分了解自己的优势与不足，结合自己的兴趣特质，便可以着手设计未来，形成职业目标。有了职业期望，就会在每一天的学习工作中为这个目标积累资源，创造条件。

三、确立目标职业

"如果你不知道自己要到哪儿去，那通常你哪儿也去不了。"目标职业的确立是大学生职业生涯规划的核心内容。确立什么样的目标职业？你适合什么样的目标职业？在目标职业的追求过程中需要有什么样的能力要求？如何培养能力？这些都是本节要着重阐述的。

职业生涯规划中有两个重要的步骤都涉及到目标的确定，一是人生的目标，二是各个角色的目标。设立目标和方向，好比罗盘指针在被磁化之前所指的方向是不确定的，但是指针被磁化具有特殊属性之后，它们就会永远指向北方——忠实于两极了。同样，树立大的方向后，无论迈出的是哪一步，都是朝着这个大方向的。选定生涯目标后，还要考虑向哪一条路线发展，是专业技术生涯发展路径、行政管理生涯发展路径，还是自主创业的生涯发展路径等等。有的人适合做研究，希望在某一领域成为专家，成为卓越的学者；有的人擅长做技术，在技术领域或实验室建功立业；还有的人适合搞行政管理，成为一名优秀的教育管理者。

（一）专业技术型生涯发展路径

专业技术型发展路线指工程技术、工程管理、技术经济等职能性专业方向。通常情况下职业由本人所学的专业确定，如果具备了一定的专业技术知识、技能，对专业技术及相关活动感兴趣，并追求这方面的提高和成就，则专业技术发展路线是较好的选择，相应的发展阶梯是技术职位的晋升。

如果开始选择了专业技术方向，以后对管理也感兴趣，这并不妨碍今后在管理岗位上做出成绩。如今由技术工作转为管理工作的情况屡见不鲜，一些公司经理或部门经理甚至各级行政领导很多原先都是从事技术工作的，他们在升迁之后多数不再从事一线技术工作。

（二）行政管理型生涯发展路径

如果你热爱管理工作，稳重、老练、善于与人打交道，协调能力强，不喜欢做具体技术工作，或者所学专业的技术发展前景不大，行政管理发展路线便是较好选择；一般来说，管理工作需要从基层职能部门开始，如果管理才能、业绩得以展现和被认可，行政职位就可以逐渐向高层提升。

（三）自主创业型生涯发展路径

国家鼓励和支持大学生自主创业，自主创业对人生是一个挑战，有艰辛、有快乐，有失败、也有成功。自主创业与以上参与性岗位的工作不同，对创业者的素质要求较高，还要结合自己的专业特长，特别要善于把握机遇、勇于创新，心理素质要好，能够承受风险和挫折，善于学习。职业发展路线明确下来，生涯选择过程就告一段落了。接下来是真正的在生涯的起点与终点之间切割我们的人生了。纵观今后几十年的生涯发展，在时间上做一个划分，为自己制订长期目标、中期目标和短期目标。一般长期目标为10年左右，中期目标为5年左右，短期目标为1到2年，更短期的目标又可分为年目标、月目标、周目标、日目标。

四、根据所学专业确立目标职业

(一) 确立目标的重要性

美国的戴维·坎贝尔说过："目标之所以有用，仅仅是因为它能帮助我们从现在走向未来。"对于职业生涯而言，最重要的就是目标。有了明确而合适的目标，便有了人生为之奋斗的方向，并激励人们努力奋斗，积极创造条件实现目标。反之，没有目标的人如同航行在茫茫大海中的孤舟，没有方向，不知所终。成功与不成功的人唯一差别就在于，成功的人可以无数次修改方法但决不轻易放弃目标；与之相反，不成功的人总是修改目标，就是不改方法。无数事实证明，一个人能否成就一番事业，很大程度上取决于有无一个正确而适当的人生目标。

(二) 根据所学专业确立目标

大学阶段的教育是职业教育，与中小学教育完全不同。每所院校都有自己相对稳定的专业，这些专业都是根据社会需求确定的，是与社会经济结构相适应的。每个专业都有自己对应的职业或职业群。专业的确定在很大程度上限定了大学生将来择业与就业的范围。进入专业学习的学生，不论他当初是经过深思熟虑自愿报名的，还是顺从父母、亲友的意愿被动报名的，他们都在选择职业方面迈出了重要的一步，将来所要从事的职业大都有了初步的确定，比高中生的职业方向更明确，任务更具体。

大学生应当了解专业所覆盖的和相关的职业群，了解其现状与未来、地位与作用，培养对未来职业的兴趣，树立职业理想。上大学就已经站在自己职业生涯的起跑线上，只有明白自己的目标，才会有学习、生活的动力。大学生能否尽早认识职业，有目的地选择并学好专业，明确个人职业发展方向，是决定能否顺利就业、实现人职匹配的关键。

大学生从进校起就应该确立职业准备意识，明确现在所学的都是为将来的职业做准备，需要大学生从现在开始就积极地投入到职业准备的行动中。按照职业对人的素质规范要求，找出自身差距，自觉地提高对职业的适应程度，做好从业的准备。

五、目标职业与专业技能要求的关系

除了建立合理的知识结构外，还必须将知识转化为技能。知识更多地表现为你知道什么、你理解了什么，而技能则表现为你会做什么、能做好什么。做任何一个岗位工作，除了要求你必须具备一定的理论知识，还必须掌握相应的操作技能。只有当知识转化为技能时，我们才可以安身立命，才能够谋求更大的发展。在现实生活中，实际操作技能的强弱，将直接影响到一个人作用的发挥。

大家知道医学科学是一门实践性很强的应用科学，是以人体病理作为诊疗对象的特殊学科，"人命至重，有贵千金"。要提高自己的动手能力主要在于多看、多练。平时严格要求自己，重视临床实践，多参与操作，特别是病历书写、体格检查、常规化验、换药导尿、输液输血、无菌技术、手术操作等基本功，要稳扎稳打，勤学多练。看得多、接触得多就可以掌握一些基本的操作程序和方法，练得多才能真正提高自己的操作技能。因此，大学生在进行职业生涯规划时，要根据个体特点，建构合理的知识结构，掌握扎实的专业操作技能，最大限度地发挥知识的整体效能。

一个人的择业目标能否实现，除了个人素质、专业、社会需求、机遇条件外，还主要取决于自己对择业期望值高低的选择。当毕业生根据自身条件和社会需求确定了自己的择业目标之后，如何把握择业期望值，就成为毕业生择业目标能否实现的关键问题。如果把握不好，就难免走入择业误区。要正确把握好择业的期望值，就应防止下述问题的出现。

1. 防止图虚荣的思想

由于虚荣心作怪，一些毕业生在选择职业时，不顾客观条件的限制，一心只想找一份令人羡慕的职业，至于自己能否胜任，是否适合自己，能不能有所发展则不予考虑。其结果要么因超越现实而无法实现，要么在工作岗位上因无法施展才干而业绩平平。

2. 防止图享受的思想

优越的待遇和条件往往对大学生最具有诱惑力，但也是导致毕业生择业失败的误区之一。客观地讲，毕业生希望自己有一个较好的工作环境，这种职业期望值是可以理解的，问题是有部分毕业生对这类单位的职业活动特点知之甚少，而对其收入和生活条件期望过高，甚至有部分毕业生只重金钱、图实惠，只要生活条件好，不惜放弃自己的专业知识和抱负。这种只图一时实惠和享受，不考虑国家需要和个人发展的思想倾向，不仅是不可取的，也是不现实的。

3. 防止图安逸的思想

害怕艰苦，不愿到基层第一线和艰苦地区工作，这也是导致部分毕业生择业出现偏差的重要原因。有几分耕耘，便有几分收获。人生犹如一个竞技场，不付出艰苦的劳动，便无法得到社会的承认。

4. 防止偏离自己的择业目标

择业目标的确定要从自身素质和社会需要来考虑，确定择业期望值也应如此。医学生在确立自己的择业期望值的过程中，如果偏离了自己的职业兴趣、专业特长和实际能力，就失去了自己的优势，从而偏离了自己的择业目标，进入工作岗位后，无形当中增加了许多"补课"负担，个人的价值就难以实现。这不仅不利于自身的发展和成长，而且对国家和人民的利益也是不利的。

5. 防止期望值过高

有的毕业生在择业过程中，不顾自身条件的限制，眼睛死盯着"好单位"，宁愿呆在"上面"无所事事，也不愿到"下面"较适合自己的地方去施展才华。实践表明，择业期望值过高最容易使人陷入两种困境：一是由于期望值超出现实而使自己在择业时屡屡失败；另一是即使侥幸获胜，也会因自身能力不及，工作无法胜任而处于被动之中。

第四节　制订大学期间的学业规划

大学生学业规划，是指大学生对与其事业（职业）目标相关的学业所进行的安排和筹划。具体来讲，是指大学生通过对自身特点（性格特点、能力特点）和社会未来需要的深入分析和正确认识，确定自己的事业（职业）目标，进而确定学业发展方向，然后结合自己的实际情况（经济条件、生活现状、家庭情况等等）制订学业发展计划。换言之，学业规划就是大学生通过解决学什么、怎么学、用什么学、什么时候学等问题，以确保自身顺利完成学业，为成功实现就业或开辟事业打好基础。

医学生与普通大学生不同的地方，不仅在于学制的长短不一，更在于医学是一个社会化非常高的行业，临床见习与临床实习，繁重的课业安排都让医学生这个群体看起来格外地与众不同。医学院校不同专业之间的课程设置相差较大。我们以临床医学五年制专业学生为例，来看看大学生应该如何制订大学期间学习、生活成长和社会实践规划。

一、临床医学专业主要学习安排

临床医学专业学生在校学习时间一般为 5 年，其中前半段是基础学习，后半段是专业学习和实习。

（一）大学一年级学业规划

大一，要加深对本专业的培养和就业方面的认识，初步了解将来所从事的职业，为制定大学目标打下基础。要求大学生对所学的专业知识要精深广博，除了掌握基础知识、专业知识，还要拓宽知识面及相近的若干专业知识和技术。从各学期的课程来看，一年级以大学公共基础课为主，主要有思想品德修养、英语、计算机、高等数学、物理、基础化学和有机化学等，一般会有 1—3 门医学基础课，如：细胞生物学、组织胚胎学和解剖学等。

一年级为适应阶段。大学新生入校后，生活时空发生很大变化。由一个见识、交往活动范围较为狭窄的天地，进入一个见识较为广博、交往活动范围较为宽阔的天地；由上课、作业、考试及活动均由老师统一安排，转化为需要自己来设计和安排学习、生活等。

此阶段的规划重点包括：掌握正确的学习方法，学好公共基础课（包括素质教育课），并重点学好一门外语；若学校规定允许对本专业缺乏兴趣不满意的，可申请转专业或积极准备插班生考试或业余自学其他感兴趣的知识；对电脑了解不多的同学可进行一些基础知识的补习；完成计算机一级考试（学校一般会组织安排）；有计划地选择参与一些文体活动包括绘画、书法、演讲等特长的培训和锻炼，有意识地关注综合素质发展。

（二）大学二年级学业规划

二年级的课程有马克思主义基本原理、毛泽东思想概论等，英语、体育等公共课也继续开设，医学基础课程将集中开始授课，主要是生理学、生物化学、微生物和免疫学、病理学、病理生理学等课程。

二年级为确立目标阶段。大二是五年中重要的时期，这时，大学的概念已经在大学生脑海里形成，大学生们已渐渐适应了校园生活。社团活动方面已大多成为骨干分子。学习上基本都是专业课，因此，对自己专业的认识也比较深入和全面。此时，需要加强对社会的了解和接触，提高求职技能，搜索各种信息。但时间流失快，很多东西看上去似乎没什么进展。

准备出国的同学，一方面加强出国信息的收集和准备，另一方面要加大外语学习力度，准备参加雅思或托福考试，这是出国的基本条件，当然还要多了解目标国家的人文背景、风土人情，了解自己准备去的工作环境和工作性质，提前做好准备。

（三）大学三年级学业规划

三年级的课程更加集中，无论课程数还是课时数都比前两年要多，基础医学和桥梁学科占了最大的比重，主要有药理学、遗传学、人体寄生虫学、医学影像学、核医学、康复医学、社会医学、卫生学、中医学、针灸学、医学统计与流行病学等，诊断学、外科基础开始培养医学生的诊疗思维。这一阶段的专业学习任务很重，要合理安排好时间，把专业知识学好。

（四）大学四年级学业规划

四年级的学生开始见习，以临床各专科为主，如内科学、外科学、妇产科学、儿科学、传染病学、口腔科学、眼科学、耳鼻咽喉科学、皮肤性病学、神经病学、精神病学、医学心理学、医患沟通学等。这一阶段在学习理论知识的基础上，开始接触临床。这对今后的工作有极大的帮助，所以医学生们应积极实践，为实习奠定基础。

（五）大学五年级学业规划

五年级是医学生全面展开实习、掌握临床各项操作规程、了解和熟悉临床常规流程、不断训练正确诊疗思维的黄金时期。大部分学生进入生产实习，部分学生对自己的出路有了规划，大学生要对前几年的准备做总结。首先检验确立的职业目标是否明确、准备是否充分，然后设立求职行动方案。接受择业技巧培训，充分利用学校提供的条件，了解学校就业指导中心及各种渠道提供的资料信息，强化求职技巧，学习写简历、求职信，进行面试等训练。

大学生由学校走向社会，进行临床实习。此阶段是将在学校所学的理论知识转化为临床实践的过程。同时，也是进行职业选择的关键时刻。此阶段的规划重点包括：积极参加临床实践，勤学苦练，在医疗工作实践中不断增长自己的才能，提高操作技能和临床诊治能力。

二、学业规划的注意点

1. 更新方法，尽快适应

进入大学后，学习由以教师为主导的教学模式变成了以学生为主体的学习模式。学生的学习方法也必须随之变化。学习方法对学习成绩的影响是不言而喻的，大学的学习方法与中学时的学习方法差别很大，需要大学新生尽早调整，尽快适应。

2. 全面把握，制定目标

从上述临床医学课程的设置来看，课程多、课时紧，很多学生只顾学习本学期的课程，而很少去了解以后的课程，常常不知道下一个学年的学习内容，也就很难提出什么学习规划。通过老师、学长可以全面了解本专业课程，也有利于自己去理解本专业的学科构成，有更清晰的学习思路。

3. 注重基础，服务临床

临床医学是培养具有扎实医学专业知识及相关自然科学知识，具有较强的医学实践能力，良好职业道德和人文素养的应用型人才。任何一例临床案例的诊疗过程都是在诊断和鉴别诊断的基础上，提出治疗方案，跟踪修正方案直至治疗结束的过程，要完成这样的过程，离不开解剖、生理、药理等基础课程的理论支撑。这些课程知识的融会贯通，结合临床实践的验证可以使我们在面对病患时胸有成竹、游刃有余。

临床医学是一门实践性很强的科学，要想学好学精，成为一名优秀的健康卫士需要医学生们一步一个脚印地学习、领悟和实践，没有捷径可走，但可以通过我们的规划，让我们的学习更有目标，更有效率。

相关资料

美国哈弗大学30年前曾经对在校学生做过一份调查，发现没有做过规划的人数占27%，学业规划模糊的人占60%，有短期学业规划的占10%，长期学业规划清晰的人占3%。30年后追踪调查结果表明：第一类人几乎生活在社会的最底层，长期在失败的阴影里挣扎；第二类人基本上都生活在社会的中下层；他们没有多大的理想和抱负而疲于奔命；第三类人大多进入白领阶层，他们生活在社会的中上层；只有第四类人，他们实现了既定目标，几十年如一日，努力拼搏，积极进取，百折不挠，最终成了百万富翁、行业领袖或精英人物。由此看来，尽早的指导大学生进行科学的学业规划意义重大。

第五节　制订大学期间的生活和社会活动规划

大学生要在宽松的大学校园环境中不断加强自律。与中学相比，大学对学生的管理趋于自我管理、自我服务和自我发展。

一、制订大学期间的生活成长规划

大学生大多远离父母，缺少父母的直接监督，大学生生活环境相对宽松，但是学习知识的广度和深度都大大增加，而平时的学业测试一般较少，社会交往的范围增大，个人可支配资源增多，而独立生活的经验缺乏，容易受到各种诱惑，需要我们不断加强自律、潜心学业、勤俭朴素。在自主的生活中培养独立能力。在大学里，没有父母可以依靠，饭来张口的日子已经结束了，独立自主的生活开始了。许多人在中学时代强烈希望自己能过上独立的生活，但真的过上了，又会发现所要面对的问题之多、困难之大是始料未及的。需要我们向自理能力强的同学学习，培养自己的独立意识，尽快适应这种生活，避免计划失当，使生活陷入混乱。

（一）养成良好的生活习惯

习惯拥有巨大的力量，好的习惯使人立于不败之地，坏的习惯可以把人从成功的神坛上拉下来。事实上，成功与失败的最大分界，来自不同的习惯。好习惯是开启成功的钥匙，坏习惯则是一扇向失败敞开的大门。好习惯使人在生命的历程中少受自然法则的惩罚，在成长的过程中多一些阳光雨露，促使人不断完善自我，孕育出一个全新的自我。与此相反，坏习惯的破坏力量也是巨大的、惊人的。人一旦养成了坏习惯，受坏习惯的支配，变成它的俘虏，就会在生命过程中显得力不从心，很难有所作为。培养良好的生活习惯包括以下几方面。

（1）学会休息，养成放松的习惯。

（2）培养良好的睡眠习惯。

（3）培养从容不迫的习惯。

（4）培养运动的习惯。

（5）培养纠正自己缺点的习惯。

（6）培养胸襟开阔的习惯（凡事要想得开）。

（二）培养健康的兴趣爱好

兴趣是一个人力求认识、掌握某种事物，并经常参与该种活动的心理倾向。兴趣是最好的老师，对人的发展有一种神奇的力量。人们对某种职业感兴趣，就会对该种职业活动表现出肯定的态度，在工作中调动整个心理活动的积极性，开拓进取，努力工作，有助于事业的成功；反之，强迫做自己不愿意做的工作，对精力、才能都是一种浪费。兴趣引导爱因斯坦走进科学迷宫，成为一代科学巨匠；贝多芬迷恋神奇的音乐世界，终成流芳百世的音乐家。

一个人的兴趣爱好，能显示他的多方面的才能和修养，这样的人除了比别人多一种技能外，更重要的是，他们往往有进取心，有发散性的思维，比较热爱生活。另外，打字、计算机、口译证书、驾驶证、报关员证书等也可以作为技能，但一般要求有资格证书作证明，如果拥有这类操作性技能证书，则也是一张"硬派司"。一般说来，兴趣爱好广泛的人，选择职业时的自由度就大一些，他们更能适应各种不同岗位的工作。广泛的兴趣可以促使人们注意和接触多方面的事物，为自己选择职业创造更多的有利条件。在开放度极大的都市里，企业最欣赏的是一专多能的复合型人才。古今中外许多著名的科学家、文学家和艺术家，都是在强烈的兴趣驱使下取得事业成功的。

因此，大学生要围绕所学专业发展自己的兴趣爱好，并以这些兴趣为契机，加强相关知识的学习和积累，注意发展自己的优势能力。

（三）树立青春期正确的交友观

1. 树立青春期正确的交友观

随着年龄的增长，大学生需要有人分享自己的思想、情感、理想。与同学谈及自己的人生价值观，彼此之间可以互相帮助，共同进步。处于青春发育成熟期的大学生，心中对朋友的定位已经不是所谓的玩伴了，而是在个性上可以相互影响并且相互尊重，心理上能够产生共鸣，成为心灵上的朋友。

"黄金万两易得，知己一个难求"。真正的知心朋友彼此是相互了解和理解的，诚心诚意地交往，不仅能够坦率地接受对方的意见，而且能够真诚地指出对方的缺点和不足，并帮助他改正和提高，给对方以精神上的支撑和力量。能够在大学里交到真的朋友是人生的幸福。

友情是朋友间情感的交流，是内心的交流，是相互的理解，用自己的真诚去换取朋友对自己的真诚，达到的是心灵与心灵的共鸣。深远而持久的友谊往往由此而产生。朋友间坦诚的话语可以拉近彼此心灵的距离，在直率的倾吐中可以切磋砥砺，开阔眼界，正如萧伯纳所言："朋友各拿一个苹果做交换，仍是一人一个苹果，而若朋友各拿一种思想交换，那一人便有两种思想了。"真正的友情是可以让朋友之间相互帮助，共同进步，但又不彼此依赖；既能保持自己独立的个性，又能互相帮助改正缺点，在建立和维护友情的过程中，都可以成熟起来。朋友之间不是功利性的关系，友情不是见面时寒暄式的问候，不是酒桌上的应酬，而是"在所有其他的人都舍弃了你的时候，你知道还有一个人的同情和热爱，这是最深沉的苦难之中的一种依傍、一种支持、一种安慰剂；这是财富所不能换取的，也不是权力所能赐予的"。友谊是有价值的，但当你去利用它时，它就不是纯粹的友谊了。希望大学生们能建立并珍惜真挚的友谊，以此为人生添彩。

2. 让同学友谊地久天长

同学之间的友情是可贵的，然而，虽然我们置身于这种友谊之中，却未必真正认识到这种友谊的价值。毕业的日期已经一天天临近，在与同学在校相处的最后日子里，我们不仅要更加珍惜同学间以往的友谊，还要努力去发展这种友谊，让同学间的友谊地久天长，永存于我们每个同学的心中。当我们回首往事的时候，我们可能会不无留恋地说：学校的学习生活是美好的，同学间的友谊是永恒的。那么，如何才能建立真诚的友谊呢？首先，要气量大度，化干戈为玉帛。几年的学校生活，同学之间难免会有些磕磕碰碰、恩恩怨怨，对这些不愉快的往事不宜小肚鸡肠、耿耿于怀，更不要制造事端、寻衅报复，要豁达大度、得饶人处且饶人。主动接触原来与自己有隔膜的同学，化解矛盾、握手言欢，这是赢得别人的尊敬，同时也是尊敬自己的表现。那种损害他人名誉，甚至聚众斗殴的做法是愚蠢的、不理智的，干这种蠢事的人，不仅损害了他人，自己也必将自食其果。

其次，毕业前夕同学之间要多组织一些值得纪念的活动，以此来巩固和发展以往的友谊。如同学间相互赠言，把自己美好的祝愿写在同学毕业纪念册上，最好再送给同学一张你认为最满意的自己的照片，把你的音容笑貌始终留在同学身边；又如可组织"告别舞会"、"毕业联欢会"等，如果有条件的话，还可以把组织各种活动的情景进行录像并制成光盘，使之成为一件十分有保留价值的"珍品"。当几年、十几年以后同学们再次相聚的时候，看着这些珍贵的历史镜头，重温着同学当年的友谊，大家一定会感慨万千。

再次，建立同学之间较为稳定的联系。如编印同学通讯录；以地区为单位建立联络网；在可能的情况下组织同学会，成立一定形式的组织联盟，每隔几年组织一次活动；尽管相隔万里，现代的通讯手段却将我们紧紧地联系在一起；或以留校同学为中心建立联络点，不定期地向同学们通报各自在事业、恋爱、婚姻、家庭方面的情况等。

（四）培养正确的世界观

大学时期的学生们正处于世界观的形成期，他们思想活跃，但心理上不成熟，对事物的看法有时会过于片面，有热情但好冲动。所以，大学生应该加强思想品德的修养，培养积极的心态，树立爱国家、爱人民、对社会负责任的良好的世界观。

二、制订大学期间的社会活动规划

进入大学后，各种校园组织会热忱欢迎新成员的加入，以扩大组织力量、提高活动水平。除了正式的组织，如党组织、团组织、学生会、班委会等以外，也有业余的、由志趣爱好相同的学生自愿组织起来的各种学生社团。这些社团有各种类型，有专业学术型的，如邓小平理论研究会、科普协会等；有文体娱乐型的，如文学社、足球协会、书法协会等。同学们可以根据自己的特点和爱好，经过慎重考虑，选择一两个社团参加，丰富自己的课余生活，锻炼自己的组织和交往能力。

（一）学习与社团

大学一般都有各种各样的学生社团，比如"法律研究小组"、"英语沙龙"、"文学社"等，同学们可以在那里大显身手。大家通过定期或者不定期的活动，互相交流学习心得，比起一个人闷头学习，常常事半功倍。在这里，浓郁的学术氛围、热烈的讨论，更容易激发同学们学习的积极性和创造性。

校园的各种社团是培养学生才能的第二课堂。大学时代是大学生长知识、长身体的时期，培养各方面的才能十分重要。校园的各种社团正是为了大学生能拥有多姿多彩的校园生活而设立的，同时这些活动也可以培养大学生的素质。大学生在课余时间参与或者进一步组织一定的社团活动很有必要。

俗话说"三个臭皮匠，顶个诸葛亮"。如果你想要加入一个学术社团，最好是先做好一些前期咨询，可以询问一些参加过的师兄师姐，因为这些社团一般都是一些学生的自发组织，有的已经发展得比较成熟，学术气氛比较好，也比较正规，有的时候可能还会请一些专家教授做指导。学生会是学生自我管理的组织，它具有组织管理、开展学生活动的功能。它所组织开展的校园活动，都有一个全面细致地研究学生心态、动态的过程，而活动的成功与否，就相当于一个产品市场认可程度的大小。所以不要轻视学生会工作，尽力让自己融入其中以此进行能力储备。协调好学习与活动之间的关系，不要因频繁的社团活动耽误学习。

参加社团活动以及学生会活动时，就要开始注重自己人脉的发展，不要让毕业的学长们有"人走茶凉"的印象，向他们要一张名片、一个联系电话，有活动时也可把他们请来，也许明天他们就是你走向社会的桥梁。

（二）学习与社会实践

大学生应该重视实践能力的锻炼和培养。实践能力的培养要从进入大学校门时候做起，参加社会实践，如助工、助研、助管、助学活动，种种实践环节都是有益的能力训练机会。它不仅是对学生智力和体力的依次检验和训练，还是培养和锻炼自学能力、综合运用能力、实际动手能力、创造性思维能力和独立开展工作能力的系统训练。通过这种训练，可以增加其对未来工作环境、工作性质、工作要求以及自己所学专业应用范围的全面了解，从而发现自己的长处和不足，明确为适应未来工作学习而需努力的方向。通过这种训练，可培养提高分析和解决问题的能力。

暑期是同学们开展社会实践的黄金时期，学校将会组织一些专业性或社会性较强的活动让同学们参与，如下乡支教、去企业、社会调查等，若能参加此类活动，肯定会受益匪浅，但由于条件的限制，很多同学不能如愿以偿。大部分的同学将自己去创造实践的机会，因为学校把暑期的社会实践列入教学计划，要作为学分来计算。这种社会实践的空间很大，可以"海阔凭鱼跃，天高任鸟飞"。

勤工俭学是高校学生参加社会实践的一种较普遍的方式。一般有两种情况：一种是家庭经济比较困难，希望缓解经济压力。另一种是希望从打工的经历中体验社会生活。我们发现打工更多的是带给人一种社会体验，而这种体验也将成为人生路上的一笔难得的财富。正如一位同学所说的"现在实习的机会不容易找，而现在毕业生找工作，有工作经验，已成为很多单位招聘的必备条件。在校期间参加勤工俭学，是一次实践机会，可以积累工作经验，同时还可以巩固自己所学的知识，提高自己的综合素质。"

在与社会的接触中了解自己的不足，培养自己的能力，增加社会阅历和实践能力，也许这个才是打工的真正目的所在。打工要合理安排时间，大学生的第一任务是学习，因此在处理打工和学习时，应以学习为主，打工为辅。很多同学颠倒了主次，甚至为了打工而完全放弃了专业知识的学习，造成学业荒废，知识漏缺，甚至退学，这样的结果就太得不偿失了。打工要为"能"动而不为"利"动，挣钱确实也是打工的一个目的，但不应该是唯一的目的。对大学生而言，如果能利用打工提升综合能力，这无疑是一笔无形的财富。"打工"最好能与自己所学专业的有关工作结合，例如一位中文系的同学，有意识地争取到报社、杂志社打工实习的机会，毕业后，很轻松地找到了对口的工作。

打工时应擦亮你的眼睛，提高自身素质。打工其实也具有很大的冒险性，在良莠不齐的社会里，想如你所愿地打好工并非易事。所以除了通过提高自身综合素质来增强就业竞争力之外，还必须有一双能洞察社会的慧眼，在思想上多一道防线，提防一些居心叵测的人。

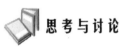 **思考与讨论**

1. 谈谈你所在的大学情况。
2. 谈谈你所学的专业特点。
3. 说说目标职业与专业技能要求的关系。
4. 如何确定自己未来的职业生涯目标？
5. 请制订大学学习与生活的具体规划（参见×××大学期间生涯规划表）。

×××大学期间生涯规划表

一般情况	姓名		性别		年龄		政治面貌	
	就读学校				院系			
	所学专业				感兴趣的专业			
	起止时间							
	年龄跨度							
规划总目标	就业		考研		留学		创业	
具体方向								

自我分析 （包括现状分析与潜力测评的发展潜能）	认识自我	我的气质	
		我的性格	
		我的能力	
		我的兴趣	
		我的职业价值观	
		我心中理想的职业	
	角色转为目标	从依赖到独立的转变	
		从被动学习到主动学习的转变	
		从未成年人到成年人的转变	
环境因素分析	学校学习、生活等环境分析	本专业的课程设置（可另附表）	
		与未来职业发展有关的课程设置（可另附表）	
	行业发展趋势与就业环境分析		
	国家相关政策法规、经济形势分析		
我的现状与规划成功标准之间的匹配分析	我的优势		
	我的不足		

征求意见	家长意见	
	老师意见	
	同学意见	
	朋友意见	
大学生生涯规划目标分解	大一的目标	1. 学业规划目标	
		2. 生活成长规划目标
		3. 社会活动规划目标
	大二的目标	1. 学业规划目标
		2. 生活成长规划目标
		3. 社会活动规划目标
	大三的目标	1. 学业规划目标
		2. 生活成长规划目标
		3. 社会活动规划目标
	大四的目标	1. 学业规划目标
		2. 生活成长规划目标
		3. 社会活动规划目标
	大五的目标	1. 学业规划目标
		2. 生活成长规划目标
		3. 社会活动规划目标
大学期间生涯规划目标组合	学习目标	专业学习目标
		与职业相关的学习目标
	生活目标	体魄健康
		心理健康
		学会理财
		学会管理时间
		正确交友
	社会实践目标	参加社团目标
		见习、实习目标
		假期社会实践目标

大学期间生涯规划成功目标	学习生涯成功目标	专业学习成绩优良	
		与总目标相关的学习成绩优良	
	生活成长成功目标	体魄健康	
		心理健康	
		会理财	
		会管理时间	
		人际沟通	
	社会实践成功目标	积极参加社团活动成为社团骨干	
		见习实习成绩优良	
		认识社会与职业	
找出差距			
缩小差距的方案			

在制订出大学期间的规划之后，还要进一步根据规划制订出按学期、月、周、日的实施方案，并在实施过程中及时进行评估，总结实施的效果，必要时对方案进行修正。

第五章　自我探索与开发

　　自我就像一座藏书丰富的图书馆，不时常翻阅其中的珍藏，就会被蛛网灰尘覆盖；心灵犹如一座富饶的矿山，不去挖掘开采，就会在沉寂中长满荆棘。无论是以认识人类自身为目标的心理学也好，还是中国传统文化中"知己知彼，百战不殆"的大智慧也好，都在反复强调一个观点：了解自我。如果我们对自己没有一个客观的认识，又如何选择一条适合自己发展的人生道路呢？自我探索是客观了解自我的必经过程，人生只有在不断的自我探索中，才能找寻到真正的自我。作为当代医药类大学生，学会探索自我、开发自我的方法及科学自测的手段，充分了解自己潜在的优势及具备的利于专业发展的特长，就会增值自己的能力，将来一定能够成为本专业领域的佼佼者。

第一节　认识自我

　　"我是谁？""我是一个怎样的人？""我喜欢做什么？""我擅长做什么？"这些问题我们可能在不经意间经常会自问，但可能很少有人会认真对待，很少时间认真回答。然而这些看似常见的问题，却关系着我们的人生，关系着对我们自身的认识。古希腊有句哲学名言："人啊，认识你自己。"虽然简短，却铿锵有力，听来令人振聋发聩。确实，在人生旅途中，面临重大抉择时，只有那些善于认识自我的人，才能准确把握自己的发展方向。

一、自我探索与职业发展

　　职业选择与发展是人生重大课题之一。特质因素论创立者帕森斯早在 20 世纪初期就提出了职业选择的三大任务：正确了解自己、了解外部世界和职业决策。而其中，认识自我是第一位的，是职业选择与发展的前提和基础。因此，如果不能在职业问题上正确认识自我，就很难选择适合自己的职业发展道路，进而必然会影响今后人生道路的顺利发展。对于每个人而言，认识自我就需要进行自我探索，并通过自我探索形成统合的职业自我概念。职业自我概念由职业心理学家舒伯（Super）最先提出，指的是个人主体自我概念在职业选择和职业发展上的反映。具体到职业选择和发展中，就是主体的我对涉及到与自己职业选择和职业发展有关因素的认识，包括影响个人职业选择和发展的自我各个方面（价值观、兴趣、性格、能力等）。心理学家泰德曼（Tideman）在舒伯的基础上继续进行了研究，指出职业自我概念是个体在与社会接触的过程中对自我发展进行不断反省的结果，当职业自我概念定型时，职业定向也就形成了。同时，职业自我概念是一个发展的范畴，是在自我探索的过程中逐渐形成的。因此，在一定程度上，职业发展的过程，同时就是职业自我概念形成的过程。而统合的职业自我概念的形成与个人对自我不断进行自我探索紧密相连。正是从这个角度来说，自我探索是职业选择和发展的前提和根基。

　　什么是自我认识呢？在心理学上，自我是一个独特的、持久的同一身份的我，主要包括作为认知对象的我和行为主宰者的我。认识自我属于自我意识范畴，它包括自我觉察、自我认识、自我分析、自我评价等。我们也可以试图从"我是谁"、"我从哪里来"、"我要到哪里去"三个问题入手来进行说明。

第一个问题：我是谁？包括物质自我、社会自我和精神自我三个部分。

物质自我是对自己生理状况如身高、体重、形态，以及住房、财产、衣物和装饰等的认识。一个人对自己的外貌长相服饰打扮的定位和评价是物质自我的认识反应。这一部分有形的"自我"可以说是每个人对于"自我"最直接的感受和理解；社会自我是对自己在社会关系、人际关系中的角色、地位、作用和权力等的认识和体验。社会自我使个体在社会化过程中得以发展和成长；精神自我是自我认识中最核心的部分，它是对"我"的内部主观存在的认识，是自身心理特征如兴趣、动机、价值观、能力、气质、性格等的认识。

第二个问题：我从哪里来？包括自己的籍贯、家庭状况，自己的学历、阅历、现有知识储备、能力如何、社会地位和社会资源等。

第三个问题：我要到哪里去？包括对自己未来的人生设计。如自己希望在情感上、经济上、社会成就上达到什么样的目标，以及实现目标的具体方法。

正确认识自我是一个人迈向成功职业生涯的第一步，一个人如果无法充分认识自己，所有的努力都可能只是符合他人的期待和要求，而与自己的内心状态不符。因此，只有通过自我探索了解自己的内在需求，个人的潜能才会得以充分发挥。

二、自我探索的维度和方法

自我探索是一个复杂、渐进、终身的过程。自我探索的复杂性、渐进性、终身性决定了我们必须要从多个方面采用多种方法对自我进行分析和了解。了解自我探索的维度和方法的理论性认识，对于我们科学认识自我具有非常重要的作用。

（一）自我探索的维度

职业自我概念包括了个体对自我各个方面的认识，因此自我探索也需要从多个方面来进行，其中既包括个体的一些人口学特征、外显特征，如性别、年龄、体貌特征等，也包括个体心理特性，如性格、兴趣、价值观等。

1. 生理我

生理我就是个人对自己的生理属性的意识，包括对自己的身体特征和生理状况的认识，如意识到自己的高矮、胖瘦、美丑、黑白、力量的大小、体质的强弱健全等内容。生理我使一个人把自我和非我区别开来，意识到自己的生存是寄托在自己的躯体上的。生理我是自我中最基本的内容，是其他自我内容的基础，它也是在自我形成过程中最早形成的内容，认识自我最早是从认识生理我开始的。

2. 心理我

心理我是指一个人对自己的心理属性的意识，包括对自己的感知、记忆、思维、价值观、性格、能力、兴趣、需要等方面的意识，它使人认识到自己的心理特征和心理倾向。意识到自己的观察力强不强、记忆力好不好、自己的思维是敏捷还是迟钝、自己的情绪是容易激动还是比较稳定、自己的性格是内向还是外向、自己对什么事感兴趣、自己的信念理想是什么、自己的能力优势等等，都是心理我的内容。心理我是职业自我的核心内容，也是自我探索的重点领域，它对一个人的职业选择和职业发展都起到至关重要的作用。

3. 社会我

社会我是指个人对自己社会属性的意识，是对自己在社会和集体中的地位、他人对自我的期望的认识，包括个人对自己在各种社会关系中的角色、地位、权利、义务等的意识。社会我是由历史、文化、社会造成的。例如，一位教师，在学校里，他要意识到自己是一位教师，要教书育人，有教师的责任与义务；在家里，他可能是丈夫和父亲，他要意识到做丈夫和父亲的责任与义务。

（二）自我探索的方法

在古希腊帕尔纳索斯山南麓阿波罗神庙的一根巨大的石柱上，刻着苏格拉底的一句名言"认识你自己"，卢梭称这一碑铭"比伦理学家们的一切巨著都更为重要，更为深奥"。那么我们应该如何进行自我探索，并认识自我呢？

1. 通过与别人的比较来认识自己

一个人对自己价值的认识，是通过与他人的能力和条件的比较而获得的。在与他人比较的过程中，应注意比较的参照系和立足点。其一，跟别人比较的应该是行动后的结果，而不应该是行动前的条件；其二，跟别人比较要有标准，而且标准应该是相对标准而不应该是绝对标准，应该是可变的标准而不是不可变的标准。例如一个人的容貌与出身是不可更改的，若以此为标准同别人比较是没有意义的；其三，比较的对象应该是与自己条件相类似的人。此外，大学生要努力拓宽生活范围，增加生活阅历，积极参加社会实践和社交活动，这样会有助于我们找到正确的参照系来了解自己。

2. 通过自我比较来认识自己

与过去的自己相比，自己是进步了、成熟了，还是退步了、又犯错误了；与理想中的自我相比，自己还有哪些差距等等。前者可以发现自己的成绩和进步，提高自尊和自信；后者可以明确努力的方向，进一步完善自我，但是要注意理想中的自我要切合自己的实际。

3. 通过分析他人对自己的评价来认识自我

从他人的态度和情感中认识自己，明确自我。一个人对自己的认识难免有偏差，因此有必要根据他人的评价、他人对自己表现出的言行态度来认识自己。他人的评价就像一面镜子，正如古语所说"以人为鉴，可以明得失"。需要注意的是，正如镜子不一定能反映事物的本来面目一样，别人对你的评价，由于受多种因素的影响，不一定是完全正确的，所以不能把别人的评价和态度作为唯一的衡量标准，还要充分结合其他有关信息进行综合评价。

4. 通过内省来认识自我

了解自己最重要的是时时刻刻不忘自我反省，随时检视自己的言行举止与内在思维，这是一种个体直接认识自己的方法。我们既是心理活动的主体，又是心理活动的对象。我们通过内省可以了解到自己的智力、情绪、意志、能力、气质、性格和身体条件等特点，内省也是自我意识形成的重要途径之一。在认识自己的过程中，我们一定要注意客观、全面、辩证地看待自己，形成正确的自我意识，真正地了解自己，并以此来选择适合自己的发展道路。

5. 通过自己的活动表现和成果来认识自我

自我的各个方面都是在具体事件中表现和反映的，大学生可以通过对自己的学习、文学、艺术、体育、社会工作、人际交往等各方面的能力和成效加以自我认识，获得关于自己能力、意志、兴趣和投入角度等多方面的信息，进而对自己加以评价，但注意不要把成就和成绩作为评价自己价值的唯一尺度。

6. 认识自己的窗口

心理学家提出了一个"周一哈利窗口"理论，把自我分为四个部分：公开的领域、盲目的领域、隐秘的领域、未知的领域。

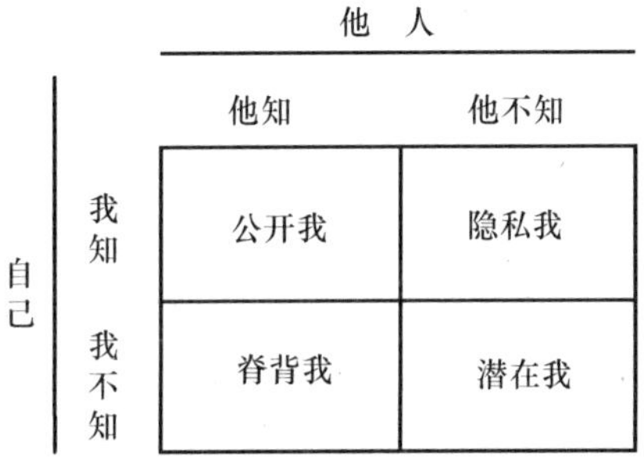

图 5-1　周一哈利窗口

公开我：代表自己和别人都了解的部分，对初次交往的朋友而言，这个区域就可能很小；对于自己的父母，这个区域可能就变得很大，这个区域的大小视对方对你所了解的多寡而异。

脊背我：代表这是自己看不清楚而别人却一目了然的部分，也就是所谓的个人盲点（盲目的领域），通常是我们不自觉的瑕疵或怪僻、习惯等缺点。有自知之明、常常自我反省的人，这个区域比较小。虚心接受师长与亲友指点是缩小盲目区的有效捷径。

隐私我：代表个人很清楚而隐密，他人不了解的部分，我们对自己的秘密、弱点都不愿让别人知道（隐秘的领域），因为暴露这个部分可能使自己受到伤害或鄙视，唯有当我们很信任对方不会出卖、伤害自己的时候，才会开放自己的隐藏区。所以，这个区域的大小视个人对他人的信任程度而定，愈信任的人，我们的隐藏区就愈小。

潜在我：代表自己和别人都不清楚的部分，这个区域有多大是个未知数，经过自己的省思或特殊的际遇，我们可能会突然间有所顿悟，发现自己的潜能或潜藏的一些特质，有些部分需要通过心理咨询、测验工具来开发，有些部分可能是永远都不会察觉的。

上述四个部分，重点是了解"潜在我"和"脊背我"这两部分。"潜在我"是影响一个人未来发展的重要因素。因为每个人都有巨大的潜能，许多研究都表明，人类平常只发挥了极小部分的大脑功能，如果一个人能够发挥一半的大脑功能，将能轻易地学会40多种语言，背诵整套百科全书。前苏联著名心理学家奥托指出："一个人所发挥出来的能力，只占他全部能力的4%。"控制论的奠基人Ｎ·维纳指出："可以有把握地说，每个人即使他是做出了辉煌成就的人，在他的一生中利用他自己的大脑潜能还不到百亿分之五。"由此可见，认识与了解"潜在我"，是自我认识的重要内容之一。

"脊背我"是准确对自己进行评价的重要方面。如果一个人诚恳地、真心实意地对待他人的意见和看法，就不难了解"脊背我"。当然，这需要开阔的胸怀、正确的态度和有则改之、无则加勉的精神，否则，就很难听到别人的真实评价。

7. 心理测试法

心理测试法是通过回答有关问题来认识自己、了解自己。测试题目是由心理学家们经过精心研究设定的，只要如实回答，就能大概了解自己的有关情况。这是一种简便易行的自我剖析方法。国内外常用的几种测试方法有：人格测试、智力测试、能力测验、职业倾向测验。为了最大限度地发挥心理测评的效用，首先应该选用一个较为权威的心理测量工具；其次是在做测验的过程中，一定要按自己的真实想法填答；最后应该选择一个安静没有干扰的环境确保测试准确性。

第二节　价值观

简单地说，价值观就是"某些对你来说很重要或你很想要的东西"。价值观带来目的感，它像星星一样指引个人到生命空间内的某些地方。这里是生命意义的中心，需要得到满足的地点以及兴趣得以表达的场所。因此，在职业选择与发展中，价值观是根基，关系到回答"我为什么要工作"的根本性问题。明确价值观之前，要梳理一个人的心理需求。

一、心理需求与动机

（一）马斯洛的需求层次理论

马斯洛在1954年提出需求层次理论，将人的欲望和需求分为五种等级，即生理需求、安全需求、爱与归属需求、自尊需求、自我实现需求。

1. 生理需求

在这个世界上，每个人要想生存，必须有最基本的生理需要的满足，包括食物、饮水、住所、睡眠等，即通常所说的衣食住行。这些生理性的需要在人的所有需要中是占绝对优势的。人们工作首先就是要满足生理的需要。

2. 安全需求

一个人如果生理需要得到了相对充分的满足，那么，他就会产生新的安全需要，具体包括安全、稳定、依赖和免受恐吓、焦躁与混乱的折磨以及对体制、法律、秩序、界限的依赖等。对职业生涯的选择，大多都希望寻求一个安全、稳定的工作环境。

3. 爱与归属需求

在生理需要和安全需要得到满足后，每个人都希望与人们有一种感情深厚的关系，渴望在社会和家庭中有自己的位置，渴望爱与归属。人们工作除了满足生理与安全的需要外，就希望在工作中有归属感，和同事愉快相处，对单位有向心力。

4. 自尊需求

马斯洛认为，除了少许病态的人，社会上绝大多数人都渴望受到尊重，包括外界对自我的尊重与自己对自我的尊重，相对来说，自己对自我的尊重更重要一些。自己对自我的尊重即是自尊。自尊需要的满足是指由于实力、成就、优势、用途等自身内在因素而形成的个人面对外界时的自信、独立。外界对自己需要的满足，则是地位、声望、荣誉、威信等外界较高评价的获得。自尊需要的满足可以获得一种自信的情感，使人们体验到自己在世界上的价值。而一旦此类需要受挫，人们就会产生自卑、无能的感觉。有一份相对稳定的工作和收入，特别是能够获取成功的职业生涯，对自己的价值感就会提高。

5. 自我实现需求

"自我实现"也就是一个认识自己的潜力发挥的倾向，成为自己所能够成为的那种最独特的个体，使自己成为自己想成为的那种人。一个人在其他基本需要都得到满足后，自我实现的需要便开始突出。这时候他会很乐意去工作，对他而言，工作不是为生活所迫，不是为了金钱，也不是为了获取荣誉，而是一种兴趣。这时候你确确实实是以工作为乐，而不是以工作为负担。

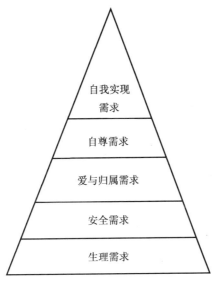

图 5 - 2　马斯洛的需求层次

职业生涯的选择与规划总是面临着种种的取舍与挣扎。要继续深造，还是要就业？做行政，还是做业务？人们常常会被一串串的疑问所困扰，因此，要想取得职业生涯的成功，首先要弄清楚：我的心理需求是什么？

（二）需求层次问卷

马斯洛需求层次问卷共 15 题，请依据自己真实感受，凭直觉作答。
是否
□□1. 我希望我所拥有的物质能满足基本生活所需。
□□2. 我希望能免于饥饿与寒冷。

□□3. 我希望能有足够的睡眠。

□□4. 我希望生命能免于受到威胁。

□□5. 我希望能在安全的环境下工作。

□□6. 我希望工作能稳定。

□□7. 我希望与家人、朋友维持良好的关系。

□□8. 我希望与同事和睦相处。

□□9. 我希望对公司有向心力。

□□10. 我希望同事间彼此尊重。

□□11. 我希望对公司的贡献能得到上司的肯定。

□□12. 我希望工作能在自己的能力范围之内。

□□13. 我希望工作能发挥我的潜力。

□□14. 我希望工作能有成就感。

□□15. 我希望处理事情能胜任愉快。

答"是"1分,答"否"不计分(表5-1)。

表5-1 马斯洛需求层次问卷得分表

题号	需求层次	得分
1-3	生理需要	
4-6	安全需要	
7-9	爱与归属需要	
10-12	自尊需要	
13-15	自我实现需要	

(三)关于需求层次的几个问题

这是关于心理需求层次的几个问题,你可以试着自己回答,或与朋友共同作答,然后一起分享、讨论,收获将更为丰富。

问题一:你同意需求层次论的五大需求吗?

问题二:你对五大需求的顺序赞同吗?

问题三:你觉得哪些需求对你而言是不重要的?

问题四:你目前的工作或角色能满足你哪些需求呢?

问题五:对你而言,何种需求最重要?为什么?请举例说明。

问题六:以上问卷的哪一部分你得分最高?

问题七:以上问卷的哪一部分你得分最低?

问题八:以上的问卷能反映你的需求层次吗?

问题九:你的需求层次是否曾经改变?

二、价值观与职业选择

价值观是影响个人职业选择的重要因素之一,众多科学研究和经验都表明,个体总是倾向于选择那些与满足其价值观追求的工作。一份职业越能满足个人的价值需求,个人对职业的满意度就会越高，职业稳定性也越高。价值观作为一种对事物的态度和信念，决定了人们对职业的期望，影响着人们对职业方向和职业目标的选择。比如，20世纪80年代以前的青年人，把"国家发展"放在最高位置，为了这份崇高的理想，他们在择业时很少计较物质利益，甚至服从组织需要，做一颗好种子，哪里需要就在哪里生根发芽。再比如，一个十分重视从家庭获得幸福感，认为维持家庭幸福是每个家庭成员责任的人，在择业时就会选择那些可以兼顾家庭生活的工作。

不同的职业可以满足不同价值需求。比如：科学家可以满足人的社会声望、成就、稳定、自主、挑战性等价值需求，但不能满足权力、经济、休闲等价值需求；自由撰稿人能满足人的审美、成就、自主等需求，但对经济、安定、升迁等价值需求则难于满足；而清洁工除了能满足人的利他、稳定的价值需求外，经济、社会地位、成就、工作环境、升迁、休闲等价值需求都很难满足。

从理论上来说，价值观的差异不分"好"或"坏"，而且价值观也无法预测事业能否成功。比如拥有"社会促进"为主要价值追求的人，并不一定比"家庭维护"为主要价值追求的人更好，或可能事业更成功。但对于学生而言，确实存在一些"不良"的价值追求。

（1）过分着眼于薪酬及其他福利。求职时把福利待遇放在首位，并且作为考虑舍取的唯一标准，这种情况并不鲜见。以这样的价值观为主导，忽略了职业合适与否的其他条件，弊处显而易见。

（2）期望工作性质多样化、趣味化。期望从职业中获得乐趣，这是职业内在价值的体现。然而，如果过分追求工作对心理乐趣的满足，则容易走向极端。目前大学生因为工作会涉及一些琐碎的内容，厌倦一些重复性的劳动而忽略了这份工作的其他意义，片面要求工作多变且乐趣无限是不现实的。

（3）要求工作有充足的自由和自主。在越来越看重个人表现的时代背景下，很多大学生都要求工作有充足的自主性，有足够的空间自我表现，因此对于那些需要从基础做起、从向他人学习做起、从按他人要求做起的工作不屑一顾。无疑，这同样有碍于大学生职业生涯的发展。

（4）一味希望工作提升技能。对于职业的成就实现目的的要求过高，希望工作能够明显提升个人技能，所以一味强调用人单位给予培训、晋升，表现得过于急功近利。其实职业技能的提升是个逐步的过程，有时是在无形中发生的，并非一定要脱产培训才能达到，关键还是在于个人是否在日常工作中努力用心学习。

三、职业价值观探索

价值观在职业选择上的体现就是职业价值观（vocational value），是人们对待职业的一种信念和态度，或是在职业生活中表现出来的一种价值取向。工作价值观可以反映出个人价值观。人们在选择职业时，个人的择业标准和对具体职业的评价集中反映了他们的职业价值观。例如在择业过程中，有的人追求丰厚的收入，有的人希望奋斗到较高的社会地位，有的人喜欢工作环境轻松愉快，有很多大学生将能充分发挥自己的才能作为择业的第一标准。

对职业价值观和工作价值观的研究是职业生涯规划的基础。认识到你思想中最根深蒂固的价值，是理解工作中什么样的特征才能给你满足的第一步。如果你在职业生涯中找到了自己的价值观，那你的工作就会变得更有意义、有目的；如果你的工作没有使你得到满足，生活本身就会变得乏味和令人烦闷。

四、职业价值观澄清

下面我们通过几个测试了解自己的价值取向。

1. 职业价值观清单

职业价值观清单列出了主要的价值观，个人可以根据清单项目评估自己最看重的价值。比如：在以下项目中选择你认为最重要的项目，并将所选项目按照重要程度排序：

＿＿＿工作保障	＿＿＿有美感的工作	＿＿＿薪金优厚	＿＿＿工作内容多样化
＿＿＿个人发展	＿＿＿独立地工作	＿＿＿涉及体能运动	＿＿＿运用创造力
＿＿＿威望	＿＿＿有归属感	＿＿＿冒险	＿＿＿休闲充裕
＿＿＿成就感	＿＿＿良好的环境	＿＿＿发挥个人才能	＿＿＿晋升机会
＿＿＿权利	＿＿＿自由	＿＿＿有意义的工作	＿＿＿人际关系良好
＿＿＿和别人一起工作	＿＿＿文化身份认同		

2. 完成句子的游戏

完成句子游戏同样是自我评估价值观的好方法，可以根据需要，设计相应的未完成句子，要求个人依据自己的真实想法和具体情况填写完整。整个填写的过程就是考查的过程，比如：

价值观	句子
＿＿＿＿＿＿＿	我做得最好时是当我＿＿＿＿＿＿＿
＿＿＿＿＿＿＿	我父母最希望我＿＿＿＿＿＿＿
＿＿＿＿＿＿＿	最能和我一起工作的人是这样的＿＿＿＿＿＿.
＿＿＿＿＿＿＿	我最关注的是＿＿＿＿＿＿＿
＿＿＿＿＿＿＿	假如我能改变自己一样东西，那将会是＿＿＿＿＿
＿＿＿＿＿＿＿	我最常幻想的是＿＿＿＿＿＿＿

3. 生涯拍卖会

在"生涯拍卖会"游戏中，每个人持有象征一生的时间和精力的道具——货币若干，主持人展示拍卖品——价值观的象征，成员投标，价高者得。团体成员期望获得的拍品往往与实际获得的拍品不一致。有时会因为在某一件物品上花费过多，无法拍得所有想要的拍品；有时会因为失误错失了想要的拍品，最后只能拍下无人问津的东西；有时甚至因为目标设定错误、拍卖时犹豫不决，最后只得两手空空。

生涯拍卖游戏可以让我们了解自己主要的价值取向，懂得他人的价值观可能对自己造成的影响，并且懂得如何为了实现主要的人生价值，进行选择与放弃。

拍卖的东西如下表，每一样东西的底价都是 2000 元，每人总共有 10000 元钱。

1. 爱情	2. 帮助他人	3. 友情
4. 健康	5. 声望	6. 亲情
7. 美貌	8. 财富	9. 精湛的技艺
10. 爱心	11. 自由	12. 理想的事业
13. 知识	14. 权利	15. 安全感

你最初打算买进的五样东西是（并排序）：＿＿＿＿＿＿＿＿＿＿＿＿＿

你最终能买进的东西是：＿＿＿＿＿＿＿＿＿＿＿＿＿＿＿＿＿＿＿

你的花费为：＿＿＿＿＿＿＿＿＿＿＿＿＿＿＿＿＿＿＿＿＿＿＿

用一句话概括出本次活动结束后的你的感受＿＿＿＿＿＿＿＿＿＿＿＿

第三节　兴趣

一、什么是兴趣

兴趣是指个体力求认识、掌握某种事物，并经常参与该种活动的心理倾向，或者说，兴趣是一个人积极探究某种事物的心理倾向。人的兴趣是在需要的基础之上、在活动之中发展起来的，而且，它还是推动人们去寻求知识和从事活动的巨大的内在动力。一个人在从事自己感兴趣的活动时，注意力会更加集中，思维会更加活跃，行为会更为持久稳定，并能产生愉快的心理状态。

按照兴趣的不同内容，我们可以将其分为表现在对衣食住行、生活环境与条件的追求之上的物质兴趣和对学习、研究等认识活动的追求之上的精神兴趣。按照兴趣所指向的目标，它又可以分为对活动过程表现出来的直接兴趣和对活动结果表现出来的间接兴趣。由于个体之间存在差异，个人的兴趣也表现出很大的不同。这不仅有兴趣内容上的区别，也有兴趣范围和兴趣持久性上的明显差异。

诺贝尔物理奖获得者丁肇中说："兴趣比天才重要。"确实，在生活中可以发现，如果一个人对某类活动有强烈的喜好，就会乐此不疲。俗话说"萝卜白菜，各有所爱"，每个人的喜好不同，就会有不同的选择。兴趣是影响一个人职业选择和发展非常重要的情感性倾向因素之一。有时候，人们常常将兴趣与价值观混淆起来。兴趣指的是个人为了快乐或享受而做的事情，价值观则是某些对个人来说很重要或很想要的东西。兴趣指向活动，价值观指向目标。

人的兴趣在广度、深度、稳定性和效能方面所表现出的不同特点叫兴趣的品质。具体如下：

1. 兴趣的广阔性

兴趣的广阔性是指兴趣范围大小而言。有些人兴趣广泛，对什么都感兴趣，琴棋书画样样都乐于探求；有的人兴趣就比较单一，范围非常狭窄。

2. 兴趣的中心性

兴趣的中心性是指兴趣的深度。人不可能对所有的事物都抱有浓厚的兴趣，而只是对某些方面特别感兴趣，因此，只有广阔的兴趣与中心兴趣相结合，才能促使人更好地发展。否则，什么都知道又什么也不深入，浅尝辄止，博而不专，这样的人很难有大发展。

3. 兴趣的稳定性

兴趣的稳定性是指兴趣的持久与稳固程度。人与人之间的差异很大，有的人能长期地对他们从事的工作或研究的问题保持浓厚的兴趣，无论在工作中遇到什么困难都能加以克服，因此，在事业上能取得成功。

4. 兴趣的效能性

兴趣的效能性是指兴趣对活动产生的效果大小的品质。凡是能促使人积极主动地学习和工作，并产生明显效果的都是积极的有效能的兴趣。

二、霍兰德的类型说

在 20 世纪 70 年代初期，美国心理学家霍兰德（Holland）开始提出一些新的思考兴趣的方法。霍兰德认为，兴趣仅仅是另一种描述人格特质的方法，人格被认为是兴趣、价值观、需要、技能、信念、态度以及学习风格的综合体。就职业选择来说，兴趣是人格中最重要的部分，是匹配人与职业的依据。

霍兰德认为人格可以分为六类，职业环境也分成相应的六类，人格与职业环境相匹配是形成职业满意度、成就感的基础。归结起来六类职业兴趣的特点如下，大家可以根据自己的感觉初步判断一下自己在哪些方面兴趣比较高。

（1）现实型（practical）：属于技术与运动取向，往往身体技能及机械协调能力较强，稳健、务实，喜欢从事规则明确的活动及技术性工作，喜欢亲自动手创造新事物，通常不善言谈，对于人际交往及人员管理、监督等活动不太感兴趣。

（2）研究型（investigative）：喜欢理论思维或偏爱数理统计工作，对于解决抽象性问题具有极大的热情，倾向于通过思考、分析解决难题，而不一定落实到具体操作，喜欢具有创造性、挑战性的工作，不大喜欢固定形式的任务，不大喜欢对人员的领导和人际交往，独立倾向明显。

（3）艺术型（art）：对具有创造、想象及自我表现空间的工作显示出明显偏好，对于结构化程度较高的任务及环境都不大喜欢，对于机械性及程式化的工作无兴趣，比较喜欢独立行事，好自我表现，重视自己的感性，直觉力较好，情绪变化较大。

（4）社会型（social）：喜欢以人为对象的工作，言语能力优于数理能力，善于言谈，乐于与人相处，给人提供帮助，具有人道主义倾向，责任心也较强，习惯于与人商讨或调整人际关系来解决面临的问题，不大喜欢以机械和物品为对象的工作，适合从事咨询、培训、辅导、说劝类工作。

（5）企业型（enterprising）：喜欢制订新的工作计划、事业规划以及设立新的组织，并积极地发挥组织的作用，喜欢影响、管理、领导他人，自信，支配欲强，爱冒险，不喜欢具体、精细或需要长时间集中心智的工作。

（6）事务型（conventional）：喜欢高度有序、要求明晰的工作，对于规则模糊、自由度大的工作不大适应，不喜欢主动决策，习惯于服从，一般较忠诚、可靠、偏保守，与人工作中的交往会保持一定的距离，工作仔细、有毅力，对社会地位、社会评价比较在意，通常愿意在大型机构做一般性工作。

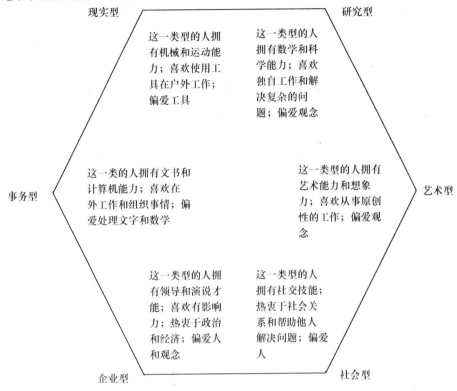

图 5 - 3　PIASEC 六角模型

　　观察图 5 - 3 中的六角模型，可以让我们对霍兰德的类型说有更深入的了解。首先，你会注意到，在六角形上相邻的两类职业兴趣通常有一些共同点，比如现实型和研究型，共同点是都喜欢独立工作、对工作过程有耐心。其次，你会发现，在六角形上离得最远的两项共性最少。如现实型和社会型，事务型和艺术型。如果你希望以研发工程师作为长期的职业发展选择，"研究"、"现实"取向应该比较高才好。如果你希望做一个服装设计师，"艺术"、"现实"取向不能低。如果你在大学时代是个十分热衷社团活动的人，"社会"取向通常比较高，如果还喜欢客串节目主持人一类的工作，则可能"艺术"取向也不低。

　　职业兴趣是职业选择时需要考虑的一个重要因素，但不是唯一的。现实的机会已经形成的职业积累也很重要，不过可以肯定的是早一些分析自己的职业兴趣，对未来的职业发展一定有积极的作用。

三、兴趣在职业活动中的作用

　　当人的兴趣对象指向职业活动时，就形成了人的职业兴趣，职业兴趣主要是答"我喜欢做什么"的问题。职业兴趣对人的职业活动有着重要的影响。一份适合自己兴趣的工作常常能够给自己带来愉悦感、满足感。在选择职业时，人们总将自己是否对此有兴趣作为考虑因素之一。从感到有趣开始，到逐渐地形成更稳定、持久的乐趣，进而再与自己的奋斗目标相结合，形成有着明确方向性和意志性的志趣，这是人的兴趣发展的过程。从事自己感兴趣的职业活动时，人们可以激发出强烈的探索和创造的热情，可以在良好的体能、智能、情绪状态之下从事有意义的职业活动，激发自己全身心地投入而感觉心甘情愿。从事自己感兴趣的职业活动可以使人比较容易适应变化的职业环境，可以使人在追求职业目标时表现出坚定而恒定的意志力。可见，职业兴趣是个人在进行职业设计时必须考虑的重要因素之一。

因此，大学生应该努力培养自己多方面的兴趣爱好，并且注意培养自己的中心兴趣，努力发展自己的专长，从而使自己的兴趣爱好有明确的方向性，在进行职业选择时可以既有一个较广的适应范围，又有一个确定的指向，同时只有将能力和兴趣结合起来考虑，才更有可能取得职业的适应和成功。李开复关于兴趣的五点建议可供同学们参考：选你所爱；爱你所选；把握每一个选择兴趣的机会；忠于自己的兴趣；找到最佳结合点。

总之，对个人来说，如果从事有兴趣的工作，就会更加努力，而有努力就会出成就。从某种意义上甚至可以说，兴趣比能力更重要。具体来说，兴趣对人们的职业活动的影响主要表现在以下三个方面：

1. 兴趣是人们职业选择的重要依据

正像人们在日常生活中喜欢参加自己感兴趣的活动一样，具有一定兴趣类型的个人更倾向于寻找与此有关的职业，特别是在外界环境限制较小时，人们都会选择自己感兴趣的职业。因此，对个人的兴趣类型有了正确的评估后，就有可能预测或帮助人们进行职业选择。

2. 兴趣可以增强人的职业适应性

兴趣可以通过工作动机促进个人能力的发挥，兴趣和能力的合理结合会大大提高工作效率。研究表明：如果一个人从事自己感兴趣的职业，就会发挥他的全部才能的80% – 90%，而且长时间保持高效率却不感到疲劳；而对所从事工作没有兴趣的人，只能发挥其全部才能的20% – 30%。

3. 兴趣在某些情况下具有决定性作用

由于兴趣的本质特征所决定，兴趣影响一个人的工作满意度和稳定性，在某些情况下，如不考虑经济因素，甚至具有决定性作用。一般来说，从事自己不感兴趣的职业很难让人感到满意，并由此会导致工作的不稳定。

 **小资料**

我从法学系转入计算机系

找到自己真正的兴趣、爱好，并不是一件很容易的事，有时还要经过很多反复和波折。不过，一旦发现了兴趣所在，每个人都可以在激情的推动下走向成功。拿我自己来说，我读高一的时候一心想做个数学家，刚进入大学时又打算当一名出色的政治家，可直到大二时我才逐渐发现，自己无法全身心地喜爱数学和政治，学习成绩也只在中游徘徊。与此同时，我接触并喜欢上了计算机，每天疯狂地编程，很快引起了老师和同学的注意。终于，在大二的一天，我做了一个重大的决定：放弃此前一年多在全美前三名的哥伦比亚大学法律系已经修成的学分，转入哥伦比亚大学默默无闻的计算机系。我告诉自己，人生只有一次，不应浪费在没有乐趣、没有成就感的领域。当时也有朋友对我说，做一个没有激情的工作将会付出更大的代价。那一天，我心花怒放、精神振奋，我对自己承诺，大学后三年的每一门功课都要拿 A。如果不是那天的决定，今天的我就不会在计算机领域取得这样的成就；如果不是那天的决定，今天的我很可能只是美国某个小镇上一名既不成功又不快乐的律师。

第四节　性格

性格是指人对客观现实稳定的态度和与之相适应的习惯化了的行为方式。就如同有的人习惯用右手、有的人习惯用左手一样，现实生活中的人也会表现出不同的性格特点：有的人处世谨慎、深思熟虑；有的人活泼开朗、活动能力强；有的人认真负责、言行一致；有的人夸夸其谈、文过饰非……

性格的形成是一个长期的、复杂的过程，不但受遗传因素的影响，更是一个人生活环境和生活经历的反映。尽管心理学家对性格的研究和分类有不同的方法，但是总体来说，生活中每个人的性格都是综合的。当某一种性格倾向表现得比较突出时，就集中表现出某一方面的性格特征。性格具有一定的恒定性，即在相近的情形下，人的态度和行为有一致性。性格也是可以改变的，人可以在一定程度上修正和重新塑造自己的性格。

一、性格与职业选择

中国古代教育家孔子非常重视性格在一个人事业发展中的作用。鲁国大夫季康子曾向孔子打听他几个得意门生的才干。季康子问子路可否从政，孔子说，子路个性相当果敢，如果从政，恐怕他过刚易折；季康子又问子贡可否从政，孔子说子贡把事情看得太清楚，如果从政，恐怕他是非太明；季康子又问冉求是否可以从政，孔子说冉求名士气太浓，也不适合从政。可见，一生仕途坎坷的孔子，已经对个人性格对事业发展带来的影响有了深刻的认识。

人的性格类型与职业之间具有一定相关性：一方面是不同的性格类型适应不同的职业要求；另一方面是从事某种特定职业的人员，会按照职业的要求不断巩固或者调整原有的性格特征，甚至影响职业原有的一些特点。但是，性格与职业间并不存在严格的对应关系，任何对性格与职业关系的固定、静止、片面的看法都是失之偏颇的。不同性格类型的人在同一职业领域中能够有各具特色的表现，同一性格的人在不同的职业领域中也会有各自魅力的展示。比如，情绪型的人，如果从事文学创作，会因感情丰富细腻而将人物的心理活动刻画得惟妙惟肖；如果从事科学研究，则会因善于想象而在非逻辑思维上比理智型的人更胜一筹。

二、职业性格探索

关于性格的话题，在人类社会已经持续了几千年。而对于职业性格的探索也已发展出许多不同的方法，其中目前应用最广泛的是基于荣格（Jung）心理类型理论的"梅尔·布瑞格斯心理类型指标"（Myer – Briggs Type Indicator，MBTI）。该理论根据四组维度、八个向度将人的性格分为 16 种性格类型。

1. 外向－内向（Extraversion－Introversion，简称 E－I），是指我们与世界相互作用的方式和能量的疏导方式。

外向型的人心理能量指向外部世界，与他人在一起的时候感到兴奋，希望成为注意的焦点，愿意与他人共享个人信息，先行动后思考；内向型的人心理能量指向内部世界，喜欢独处，不愿意成为注意的焦点，只与少数人共享个人信息，先思考后行动。

2. 感觉－直觉（Sending－Intuition，简称 S－N），是指接受信息的方式。

感觉型的人注意和留心事物的细节，用感官接受信息；直觉型的人相信灵感，从整体上看事物。

3. 思维－情感（Thinking－Feeling，简称 T－F），是指做决策的方式。

思维型的人崇尚逻辑、公正，通过事实和数据做出决策，很少把个人感情牵涉到决定中去；情感型的人通过个人的价值观和感受做出决定，注重人际和睦。

4. 判断－知觉（Judging－Perceiving，简称 J－P），是指日常生活方式。

判断型的人先工作后玩，确立目标并按时完成，注重结果，通过完成任务获得满足；知觉型的人如果有时间就会先玩后工作，有新情况时便改变目标，注重过程，通过接触新事物获得满足。

对于以上四个维度加以两两组合，便可以得到 16 种性格类型。每个人通过专门的问卷、测试，可以了解自身的性格特点，从而选择适合自己性格类型的职业，这就是该理论的指导思想。下面简要列出十六种性格类型的特点和适合的职业类型，仅供参考。

（1）内向感觉思考判断型（ISTJ）：安静、严肃，可专注且透彻地学习；实际，有责任感；有逻辑性，并一步步地朝着目标前进，不易分心；重视传统和忠诚。较适合做会计师、账务核查员、工程师、财务经理、警察、技师等。

（2）内向感觉情感判断型（ISFJ）：安静、友好、有责任感和良知，坚定地致力于完成他们的义务，全面、勤勉、精确，忠诚、体贴，关心他人的感受。较适合做健康工作者、图书馆员、服务性工作者、教师等。

（3）内向直觉情感判断型（INFJ）：寻求思想、关系、物质等之间的意义和联系；希望了解什么能够激励人，对人有很强的洞察力；有责任心，坚持自己的价值观；对于怎样更好地服务大众有清晰的愿景；在对于目标的实现过程中有计划而且果断坚定。较适合做艺术工作者、神职人员、音乐家、心理医师、教师、作家等。

（4）内向直觉思考判断型（INTJ）：在实现自己的想法和达成自己的目标时，有创新的想法和非凡的动力；能很快洞察到外界事物间的规律并形成长期的远景计划；一旦决定做一件事就会开始规划并直到完成为止；多疑、独立，对于自己和他人的能力和表现的要求都比较高。较适合做电脑分析师、工程师、法官、律师、工程人员、科学家等。

（5）内向感觉思考知觉型（ISTP）：灵活、忍耐力强，是个安静的观察者，有问题发生，就会马上行动，找到实用的解决方法；分析事物运作的原理，能从大量的信息中很快地找到关键的症结；对于原因和结果感兴趣，用逻辑的方式处理问题，重视效率。较适合做手工艺者、建筑工程师、机械工作者、统计人员等。

（6）内向感觉情感知觉型（ISFP）：安静、友好、敏感、和善；喜欢有自己的空间。喜欢能按照自己的时间表工作；对于自己的价值观和自己觉得重要的人非常忠诚，有责任心；不喜欢争论和冲突；不会将自己的观念和价值观强加到别人身上。较适合做文书工作者、建筑工作者、音乐家、户外工作者、油漆工作者等。

（7）内向直觉情感知觉型（INFP）：理想主义者，对于自己的价值观和自己觉得重要的人非常忠诚；希望外部的生活和自己内心的价值观是统一的；好奇心重，很快能看到事情的可能性，使其成为实现想法的催化剂；适应力强，灵活，善于接受，除非是有悖于自己的价值观的。较适合做艺术工作者、娱乐工作者、编辑、心理学家、社会工作者、作家等。

（8）内向直觉思考知觉型（INTP）：对于自己感兴趣的任何事物都寻求找到合理的解释；喜欢理论性的和抽象的事物，热衷于思考而非社交活动；安静、内向、灵活，适应力强；对于自己感兴趣的领域有超凡的集中精力解决问题的能力；多疑，有时会有点挑剔，喜欢分析。较适合做艺术工作者、电脑分析师、工程师、科学家、作家等。

（9）外向感觉思考知觉型（ESTP）：灵活、忍耐力强，实际，注重结果；觉得理论和抽象的解释非常无趣；喜欢积极地采取行动解决问题；注重当前，自然不做作，享受与他人在一起的时刻；喜欢物质享受和时尚；学习新事物最有效的方式是通过亲身感受和练习。较适合做账务核查员、工匠、警察、销售人员、服务性工作者。

（10）外向感觉情感知觉型（ESFP）：外向、友好、接受力强。热爱生活、人类和物质上的享受；喜欢和别人一起将事情做成功；在工作中讲究常识和实用性，并使工作显得有趣；灵活、自然不做作，对于新的任何事物都能很快地适应；学习新事物最有效的方式是和他人一起尝试。较适合做儿童保育员、采矿工程师、秘书、督导等。

（11）外向直觉情感知觉型（ENFP）：热情洋溢、富有想象力，认为人生有很多的可能性；能很快地将事情和信息联系起来，然后很自信地根据自己的判断解决问题；总是需要得到别人的认可，也总是准备着给予他人赏识和帮助；灵活、自然不做作，有很强的即兴发挥能力，言语流畅。较适合做演员、咨询师、记者、音乐家、公关人员等。

（12）外向直觉思考知觉型（ENTP）：反应快、睿智，有激励别人的能力，警觉性强、直言不讳；在解决新的、具有挑战性的问题时机智而有策略；善于找出理论上的可能性，然后再用战略的眼光分析；善于理解别人；不喜欢例行公事，很少会用相同的方法做相同的事情，倾向于一个接一个地发展新的爱好。较适合做演员、记者、行销人员、摄影师、销售人员等。

（13）外向感觉思考判断型（ESTJ）：实际、现实主义；果断，一旦下决心就会马上行动；善于将项目和人组织起来将事情完成，并尽可能用最有效率的方法得到结果；注重日常的细节，有一套非常清晰的逻辑标准，有系统性地遵循，并希望他人也同样遵循；在实施计划时坚定而有力。较适合做督导者、行政人员、财务经理、经理、推销人员等。

（14）外向感觉情感判断型（ESFJ）：热心肠、有责任心、易合作；希望周边的环境温馨而和谐，并为此果断地执行；喜欢和他人一起精确并及时地完成任务；事无巨细都会保持忠诚，能体察到他人在日常生活中的所需并竭尽全力帮助；希望自己和自己的所为能受到他人的认可和赏识。较适合做美容师、健康工作者、办公人员、秘书、教师等。

（15）外向直觉情感判断型（ENFJ）：热情、为他人着想、易感应、有责任心；非常注重他人的感情、需求和动机；善于发现他人的潜能，并希望能帮助他们实现；能成为个人或群体成长和进步的催化剂；忠诚，对于赞扬和批评都会积极地回应；友善、好社交；在团体中能很好地帮助他人，并有鼓舞他人的领导能力。较适合做演员、咨询顾问、咨询师、音乐家、教师等。

（16）外向直觉思考判断型（ENTJ）：坦诚，果断，有天生的领导能力；能觉察到公司或组织程序和政策中的不合理性和低效能性，发展并实施有效和全面的系统来解决问题，善于做长期的计划和目标的设定；通常见多识广，博览群书，喜欢拓展自己的知识面并将此分享给他人；在陈述自己的想法时非常强势有力。较适合做行政人员、律师、经理、行销人员、工程人员等。

MBTI 类型理论为大学生了解自己的职业性格开启了一个窗口，据此开发的 MBTI 测验量表，目前也在职业指导中被广泛应用。

三、识别你的职业性格

阅读下面每一对描述，选择其中在大多数情况下最像你的一个，你必须设想最自然状态下的自己，你在没有别人观察下的举止。

第一部分：关于你精力的描述，哪一种模式更适合你，是 E 还是 I？

E	I
喜欢行动和多样性	喜欢安静和思考问题
喜欢通过讨论来思考问题	喜欢在讨论之前先进行独立思考
采取行动迅速，有时不做过多的思考	在没有搞明白之前，不会很快地去做一件事
喜欢去观察别人是怎样做事的，喜欢一个人看到工作的结果	喜欢理解这项工作的道理，喜欢一个人或很少的几个人干事
很注意别人是怎么看自己	为自己设定标准

第二部分：下面是一些处理信息的方式，其中哪一种模式与你更接近，是 S 还是 N？

S	N
主要是通过过去的经验本身去处理信息	主要是通过分析事实所反映出的意义以及两者之间的逻辑关系去处理信息
愿意用眼睛、耳朵和其他感官去察觉、感受事物	喜欢用想象去发现新的做事方法和新的可能性
讨厌出现新问题，除非存在标准的解决方法	喜欢解决新问题，讨厌重复地做同一件事
喜欢用已会的技能去做事，而不愿意学习新东西	与其说练习旧技能，不如说更愿运用新技能
对于细节很有耐心，但当出现复杂情况时则开始失去耐心	对细节没有耐心，但不在乎复杂的情况

第三部分：下面是描述你作决定的方式，其中哪一种模式更接近你，是 T 还是 F？

T	F
喜欢根据逻辑决策	喜欢根据个人感受和价值观决策，即使它们可能不符合逻辑
愿意被公正和公平地对待	喜欢被表扬，喜欢讨好他人，即便在不太重要的事上也是如此
可能会不知不觉地伤害别人的感情	了解和懂得别人的感受
更关注道理或事情本身，而非人际关系	能够预计到别人会如何感受
不需要和谐	不愿看到争论和冲突，珍视和谐

第四部分：下面是描述你日常生活的方式，其中哪一种模式更接近你，是 J 还是 P？

J	P
喜欢预先制定计划，提前把事情落实和决定下来	喜欢保持灵活性，避免做出固定的计划
总想让事情按"它应该的样子"进行	轻松地应付计划外的和意料外的突发事件
喜欢先完成一件工作后，再开始另一件	喜欢开始许多项工作，但是总不能完成它们
对人和事的处置一般很果断，可能过快地做出决定	在处理人和事时，总愿意收集更多的信息，可能做决定太慢
按照不轻易地改变的标准和日程表生活	根据问题的出现而不断改变计划

这四个部分中，哪些类型更接近你？圈出适当的字母，你的职业性格的四个字母为：_____。对照 MBTI 十六种性格类型了解自己适合的职业。

第五节　能力倾向

职业生涯辅导专家认为，能力倾向是一种特殊的专长，或者是个体所具有的获得这项专长的能力，也可以看作从事某项工作的倾向或能力。能力是直接影响活动效率，使活动顺利完成的个性心理特征。能力包括一般能力和特殊能力，它们对从事任何职业都是必要的。由于不同职业有不同的能力要求，了解自己的能力倾向，对于选择符合自己能力倾向的职业十分重要。

一、职业能力分析

（一）智力与职业

智力是指人认识、理解客观事物并运用知识和经验解决问题的能力，是人们在学习、工作和日常生活中必须具备、广泛使用的能力。智力是能力的核心部分，某些职业对从业者的智力水平有绝对的要求，智力在相当大程度上决定了所要从事的职业类型。比如，西方心理学中一般规定智商超过 140 以上者为天才，有关追踪研究表明，被确定为"天才"的人大多从事科学、文化方面的职业，并取得相当大的成就。对一般职业而言，智力的制约作用虽不那么明显，但不同的职业对人的智力均有一定的要求。但是，智力并不是决定所从事职业的唯一因素，因为每种职业除了对智力的一般要求外，皆对特殊能力有所要求。

（二）特殊职业能力

随着社会分工的发展，人们从事的职业领域日益扩大，每种职业对人的特殊能力的要求也不一样。加拿大《职业分类词典》把职业能力分为十一种，包括智力和十个基本的特殊能力，每种特殊能力都有与之相适应的职业或职业类型，下面对十种特殊能力做介绍。

1. 语言表达能力

是指对语词及其含义的理解和使用能力。言语能力较强的人除了阅读迅速、善于抓住中心、善于把深奥难懂的概念用通俗浅显的语词进行解释外，还善于表达自己的观点。教师、播音员、记者、服务人员、护士等职业对这种能力要求较高。

2. 算术能力

这是指迅速准确地进行数学演算的能力。此种能力强的人一般数学成绩较好，心算、笔算能力均较强，统计人员、测量员、会计等职业要求有较强的计算能力；对于法官、律师、护士、X线技师等职业来说，要求工作者具备中等水平的计算能力；对于演员、话务员、导游、厨师等职业，对算术能力要求则较低。

3. 空间判断能力

这是指看懂几何图形、对空间关系的理解力。此种能力较强的人能较好地解决立体几何方面的问题。司机、医生、建筑师、绘图员等职业对此种能力要求较高。

4. 形态知觉能力

这是指对物体或图形的有关细节能做出正确知觉的能力。此种能力较强者善于发现物体和图形的细微差异，注意到为多数人所忽略的细节。画家、生物学家、建筑师、测绘员、农业技术人员、医生、理发师等职业对此种能力要求较高。

5. 职员能力

这是指对言语或表格的材料具有精细知觉的能力。此类能力强者能迅速而准确地抄写资料、发现计算机错误等。经济学家、统计师、办公室秘书、打字员、记账、出纳员等必须具备这种能力。

6. 动作协调能力

这是指迅速准确和协调地做出精确的动作与运动反应的能力。驾驶员、飞行员、运动员、舞蹈演员等职业对这种能力要求较高。

7. 手指灵活能力

这是指迅速而准确地活动和操作小物件的能力。纺织工、打字员、裁缝、外科医生、五官科医生、乐师、雕刻家等此种能力要求颇高。

8. 手的灵活能力

这是指手灵巧而迅速地活动的能力。牙医、兽医、画家、书法家、细木工等职业对此种能力要求颇高。

9. 眼、手、足协调能力

是指根据视觉刺激，手足配合活动的能力。

10. 颜色分辨能力

是指观察或识别相似或相异的色彩，或对相同色彩明暗效果的感知能力，包括识别色彩、识别调和色或对比色以及正确配色的能力。

在各种职业中，都需要上述十种能力，只不过对它们的发展水平要求不同而已。

二、能力与职业吻合的原则

在能力结构中，智力只能作为职业决策最初的参考因素，要进行合理的职业决策，必须把智力与特殊能力结合起来考虑，个体之间的能力差异是显而易见的，心理学界一般把人的能力差异概括为三个方面：

1. 能力的水平差异

也就是个体能力发展程度上的差异。比如：能力低下，能力一般，天才。

2. 能力的类型差异

指个体能力发展方向上的差异，比如有人擅长计算，有人擅长社交。

3. 能力发展的年龄差异

有研究表明，创造力发展的最佳年龄段，化学家是 26—36 岁，数学家是 30—39 岁，心理学家是 32—39 岁，声乐工作者是 30—34 岁，诗歌创作者是 25—29 岁，绘画工作者是 32—36 岁，医学工作者是 30—39 岁。

一般来说，能力类型水平的差异对职业有较明显的影响。在选择职业时，应考虑个人的最佳能力或能力群，选择最能运用能力的职业。

三、职业能力倾向测验

1. 你的心理适应能力

心理适应能力是指一个人在心理上适应周围环境的能力，它同人的智力有关，同时也是其他各种个性特征的综合反映。心理适应能力强的人，在遇到各种复杂、紧张、危险的情况时，仍能泰然处之，发挥乃至超水平地发挥自己原有的能力。心理适应能力差的人，一遇到特殊情况就焦急万分，不知所措，甚至表现失常。其实，人在生活中难免会遇到各种意想不到的情况，如果平时不注意心理适应能力锻炼，一旦遇到突如其来的打击和挫折，便会穷于应付，甚至手足无措。

下面几道题可以帮助你自测心理适应能力的强弱。每道题都有五个答案，你可以根据自己的情况，选择一种，然后按照后面的评分标准进行评分。

（1）假如把每次考试试卷拿到一个安安静静、无人监考的房间去做，我的成绩一定会好一些。

（很对　　对　　无所谓　　不对　　很不对）

（2）夜间走路，我能比别人看得清楚。

（是　　好像是　　不知道　　好像不是　　不是）

（3）每次离开家到一个新的地方，我总爱闹点毛病，如失眠、拉肚子、皮肤过敏等。

（完全对　　有些对　　不知道　　不太对　　不对）

（4）我在正式运动会上取得的成绩比体育课或平时练习成绩好些。

（是　　似乎是　　吃不准　　似乎不是　　正相反）

（5）我每次明明已把课文背得滚瓜烂熟了，可是在课堂上背的时候，总要出点差错。

（经常如此　　有时如此　　吃不准　　很少这样　　没有）

（6）开会轮到我发言时，我似乎比别人更镇定，发言也显得很自然。

（对　　有些对　　不知道　　不太对　　正相反）

（7）我冬天比别人更怕冷，夏天比别人更怕热。

（是　　好像是　　不知道　　好像　　是　　不是）

（8）在嘈杂、混乱的环境里，我仍能集中精力地学习、工作，效率并不大幅度降低。

（对　　略对　　吃不准　　有些不对　　正相反）

（9）每次检查身体，医生都说我"心跳过速"，其实我平时脉搏很正常。

（是　　有时是　　时有时无　　很少有　　根本没有）

（10）如果需要的话，我可以熬上个通宵，精力充沛地学习或工作。

（完全同意　　有些同意　　无所谓　　略不同意　　不同意）

（11）当父母或兄弟姐妹的朋友来家做客时，我尽量回避他们。

（是　　有时是　　时有时无　　很少是　　完全不是）

（12）出门在外，虽然吃饭、睡觉、环境等变化很大，可是我很快就能习惯。

（是　　有时是　　是与否之间　　很少是　　完全不是）

（13）参加各种比赛时，赛场群众越加油，我的成绩反而越上不去。

（是　　有时是　　是与否之间　　很少是　　完全不是）

（14）上课回答问题时或开会发言时，我镇定自若地把事先想好的一切都完整地说出来。

（对　　略对　　对与不对之间　　略不对　　不对）

（15）我觉得一个人做事比大家一起干效率高些，所以我愿意一个人做事。

（是　　好像是　　是与否之间　　好像不是　　不是）

（16）为了求得和睦相处，我有时常放弃自己的意见，附和大家。

（是　　有时是　　是与否之间　　很少是　　根本不是）

（17）当着众人和生人的面，我感到很窘迫。

（是　　有时是　　是与否之间　　很少是　　根本不是）

（18）无论情况多么紧迫，我都能注意到该注意的细节，不爱丢三落四。

（对　　略对　　对与不对之间　　略不对　　不对）

（19）和别人争吵起来时，我常常哑口无言，事后才想起该怎样反驳对方，可是已经晚了。

（是　　有时是　　是与否之间　　很少是　　不是）

（20）我每次参加正式考试或考核的成绩，常常比平时的成绩更好些。

（是　　有时是　　是与否之间　　很少是　　不是）

以上20道题的记分方法：凡单号题，从第一到第五种回答依次记1、2、3、4、5分；凡双号题，从第一到第五种回答依次记5、4、3、2、1分。

全部20题得分之和与心理适应性的关系如下：

81—100分，适应性极强；61—80分，适应性较强；41—60分，适应性一般；21—40分，适应性较差；0—20分，适应性很差。

2. 你的工作能力

下面五类自我测试题是用来检验你工作能力强弱程度的，符合自己情况的打"√"，反之打"×"，每题1分。

精力集中吗？

（1）听别人说话时常常心不在焉。

（2）工作（学习）时，往往急于想干另一项工作（学习）。

（3）一有担心事便终日萦绕在心。

（4）工作（学习）时，常常想起毫不关联的事。

（5）工作（学习）时，总觉时间过得太慢。

（6）被别人指责时的情景始终不会忘记。

（7）有时忙这忙那，什么都想干似的度过一天。

（8）想干的事情很多，却不能专心干一件事情。

（9）开会时，常常哈欠不断。

（10）说话时，有时会无意识地说起其他的事情。

（11）等人时，感到时间长得很。

（12）对刚看完的书（笔记）会重新读好几遍。

（13）读书不能持续两小时以上。

（14）做一件事，时间长了就会急躁地希望早点完成。

（15）工作（学习）时，很清楚周围人的说话声。

（把"×"相加得分）

转化能力怎样？

（1）发生不愉快的事情不易忘却。

（2）有麻烦难办的事情，总是记挂在心。

（3）常常阅读相同性质的图书。

（4）如果改换不同的服装会浑身不自在。

（5）交往的伙伴大多是志趣想法一致的人。

（6）对参加会议和文娱活动不积极。

（7）往往执着于芥末小事。

（8）其性格不适宜做连续不断的工作。

（9）时时注意他人的言行。

（10）喜欢把众多的事情集中起来处理。

（11）与比自己年轻的人共同语言较少。

（12）与性格不同的人不大说话。

（13）不喜欢受时间表的约束。

（14）过去和现在，都不大改变兴趣和爱好。

（15）对频繁调换各种交通工具感到疲倦。

（把"×"相加得分）

有开拓能力吗？

（1）上床后立即入眠。

（2）对要紧的事立即做记录，忘记其他的事情。

（3）常常直言不讳地说出自己的想法。

（4）对某事产生兴趣后，往往从理论上探讨其原因。

（5）与人交往时畅所欲言。

（6）经常遗忘一些小事。

（7）比一般人会玩。

（8）听到音乐便兴致勃勃。

（9）早晨醒来总是精力充沛。

（10）有业余爱好，经常进行体育活动。

（11）遇到头疼的事并不怎么烦恼。

（12）喜欢唱歌跳舞。

（13）妥善解决问题后往往会有解脱感。

（14）从不胸痛和胃痛。

（15）因为容易遗忘小事，养成记笔记的习惯。

（把"√"相加得分）

灵敏程度如何？

（1）喜欢专心一项工作（学习）。

（2）基本上和同一伙伴交往。

（3）不喜欢扩大工作和爱好的范围。

（4）喜欢按惯例办事，不愿标新立异。

（5）常被人说是头脑固执的人。

（6）不喜欢与思考方法、生活方式不同的人一起研究工作。

（7）不大愿意接受与自己不同的意见。

（8）不大喜欢改变生活环境。

（9）工作（学习）不按部就班便感到不满意。

（10）对新领导不能很快熟悉。

（11）被吩咐做不愿意做的事情会束手无策。

（12）不大喜欢托人办事。

（13）不大喜欢耍小聪明。

（14）对突发事件不能马上适应。

（15）不喜欢同时做不同的事情。

（把"×"相加得分）

言行是否周密？

（1）比起记忆更依赖记笔记。

（2）早晨很早就醒来。

（3）不过量饮酒。

（4）常常一日一次坐禅休息。

（5）不吸烟。

（6）不大摄取甜食。

（7）经常吃豆类、果实类食物。

（8）经常思考总结存在的问题。

（9）无论何时何地都能充分地松弛。

（10）呼吸既深又长。

（11）每天带着目标工作（学习）。

（12）平时多吃蔬菜。

（13）不喜欢暧昧的言行。

（14）每天进行全身运动。

（15）经常心情愉快地工作（学习）。

（把"√"相加得分）

工作能力评分见表5－2。

表5－2　工作能力评分表

自我检测内容	评语与评分				
	低	稍低	一般	高	很高
集中性	0～3	4～7	8～11	12～13	14～15
转化性	0～3	4～6	7～9	10～12	13～15
开拓性	0～4	5～8	9～11	12～13	14～15
灵敏性	0～3	4～6	7～9	10～12	13～15
周密性	0～4	5～8	9～11	12～13	14～15

3. 你适合做什么工作

本测验的目的，是看你在哪一方面的工作具有最大的倾向或潜力，以便帮助你胜任它，请对下面的题目回答"是"或"否"。

（1）当你在看一本有关谋杀案的小说时，你常能在作者未告诉你之前便知道谁是杀人犯吗？

（2）你很少写错字、别字？

（3）你宁愿参加音乐会而不呆在家里闲聊？

（4）墙上的画挂歪了，你会想着去扶它吗？

（5）你宁愿读一些散文或小品而不去看小说？

（6）你常记得自己见过或听过的事实？

（7）愿少做几件事，但一定要做好，而不愿意多做几件马马虎虎的事？

（8）喜欢打牌或下棋？

（9）对自己的预算均有控制？

（10）喜欢研究能使钟、开关、马达发生效用的原因？

（11）喜欢改变一下日常生活中的一些惯例，使自己有一些充裕的时间？

（12）闲暇时，较喜欢参加一些运动，而不愿意看书？

（13）对你来说数学难不难？

（14）你是否喜欢与比你年轻者在一起？

（15）你能列出5个你认为够朋友的人吗？

（16）对一般你可能办到的事你是乐于帮助别人还是怕麻烦？

（17）你不喜欢太琐碎的工作？

（18）看书看得快吗？

（19）相信"小心谨慎，稳扎稳打"是句至理名言吗？

（20）喜欢新朋友、新地方与新的东西？

这个测验的答案是没有错与对之分，只是在看你的倾向。具体做法是：圈出全部

"是"的答案。

算算前10题中有几个"是"的答案。（第一组）

算算后10题中有几个"是"的答案。（第二组）

比较这两组答案，如果第一组中的"是"比第二组中的多，那么表明你是个精深的人，能从事具有耐心谨慎的工作，诸如哲学家、科学家、医生、律师、工程师、编辑、技术工人等。如果第二组中的"是"多，那么表明你是个广博的人，最大的长处在于能成功地与人交往，你喜欢有人来实现你的想法。其适宜的工作包括：人事、顾问、运动教练、计程车司机、服务员、演员、推销员、广告宣传的执行者等。

如果你在两组中的"是"大致相等，那就表明你不但能处理琐碎细事，也能维持良好的人缘关系。你适宜的工作包括护士、教师、秘书、建筑工人、商人、美容师、艺术家、图书管理员以及政治家等。

4. 职业能力评估单

为了检视你对职业的认识以及你所具备的能力与理想工作所应具备的能力，请你试着根据目前的职业目标，选定一项工作或职业，然后查阅相关资料，试回答表5-3问题。工作所需能力及自己已具备能力两部分，确定打"√"，不确定或不知道打"△"，不需要或自己缺乏能力打"×"

表5-3 职业能力评估表

工作职位名称	工作所具备的能力	自己已具备的能力	整体心得感想
	□1. 语文能力	□1. 语文能力	
	□2. 表达能力	□2. 表达能力	
	□3. 沟通、协调能力	□3. 沟通、协调能力	
	□4. 领导统御能力	□4. 领导统御能力	
	□5. 专业技能	□5. 专业技能	
	□6. 电脑软件操作能力	□6. 电脑软件操作能力	
	□7. 中文打字及英文打字	□7. 中文打字及英文打字	
	□8. 行销能力	□8. 行销能力	
	□9. 会计能力	□9. 会计能力	
	□10. 机械操作能力	□10. 机械操作能力	
	□11. 法律知识	□11. 法律知识	
	□12. 判断力	□12. 判断力	
	□13. 创造力	□13. 创造力	
	□14. 直觉与敏感度	□14. 直觉与敏感度	
	□15. 其他专业知识	□15. 其他专业知识	

以上的活动，你在工作所需具备的能力部分确定打"√"的多，还是不确定或不知道打"△"的多？如果三角形超过五个，显示你对外界情况的探索仍不充足，"知彼"的工作仍需加强。

你在自己已具备能力的部分打"√"的多，还是自己缺乏此能力打"×"的多，或者不确定或不知道自己是否具备此能力而打"△"的多呢？如果打"×"及打"√"过多，显示你需要加强自我的了解或自己的能力，以便达到工作、职位上的要求。

 **思考与讨论**

1. 你是如何进行自我认知的？除了书中介绍的自我认知的方法外，你是否还有自己独特的认识方法？

2. 试述自我探索对职业选择的重大意义。

3. 做 20"个我是谁?"的游戏：

目的：认识并接纳自我。

（1）20 分钟之内，写下 20 个"我是……"。要求尽量反映个人特点，真正代表自己。

（2）将自己所陈述的 20 项内容从身体状况、情绪状况、才智状况、社会关系状况等方面进行归类。

（3）仔细分析自己的分类，从中能得到什么启发？

4. 了解自己的社会资源。

社会资源指的是个人在自己的社会关系网络中所能获得的、来自他人的物质和精神上的帮助和支援。

（1）请你对以下问题做一个简单的解答：

①如果自己陷入困境有多大把握能得到他人广泛、及时而又有效的帮助？

②这些"他人"都包括了谁，请递次将其罗列出来。

③你在遇到物质上的困难时，最有可能求助并且有把握得到支持的人有谁？

④你在遇到精神上的病苦时，最有可能求助并且有把握得到支持的人有谁？

⑤想到自己的社会支持系统，你会产生什么样的感觉？

⑥你是否知道要能够区分社会支持系统中不同关系所具有的不同功能？

⑦在得到别人的帮助后，你会想到感恩吗？

⑧别人向你帮助时你会帮助他们吗？

（2）看看自己可以求助的人有几个，如果你的社会支持系统中不足 5 个人，你就需要问问自己是什么阻碍了我拥有较多的社会资源？我现在可以做些什么来增强自己的社会"支持系统"？

5. 测测你的职业倾向：

心理学中有很多职业兴趣表，其中比较经典的是霍兰德（Holland）职业倾向测验。该测验有助于我们发现和确定自己的职业兴趣和能力特长，从而帮助我们能够更好地确定职业方向、选择一个恰当的职业目标、做出更适合自己的择业决策。该测验使用的范围较广，包括社会上的一般人员、大中学生，也包括管理人员。本测验共有六个部分，每部分测验都没有时间限制，但要求尽快完成。

第一部分：您心目中的理想职业（专业）

对于未来的职业（或升学进修的专业），您得早有考虑，它可能很抽象、很朦胧，也可能很具体、很清晰。无论是哪种情况，现在都请您把自己最想做的三种工作或最想读的三个专业，按顺序写下来。

1. _____   2. _____   3. _____

第二部分：您所感兴趣的活动

下面列举了若干种活动，请就这些活动判断你的好恶。喜欢的，请在"是"栏里打"√"；不喜欢的，在"否"栏里打"×"

R：现实型活动   是   否

1. 装配、修理电器或玩具   （   ）（   ）
2. 修理自行车   （   ）（   ）
3. 用木头做东西   （   ）（   ）
4. 开汽车或摩托车   （   ）（   ）
5. 用机器做东西   （   ）（   ）
6. 参加木工技术学习班   （   ）（   ）
7. 参加制图描图学习班   （   ）（   ）
8. 驾驶卡车或拖拉机   （   ）（   ）
9. 参加机械和电气学习班   （   ）（   ）
10. 装配修理机器   （   ）（   ）

统计"是"一栏得分计_____

A：艺术型活动   是   否

1. 素描、制图或绘画   （   ）（   ）
2. 参加话剧或戏剧   （   ）（   ）
3. 设计家具或布置室内   （   ）（   ）
4. 练习乐器或参加乐队   （   ）（   ）
5. 欣赏音乐或戏剧   （   ）（   ）
6. 看小说或读剧本   （   ）（   ）
7. 从事摄影创作   （   ）（   ）
8. 写诗或吟诗   （   ）（   ）
9. 进艺术（美术或音乐）学院培训   （   ）（   ）
10. 练习书法   （   ）（   ）

统计"是"一栏得分计_____

I：调查型活动   是   否

1. 读科技图书和杂志   （   ）（   ）
2. 在实验室工作   （   ）（   ）
3. 改良水果品种，培育新的水果   （   ）（   ）
4. 调查了解土和金属等物质的成分   （   ）（   ）
6. 解算术或玩数学游戏   （   ）（   ）
7. 物理课   （   ）（   ）
8. 化学课   （   ）（   ）
9. 几何课   （   ）（   ）
10. 生物课   （   ）（   ）

统计"是"一栏得分计_____

S：社会型活动　　　　　　　　　　　　是　　　　否
1. 学校或单位组织的正式活动　　　　（　　）（　　）
2. 参加某个社会团体或俱乐部活动　　（　　）（　　）
3. 帮助别人解决困难　　　　　　　　（　　）（　　）
4. 照顾儿童　　　　　　　　　　　　（　　）（　　）
5. 出席晚会、联欢会、茶话会　　　　（　　）（　　）
6. 和大家一起出去郊游　　　　　　　（　　）（　　）
7. 想获得关于心理方面的知识　　　　（　　）（　　）
8. 参加讲座或辩论会　　　　　　　　（　　）（　　）
9. 观看或参加体育比赛和运动会　　　（　　）（　　）
10. 结交新朋友　　　　　　　　　　（　　）（　　）
统计"是"一栏得分计_____

E：事业型活动　　　　　　　　　　　　是　　　　否
1. 说服鼓动他人　　　　　　　　　　（　　）（　　）
2. 卖东西　　　　　　　　　　　　　（　　）（　　）
3. 谈论政治　　　　　　　　　　　　（　　）（　　）
4. 制定计划、参加会议　　　　　　　（　　）（　　）
5. 以自己的意志影响别人的行为　　　（　　）（　　）
6. 在社会团体中担任职务　　　　　　（　　）（　　）
7. 检查与评价别人的工作　　　　　　（　　）（　　）
8. 结交名流　　　　　　　　　　　　（　　）（　　）
9. 指导有某种目标的团体　　　　　　（　　）（　　）
10. 参与政治活动　　　　　　　　　（　　）（　　）
统计"是"一栏得分计_____

C：常规型（传统型）活动　　　　　　是　　　　否
1. 整理好桌面和房间　　　　　　　　（　　）（　　）
2. 抄写文件和信件　　　　　　　　　（　　）（　　）
3. 为领导写报告或公务信函　　　　　（　　）（　　）
4. 检查个人收支情况　　　　　　　　（　　）（　　）
5. 打字培训班　　　　　　　　　　　（　　）（　　）
6. 参加算盘、文秘等实务培训　　　　（　　）（　　）
7. 参加商业会计培训班　　　　　　　（　　）（　　）
8. 参加情报处理培训班　　　　　　　（　　）（　　）
9. 整理信件、报告、记录等　　　　　（　　）（　　）
10. 写商业贸易信　　　　　　　　　（　　）（　　）
统计"是"一栏得分计_____

第三部分：您所擅长获胜的活动

下面列举了若干种活动，其中你能做或大概能做的事，请在"是"栏里打"√"。反之，在"否"栏里打"×"。请回答全部问题。

R：实际型能力　　　　　　　　　　　　　　　　　是　　　　否

1. 能使用电锯、电钻和链刀等木工工具　　　　（　　）（　　）

2. 知道万用表的使用方法　　　　　　　　　　（　　）（　　）

3. 能够修理自行车或其他机械　　　　　　　　（　　）（　　）

4. 能够使用电钻床、磨床或缝纫机　　　　　　（　　）（　　）

5. 能给家具和木制品刷漆　　　　　　　　　　（　　）（　　）

6. 能看建筑设计图　　　　　　　　　　　　　（　　）（　　）

7. 能够修理简单的电气用品　　　　　　　　　（　　）（　　）

8. 能修理家具　　　　　　　　　　　　　　　（　　）（　　）

9. 能修理收录机　　　　　　　　　　　　　　（　　）（　　）

10. 能简单地修理水管　　　　　　　　　　　　（　　）（　　）

统计"是"一栏得分计＿＿＿＿＿

A：艺术型能力　　　　　　　　　　　　　　　　　是　　　　否

1. 能演奏乐器　　　　　　　　　　　　　　　（　　）（　　）

2. 能参加二部或四部合唱　　　　　　　　　　（　　）（　　）

3. 独唱或独奏　　　　　　　　　　　　　　　（　　）（　　）

4. 扮演剧中角色　　　　　　　　　　　　　　（　　）（　　）

5. 能创作简单的乐曲　　　　　　　　　　　　（　　）（　　）

6. 会跳舞　　　　　　　　　　　　　　　　　（　　）（　　）

7. 能绘画、素描或书法　　　　　　　　　　　（　　）（　　）

8. 能雕刻、剪纸或泥塑　　　　　　　　　　　（　　）（　　）

9. 能设计板报、服装或家具　　　　　　　　　（　　）（　　）

10. 写得一手好文章　　　　　　　　　　　　　（　　）（　　）

统计"是"一栏得分计＿＿＿＿＿

I：调研型能力　　　　　　　　　　　　　　　　　是　　　　否

1. 懂得真空管或晶体管的作用　　　　　　　　（　　）（　　）

2. 能够列举三种蛋白质含量高的食品　　　　　（　　）（　　）

3. 理解铀的裂变　　　　　　　　　　　　　　（　　）（　　）

4. 能用计算尺、计算器、对数表　　　　　　　（　　）（　　）

5. 会使用显微镜　　　　　　　　　　　　　　（　　）（　　）

6. 能找到三个星座　　　　　　　　　　　　　（　　）（　　）

7. 能独立进行调查研究　　　　　　　　　　　（　　）（　　）

8. 能解释简单的化学　　　　　　　　　　　　（　　）（　　）

9. 理解人造卫星为什么不落地　　　　　　　　（　　）（　　）

10. 经常参加学术会议　　　　　　　　　　　　（　　）（　　）

统计"是"一栏得分计

S：社会型能力　　　　　　　　　　　　　　　　　是　　　　否

1. 有向各种人说明解释的能力　　　　　　　　（　　）（　　）

2. 常参加社会福利活动　　　　　　　　　　　（　　）（　　）

3. 能和大家相处友好地工作　　　（　　）（　　）

4. 善于与年长者相处　　　　　　（　　）（　　）

5. 会邀请人、招待人　　　　　　（　　）（　　）

6. 能简单易懂地教育儿童　　　　（　　）（　　）

7. 能安排会议等活动顺序　　　　（　　）（　　）

8. 善于体察人心和帮助他人　　　（　　）（　　）

9. 帮助护理病人和伤员　　　　　（　　）（　　）

10. 安排社团组织的各种事务　　　（　　）（　　）

统计"是"一栏得分计_____

E：事业型能力	是	否

1. 担任过学生干部并且干得不错　（　　）（　　）

2. 工作上能指导和监督他人　　　（　　）（　　）

3. 做事充满活力和热情　　　　　（　　）（　　）

4. 有效利用自身的做法调动他人　（　　）（　　）

5. 销售能力强　　　　　　　　　（　　）（　　）

6. 曾作为俱乐部或社团的负责人　（　　）（　　）

7. 向领导提出建议或反映意见　　（　　）（　　）

8. 有开创事业的能力　　　　　　（　　）（　　）

9. 知道怎样做能成为一个优秀的领导者　（　　）（　　）

10. 健谈善辩　　　　　　　　　　（　　）（　　）

统计"是"一栏得分计_____

C：常规型能力	是	否

1. 会熟练地打印中文　　　　　　（　　）（　　）

2. 会用外文打字机或复印机　　　（　　）（　　）

3. 能快速记笔记和抄写文章　　　（　　）（　　）

4. 善于整理、保管文件和资料　　（　　）（　　）

5. 善于从事事务性的工作　　　　（　　）（　　）

6. 会用算盘　　　　　　　　　　（　　）（　　）

7. 能在短时间内分类和处理大量文件　（　　）（　　）

8. 能使用计算机　　　　　　　　（　　）（　　）

9. 能搜集数据　　　　　　　　　（　　）（　　）

10. 善于为自己或集体做财务预算表　（　　）（　　）

统计"是"一栏得分计_____

第四部分：你所喜欢的职业

下面列举了多种职业，请逐一认真地看，如果是你有兴趣的工作，请在"是"栏里打"√"；如果是你不太喜欢、不关心的工作，请在"否"栏里打"×"。

R：实际型职业	是	否

1. 飞机机械师　　　　　　　　　（　　）（　　）

2. 野生动物专家　　　　　　　　（　　）（　　）

3. 汽车维修工 　　　　　　　　　　（　　　）（　　　）

4. 木匠 　　　　　　　　　　　　　（　　　）（　　　）

5. 测量工程师 　　　　　　　　　　（　　　）（　　　）

6. 无线电报务员 　　　　　　　　　（　　　）（　　　）

7. 园艺师 　　　　　　　　　　　　（　　　）（　　　）

8. 长途公共汽车司机 　　　　　　　（　　　）（　　　）

9. 火车司机 　　　　　　　　　　　（　　　）（　　　）

10. 电工 　　　　　　　　　　　　（　　　）（　　　）

统计"是"一栏得分计_____

S：社会型职业	是	否
1. 街道、工会或妇联干部	（　　）	（　　）
2. 小学、中学教师	（　　）	（　　）
3. 精神病医生	（　　）	（　　）
4. 婚姻介绍所工作人员	（　　）	（　　）
5. 体育教练	（　　）	（　　）
6. 福利机构负责人	（　　）	（　　）
7. 心理咨询员	（　　）	（　　）
8. 共青团干部	（　　）	（　　）
9. 导游	（　　）	（　　）
10. 国家机关工作人员	（　　）	（　　）

统计"是"一栏得分计_____

I：调研型职业	是	否
1. 气象学或天文学学者	（　　）	（　　）
2. 生物学者	（　　）	（　　）
3. 医学实验室的技术人员	（　　）	（　　）
4. 人类学学者	（　　）	（　　）
5. 动物学学者	（　　）	（　　）
6. 化学学者	（　　）	（　　）
7. 数学学者	（　　）	（　　）
8. 科学杂志的编辑或作家	（　　）	（　　）
9. 地质学学者	（　　）	（　　）
10. 物理学学者	（　　）	（　　）

统计"是"一栏得分计_____

E：事业型职业	是	否
1. 厂长	（　　）	（　　）
2. 电视片编制人	（　　）	（　　）
3. 公司经理	（　　）	（　　）
4. 销售员	（　　）	（　　）
5. 不动产推销员	（　　）	（　　）

6. 广告部部长 （　　） （　　）

7. 体育活动主办者 （　　） （　　）

8. 销售部部长 （　　） （　　）

9. 个体工商业者 （　　） （　　）

10. 企业管理咨询人员 （　　） （　　）

统计"是"一栏得分计_____

A：艺术型职业	是	否
1. 乐队指挥	（　　）	（　　）
2. 演奏家	（　　）	（　　）
3. 作家	（　　）	（　　）
4. 摄影家	（　　）	（　　）
5. 记者	（　　）	（　　）
6. 画家、书法家	（　　）	（　　）
7. 歌唱家	（　　）	（　　）
8. 作曲家	（　　）	（　　）
9. 电影、电视演员	（　　）	（　　）

统计"是"一栏得分计_____

C：常规型职业	是	否
1. 会计师	（　　）	（　　）
2. 银行出纳员	（　　）	（　　）
3. 税收管理员	（　　）	（　　）
4. 计算机操作员	（　　）	（　　）
5. 簿记人员	（　　）	（　　）
6. 成本核算员	（　　）	（　　）
7. 文书档案管理员	（　　）	（　　）
8. 打字员	（　　）	（　　）
9. 法庭书记员	（　　）	（　　）
10. 人口普查登记员	（　　）	（　　）

统计"是"一栏得分计_____

第五部分　你的能力类型简评

下面两张表是你在六种职业能力方面的自我评定表。您可以先与同龄人比较显示出自己在每一方面的能力，然后经斟酌后对自己的能力做评估。请在表中适当的数字上画圈。数字越大，表示你的能力越强。注意，请勿全部画同样的数字，因为人的每项能力不可能完全一样。

表 5 - 4A

R 型	I 型	A 型	S 型	E 型	C 型
机械操作能力	科学研究能力	艺术创作能力	解释表达能力	商业洽谈能力	事务执行能力
7	7	7	7	7	7
6	6	6	6	6	6
5	5	5	5	5	5
4	4	4	4	4	4
3	3	3	3	3	3
2	2	2	2	2	2
1	1	1	1	1	1

表 5 - 4B

R 型	I 型	A 型	S 型	E 型	C 型
体育技能	数学技能	音乐技能	交际技能	领导技能	办公技能
7	7	7	7	7	7
6	6	6	6	6	6
5	5	5	5	5	5
4	4	4	4	4	4
3	3	3	3	3	3
2	2	2	2	2	2
1	1	1	1	1	1

第六部分：统计和确定您的职业倾向

请将第二部分至第五部分的全部测验分数按前面已统计好的六种职业倾向（R 型、I 型、A 型、S 型、E 型和 C 型）得分填入下表 5 - 5，并做纵向累加。

表 5 - 5

测试	R 型	I 型	A 型	S 型	E 型	C 型
第二部分						
第三部分						
第四部分						
第五部分 A						
第五部分 B						
总分						

请将上表中的 6 种职业倾向总分按高低顺序依次从左到右排列：

_____型、_____型、_____型、_____型、_____型、_____型

您的职业倾向性得分

_____最高分　　　　　_____最低分

现在将你测验得分居第一的职业类型找出来，对照下表，判断一下自己适合的职业类型。

表5-6 职业索引——职业兴趣代号与其相应的职业对照表

R（实际型）	木匠、农民、操作 X 光的技师、工程师、飞机机械师、鱼类和野生动物专家、自动化技师、机械工（车工、钳工等）、电工、无线电报务员、火车司机、长途公共汽车司机、机械制图员、修理机器、电器师。
I（调查型）	气象学学者、生物学学者、天文学学者、药剂师、动物学学者、化学家、科学报刊编辑、地质学学者、植物学学者、物理学学者、数学家、实验员、科研人员、科技工作者。
A（艺术型）	室内装饰专家、图书管理专家、摄影师、音乐教师、作家、演员、记者、诗人、作曲家、编剧、雕刻家、漫画家。
S（社会型）	社会学学者、导游、福利机构工作者、咨询人员、社会工作者、社会科学教师、学校领导、精神病工作者、公共保健护士。
E（事业型）	推销员、进货员、商品批发员、旅馆经理、饭店经理、广告宣传员、调度员、律师、政治家、零售商。
C（常规型）	记账员、会计、银行出纳员、法庭速记员、成本估算员、税务员、核算员、打字员、办公室职员、统计员、计算机操作员、秘书。

第六章　医学生职业生涯规划

职业生涯是指一个人终生经历的所有职位的整个历程。职业生涯是我们人生中一个非常重要的组成部分，其对个人诸多方面，比如家庭经济生活状况、个人身心发展、后代的养育等，都会产生非常重要的影响。简单地说，职业生涯规划是指个人对自身未来职业生涯的发展要有一个战略思考和安排。具体讲，职业生涯规划是指个人根据自身情况，结合社会需要，为自己确立职业发展目标，寻找差距，制定弥补差距的行动方案以及实施行动方案。规划不是计划，规划是一种战略决策，而计划是战术行为，规划是对大方向的掌控，而计划是实现规划的具体行动安排。计划要保持灵活性，能随时应环境的变化而做出灵活的变动。医药类毕业生虽然专业性较强，但其就业方向仍然较为宽泛。因此，作好充分准备尽早规划职业生涯，明确目标，积极行动，可以缩短达到目标获得职业成功的周期，更好的成就完美人生。

第一节　职业生涯规划的制定

一个人的过去并不重要，关键是迈向下一步的方向。人生在世，谁都想成就一番事业。然而事业的成功并非人人都能如愿以偿。问题何在？如何才能使事业获得成功？职业生涯规划为你提供了成功的技术与方法。概括地说，职业生涯规划对个人的作用或意义为：树立目标、优化行动、突破障碍、开发潜能、实现自我。

一、制定职业生涯规划的原则

制定职业生涯规划要遵循一些基本原则。对以下原则的正确理解和把握，并在制定职业生涯规划时能够很好地遵循它们，可以使你的职业生涯规划变得更加科学、合理和可行。

（一）目标导向原则

什么是目标？要在一定的时间内达到具有一定规模的期望值就叫目标，人们经常给目标下的另一个定义是：梦想的日期化和数字化。目标为什么重要？让我们先看这个故事：

比塞尔是西撒哈拉沙漠中的一颗明珠，每年有数以万计的旅游者来到这儿。可是在肯·莱文发现它之前，这里还是一个封闭而落后的地方。这儿的人没有一个走出过大漠，据说不是他们不愿离开这块贫瘠的土地，而是尝试过很多次都没有走出去。

肯·莱文当然不相信这种说法。他用手语向这儿的人问原因，结果每个人的回答都一样：从这儿无论向哪个方向走，最后都还是转回出发的地方。为了证实这种说法，他做了一次试验，从比塞尔村向北走，结果三天半就走了出来。

比塞尔人为什么走不出来呢？肯·莱文非常纳闷。后来他只雇一个比塞尔人，让他带路，看看到底是为什么？他们带了半个月的水，牵了两峰骆驼，肯·莱文收起指南针等现代设备，只挂一根木棍跟在后面。十天过去了，他们走了大约八百英里的路程。第十一天的早晨，他们果然又回到了比塞尔。这一次肯·莱文终于明白了，比塞尔人之所以走不出大漠，是因为他们根本就不认识北斗星。

在一望无际的沙漠里，一个人如果凭着感觉往前走，他会走出许多大小不一的圆圈，最后的足迹十有八九是一把卷尺的形状。比塞尔村处在浩瀚的沙漠中间，方圆上千公里没有一点参照物，若不认识北斗星又没有指南针，想走出沙漠，确实是不可能的。

肯·莱文在离开比塞尔时，带了一位叫阿古特尔的青年，就是第一次和他合作的人。他告诉这位青年，只要你白天休息，夜晚朝着北面那颗星走，就能走出沙漠。阿古特尔照着去做，三天之后果然来到了大漠的边缘。阿古特尔因此成为比塞尔的开拓者，他的铜像被竖在小城的中央。铜像的底座上刻着一行字：新生活是从选定方向开始的。

命运的改变不是一朝一夕完成的，财富的积累也是一样。如果你经常设想 5 年以后、10 年以后要做什么，想象一下你的未来是什么样子，然后确定一个目标，在这 5 年或 10 年里紧紧地围绕这个目标去做你应该做的事情，那么你的未来一定不是梦。目标导向原则是大学生进行职业生涯发展规划的首要原则，目标引领未来，目标促进行动。

（二）可行性原则

要使自己的职业生涯规划具有实现的可能就必须做到以下两点：

1. 符合自己的实际情况。

2. 满足社会的需求。不根据自身的特点制定的职业生涯规划，将会使自己陷入痛苦之中，永远发挥不出个人的无限潜能。无视社会需求，将会使自己的职业生涯变成空洞的自我设计，是在做不着边际的梦。

对以下问题的回答有助于你对自己职业生涯规划的可行性做出检查：

（1）规划是根据我的个性特长制定的吗？

（2）环境（社会、行业、家庭）支持我的规划吗？

（三）挑战与激励性原则

在可行性的基础上职业生涯规划要具有一定的挑战性。即完成规划目标要付出一定的努力。只有经过努力实现的目标，才对自己具有激励性，激励自己克服职业发展道路上的困阻。

（四）可操作性原则

可操作性原则是指所规划的内容要能付诸行动，具有可操作性。具体是指规划人要对自己的长远目标进行逐级分解，直至分解为能够有助于实现目标的具体行动。在进行目标的分级时，需要注意保持长远目标与分目标、分目标与具体行动的一致性，即实现分目标有助于实现总目标，实现具体行动有助于实现分目标。

（五）时间梯度原则

由于职业生涯发展具有阶段性特点，职业生涯规划的目标和行动就必须划分到不同的时间段内去完成，不能一口吃个胖子。而且每个规划目标都要有两个时间坐标，一个时间坐标是开始的时间，即什么时候开始为实现这个目标行动，另一个时间坐标是预期实现时间。如果没有明确的时间限定，就很容易使职业生涯规划陷于无限期的空谈中。

二、制定职业生涯规划的基本步骤

职业生涯规划是一个周而复始的连续过程，其基本步骤包括：确定志向，自我评估，环境评估，设定职业发展目标，设定职业生涯路线，制定弥补差距的计划，实施、评估与修订七个步骤，如图（6-1）：

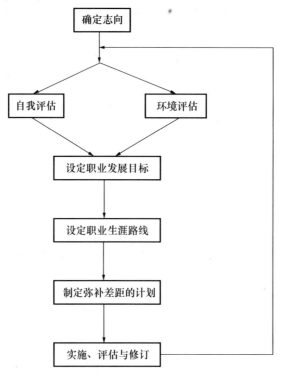

图 6-1　职业生涯规划的一般步骤

（一）确定志向

志向是事业成功的基本前提，没有志向，事业的成功也就无从谈起，俗话说："志不立，天下无可成之事。"纵观古今中外，凡有巨大成就者，都有一个共同的特点：具有远大的志向。郑和从小就立志，梦想像祖父和父亲那样去朝圣，梦想追随祖辈的足迹到滇池以外的大洋里漂流。郑和幼时的志向、理想和行为，为他后来成为一位世界历史上伟大的航海家奠定了坚实的基础。

立志是人生的起跑点，它反映着一个人的理想、胸怀，影响着一个人的奋斗方向及成就。所以在制定职业生涯规划时，首先要确立志向。

（二）自我评估

自我评估是从自身的角度，分析达成预设职业发展目标的可行性，相当于内在条件评估。自我评估的内容主要包括：生理条件，比如：年龄、长相、身体状况等；心理特点，比如：心理需求、价值观、情感、智能、兴趣、性格、能力倾向等。这些内容可以借助职业心理测评来实现，更多的是需要在实际生活中去体悟。

（三）环境评估

环境评估是指从外在的角度，分析外在环境中的机遇和制约因素。每个人都生活在外在环境之中，无法脱离外在环境的影响和制约。所以，我们在制定职业生涯规划时，一定要分析外在环境因素（政治、经济、行业、家庭等）的特点、发展变化情况以及环境中对预定职业发展目标的支持与限制。只有对环境因素有了比较充分的了解，才能在复杂的环境中避害趋利，使自己的职业生涯规划的实现更有可能性。目前，虽然随着我国加入WTO以及全球经济一体化的迅速发展，我国人才一直处于供不应求的状态。但是，信息化、全球化带来的结果是，医学界的发展对我国医学人才的要求也愈来愈高。

（四）设定职业发展目标

志向是抽象的，通过对自身及外界环境的了解而制定的目标是具体的，能看得见、摸得着、感觉得到的。比如，郑和从小就"梦想追随祖辈的足迹到滇池以外的大洋里漂流"是远大志向不是目标。如果换成"成为伟大的航海家"，那就成为目标了。

在制定职业生涯规划时，将远大志向转变成能看得见、摸得着、感觉得到的职业发展目标是非常重要的。因为志向是抽象的，很容易随着时间的流逝和环境的变化而被遗忘或改变。而职业发展目标是具体的，能看得见、摸得着、感觉得到的东西，在人的内心中明确下来，就会成为一颗激励人们不断努力的种子。

（五）设定职业生涯发展路线

如果从自身角度来看，自己适合朝预定目标发展，环境分析结果也表明，环境也支持自己朝预定目标发展。那么，接下来的一步就是对预定目标进行分解。个人现在所处的位置与总体目标总是有距离的（距离的大小要视总体的目标而定），个人不可能一步就能达成总体目标，因此必须要对总体目标进行分解。比如，某临床医学专业学生A设定的职业发展目标是成为心血管知名专家和内科院长。以他目前的条件，不可能马上实现这个目标。可能要经过图6-2所示的职业发展过程：

就好像爬楼，一个人不可能一步就能爬到楼顶，必须沿着通向楼顶的阶梯，一步一步地爬上去。目标分解就是在总体目标与现在所处的位置之间架起一座目标阶梯，学生A的职业规划是可行的。

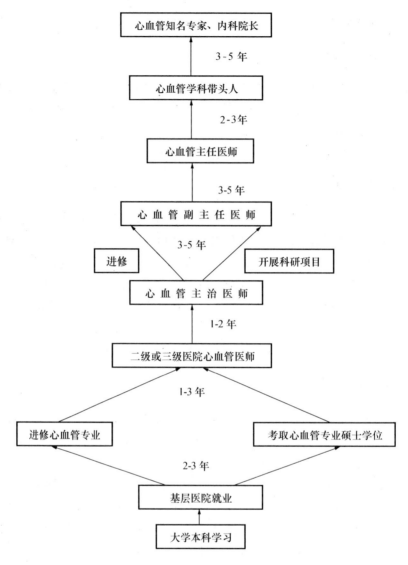

图6-2 某临床医学专业学生职业生涯发展路线

（六）制定弥补差距的计划

职业生涯每次质的飞跃，都是以学习新知识，获取新技能为前提条件的。要想能沿着目标阶梯顺利实现预定目标，职业生涯规划制定者就必须要具有相应的知识与能力。现实与目标总是有差距的（没有差距就不是目标），为了弥补差距，个人首先要对达成目标所要求的知识与能力进行分析，然后对照自己找出差距。找出差距后，就要找到弥补差距的具体办法。比如，为了弥补组织管理能力上的差距，是通过参加教育培训班或是当学生干部自我锻炼。差距找出了，弥补差距的具体办法也有了，接下来就要用表格的形式制作一份弥补差距的具体行动方案。表6-1是大学生 A 大二上学期的具体计划。

表6－1　护理专业学生Ａ大二上学期行动计划

	目　　标	具　体　实　施
知识方面	1. 专业课成绩不低于85分 2. 通过英语四级 3. 获国家计算机二级证书 4. 阅读实用护理学杂志及外文资料，了解护理学最新动态 5. 自修人文课程：文学类 6. 获得国家营养师资格	1. 课前预习，课堂认真思考，当天完成作业 2. 每天早上6点钟出门读英语、背单词 3. 参加英语补习班，做英语六级试题，参加计算机知识培训班 4. 去图书馆拓宽自己知识方面，弥补自己的专业素质和人文素质 5. 参加国家营养师资格认证培训班
能力方面	1. 提高护理专业实践操作能力 2. 提高自身工作能力 3. 锻炼语言表达能力及沟通能力 4. 提高使用办公自动化能力	1. 充分利用课间实习时间熟练完成静脉注射、灌肠、导尿等操作 2. 多在实习医院接触患者，进入工作角色，了解患者心理 3. 多与不同专业、不同性格学生交流，积极参加学校演讲及其他文体活动 4. 周末到计算机房练习

（七）实施、评估与修订

"心动百次不如行动一次"，规划定好固然好，但更重要在于将规划付诸实施并取得成效。在实施的过程中，还要对职业生涯规划进行评估与修订。修订的内容包括：自我的重新认识、人生目标的修订、职业的重新选择、职业生涯路线的重新修订、弥补差距计划的变更等等。修正目的是使规划更加符合自身情况和社会需求，让它变得更加行之有效。

三、职业生涯规划应注意的几个问题

（一）增强职业生涯规划意识

如今，虽然很多人从认知上都意识到职业生涯规划的重要性，但是制定职业生涯规划的意识和愿望并不强烈。在现实生活中，很多人都会以"计划不如变化快"为借口，拒绝为自己制定职业生涯规划。其实，这是一个严重的误区，也是一个借口。恰恰相反，正是因为世界变化太快，才需要积极地做好各种规划，以应对变化的世界。充满智慧的中国俗话"人无远虑，必有近忧"、"未雨绸缪"，充分说明了事先做好规划，提前做好准备的重要性。职业生涯规划对个人的作用或意义，以图6－3来表示。

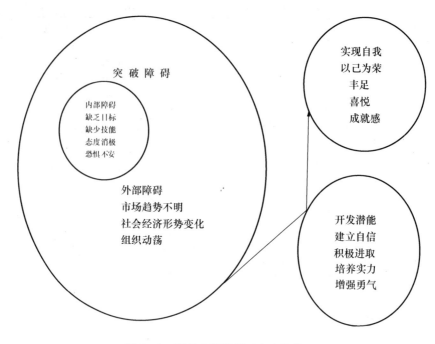

图 6-3　职业生涯规划对个人的作用

（二）职业生涯规划宜早不宜迟

如今，我们正处于知识经济时代。知识经济时代的一个重要特征是知识的更新速度快。在职业生涯发展道路上要领先百步，就必须先领先半步。不少同学到了大四反过头来才认识到职业生涯规划的重要性。大学阶段是大学生职业生涯发展的重要准备阶段，在这个阶段里，一个人为其今后的职业生涯准备得如何直接会影响到他几年后的就业竞争力和未来的职业生涯发展力，因此，大学生的职业生涯规划从入校就应该开始。

（三）重点对近期进行规划

有句至理名言：此生理想，近期规划。确定一个人一生的理想，似乎绝大多数人都曾做过。有的人想当医学专家，有的人想当企业经理，甚至有的人想当卫生管理部门高官。定这样一个理想，不是难事，眼睛一闭，随口一说就可以了。至于未来是否实现，那是另一回事。此生的理想，是由一个又一个近期规划组成的，只要能够将这些近期规划实现，那么，每实现一个计划便离理想近了一步。

反观现实，我们很多人的理想都非常远大，这是好事。但是，如果不脚踏实地，不对近期进行规划，不知道今天为实现这个远大的理想做点事情，那么再远大的理想也只能是空中的一轮明月，可望而不可及。而且，在这样一个急剧变化的时代，是根本不可能将未来十几年甚至几十年都规划好，按照既定轨道前进的。因此对于大学生而言，在制定职业生涯规划时，一定要立足长远，着手近期，将在大学期间的学习、生活规划好。

（四）行动胜过一切

任何科学、合理、可行的规划，如果没有付诸行动，那也永远只是纸上谈兵，起不到任何作用，职业生涯规划同样也是这个道理。

有的同学常常是制定了一份职业生涯规划，可就是缺乏行动力，不能按照既定规划去做。其中的根本原因是，这些人缺乏职业生涯规划至关重要的品质——决心和毅力。没有做事的决心和毅力，不仅职业生涯规划执行不了，而且在学习和未来的工作中，都不可能取得较大的成功。还有的同学可能只是为了参加学校举办的职业生涯规划大赛，才为自己制定一份职业生涯发展规划书。对于他们来说，规划执不执行，不重要，重要的是参赛获奖。随着大学生就业形势的严峻，大学生职业生涯规划也越来越得到了学校和社会的重视。学校举行职业生涯规划大赛，设置奖项，目的不是为大学生制造一次获得奖励的机会，而是通过比赛，提高我们的职业生涯规划意识与能力，进而促进我们制定符合自身情况的职业生涯规划，从而使得我们的学习和生活从此有了方向和目标。

第二节　大学生职业生涯规划的常用方法

对于许多大学生来说，职业生涯规划也许是一个比较模糊的概念，因而就更谈不上对自己进行职业生涯规划了。对于职业生涯规划，并不如某些书上所说的那样玄机无限，只要你对自己有一个基本认识，同时掌握一定的方法，每个人都能对自己进行职业规划，为自己的职业生涯发展画一个蓝图。制定大学生职业生涯规划的方法不同，下面我们介绍较为常用的两种方法。

一、SWOT 法

SWOT 法最早是由美国旧金山大学的管理学教授在 20 世纪 80 年代初提出来的。在此之前，早在 20 世纪 60 年代，就有人提出过 SWOT 分析中涉及到的内部优势、弱点、外部机会、威胁这些变化因素，但只是孤立地对它们加以分析。而 SWOT 法用系统的思想将这些似乎独立的因素相互匹配起来进行综合分析。运用这个方法，有利于人们对个人或组织所处情景进行全面、系统、准确的研究，有助于人们制定发展战略和计划，以及与之相应的发展计划或对策。SWOT 分析是一种功能强大的分析工具，是检查个人技能、能力、职业、喜好和职业机会的有用工具。通过它，当事人很容易知道自己的个人优点和弱点在哪里，并且会仔细地评估出自己所感兴趣的不同职业道路的机会和威胁所在。其中 S 代表 Strength（优势），W 代表 Weakness（弱势），O 代表 Opportunity（机会），T 代表 Threat（威胁）。其中，S、W 是内部因素，O、T 是外部因素。

一般来说，对自身的职业和职业发展问题进行 SWOT 分析时，应遵循以下 5 个步骤：

（1）评估自己的长处和短处。每个人都有自己独特的技能、天赋和能力。在当今分工非常细的市场经济里，每个人只是擅长某一专业，而不是样样精通（当然，除非天才）。譬如说，有些人不喜欢整天坐在办公桌旁，而有些人则一想到不得不与陌生人打交道时，心里就发麻，惴惴不安。请做个表，列出你自己喜欢做的事情和你的长处所在（如果你觉得界定自己的长处比较困难，你可以请专业的职业咨询师帮你分析，分析好之后，可以发现你的长处所在）。同样，通过列表，你可以找出自己不是很喜欢做的事情与你的弱势。找出你的短处与发现你的长处同等重要，因为你可以基于自己的长处和短处做两种选择：一是努力去改正你常犯的错误，提高你的技能；二是放弃那些对你不擅长的技能要求很高的职业。列出你认为自己所具备的很重要的强项和对你的职业选择产生影响的弱势，然后再标出那些你认为对你很重要的强、弱势。

（2）找出你的职业机会与威胁。我们知道，不同的行业或专业（包括这些行业里不同的公司）都面临不同的外部机会和威胁，所以，找出这些外界因素将帮助你成功地找到一份适合自己的工作，对你求职是非常重要的，因为这些机会和威胁会影响你的第一份工作与今后的职业发展。如果某个公司处于一个常受到外界不利因素影响的行业里，很自然，这个公司能提供的职业机会将是很少的，而且没有职业升迁的机会。相反，充满了许多积极的外界因素的行业将为求职者提供广阔的职业前景。请列出你感兴趣的一两个行业或专业，然后认真地评估这些行业或专业所面临的机会与威胁。

（3）提纲式地列出今后3～5年内你的职业目标。仔细地对自己做一个SWOT分析评估，列出你未来3～5年内最想实现的四至五个职业目标。这些目标可以包括：大学毕业后你想从事哪一种职业，你将管理多少人，或者你希望自己拿到的薪水属哪一级别，请时刻记住：你必须竭尽所能地发挥出自己的优势，使之与行业提供的工作机会圆满匹配。

（4）提纲式地列出一份今后3～5年的职业行动计划。这一步主要涉及到一些具体的内容。请你拟出一份实现上述第三步列出的每一个目标的行动计划，并且详细地说明为了实现每一个目标，你要做的每一件事，何时完成这些事。如果你觉得你需要一些外界帮助，请说明你需要何种帮助和你如何获取这种帮助。例如，你的个人SWOT分析可能表明，为了实现你理想中的职业目标，你需要进修更多的管理课程，那么，你的职业行动计划应说明要参加哪些课程、什么水平的课程以及何时进修这些课程等。你拟订的详尽的行动计划将帮助你做决策，就像外出旅游前事先制订的计划将成为你的行动指南一样。

（5）寻求专业帮助。能分析出自己职业发展及行为习惯中的缺点并不难，但要以合适的方法改变它们却很难。相信你的父母、老师、朋友、上级主管、职业咨询专家都可以给你一定的帮助，特别是很多时候借助专业的咨询力量会让你大走捷径，有外力的协助和监督也会让你更好地取得效果。

很显然，做个人SWOT分析需要你的一些投入，而且还需认真地对待，当然要做好你的职业分析难度也很大。但是，不管通过什么渠道，进行一次详尽的个人SWOT分析却是值得的，因为当你做完详尽的个人SWOT分析后，你将有一个连贯的、实际可行的个人职业策略供你参考。在激烈的职场竞争中，拥有一份挑战和乐趣并存、薪酬丰厚的职业是每一个人的梦想，但并不是每一个人都能实现这一梦想。因此，为了使你的求职和个人职业发展更具有竞争力，请认认真真地为你的职业发展做些实事吧。其实，不管人们在准备做什么事情前，都可以进行一下SWOT分析，这样有利于心中有数，顺利实现目标。

表6-2　个体职业决策过程的 SWOT 结果的运用

外部环境分析（O.T.）　内部环境分析（S.W.）	机会（Opportunity）	威胁（Threat）
	（1）人力资源管理部门逐渐受到企业的重视 （2）入世后，外资企业的进入导致人力资源管理人才需求的增大 （3）心理学在人力资源管理中的重要性逐渐凸显出来	（1）人力资源管理方向的毕业生 （2）MBA 的兴起 （3）人力资源管理在很多企业中仍然处于刚起步阶段，其运作很不规范 （4）比起学历，我国许多企业更看重工作经验
优势： （1）硕士学历，成绩优秀 （2）丰富的学生干部管理经验 （3）大型制药公司半年实习经历 （4）具有心理学的知识背景	优势机会策略（S.O.） （1）发挥药学专业优势并继续学习心理学知识，将心理学知识运用到人力资源管理中 （2）发挥担任学生干部的管理特长	优势威胁策略（S.T.） （1）强调自身药学及心理学背景的优势 （2）强调大型公司半年的实习经验 （3）强调较强的学习能力和适应力
劣势： （1）药学专业毕业 （2）没有丰富的工作阅历 （3）专业不对口 （4）性格急躁，容易冲动	劣势机会策略（W.O.） （1）利用较强的学习能力，自学人力资源管理课程，加强英语的学习 （2）继续加强自己在校期间所培养的口语交流、文字书写等的优势	劣势威胁策略（W.T.） （1）训练克制自己的冲动个性 （2）结合两个不同的专业，培养宽阔的视野和创新能力 （3）积极寻找重视员工潜能的企业
分析后整体结论：职业发展道路定位在大中型外资制药企业的人力资源管理部门		

二、"五 what"法

该方法尤其适合即将毕业的大学生。"五 what"归零思考法共有5个问题：What are you? What you want? What can you do? What can support you? What you can be in the end? 一个人回答了这5个问题，找到它们的最高共同点，就有了自己的职业生涯规划。

对于第一个问题"我是谁？"应该对自己进行一次深刻的反思，有一个比较清醒的认识，优点和缺点，都应该一一列出来。

第二个问题"我想干什么？"是对自己职业发展的一个心理趋向的检查。每个人在不同阶段的兴趣和目标并不完全一致，有时甚至是完全对立的。但随着年龄和经历的增长而逐渐固定，并最终锁定自己的终生理想。

第三个问题"我能干什么？"则是对自己能力与潜力的全面总结，一个人职业的定位最根本的还要归结于他的能力，而他职业发展空间的大小则取决于自己的潜力。对于一个人的潜力应该从几个方面着手去认识，如对事的兴趣、做事的韧力、临事的判断力以及知识结构是否全面、是否及时更新等。

第四个问题"环境支持或允许我干什么？"这种环境支持在客观方面包括本地的各种状态，比如经济发展、人事政策、企业制度、职业空间等；人为主观方面包括同亲戚关系等，两方面的因素应该综合起来看。有时我们在做职业选择时常常忽视主观方面的东西，没有将一切有利于自己发展的因素调动起来，从而影响了自己的职业切入点。而在国外通过同事、熟人的引荐找到工作是最正常也是最容易的。当然我们应该知道这和一些不正常的"走后门"等歪门邪道有着本质的区别。这种区别就是这里的环境支持是建立在自己的能力之上的。

明晰了前面的四个问题，就会从各个问题中找到对实现有关职业目标有利的和不利的条件，列出不利条件最少的、自己想做而且又能够做的职业目标，那么第五个问题，有关"自己最终的职业目标是什么？"自然就有了一个清楚明了的框架。

案例：职业策略分析

下面我们对某高校法医专业女生的职业选择和职业目标确定做一次分析，或许能够启发和她一样的同学。某高校法医专业女生，在临近毕业时常常对自己的职业方向难以选择。该同学找一份与本专业相关工作并不难，但由于自己是女生，在就业时肯定又不如同专业的男生，同时自己对教师的职业比较喜欢。在这种存在多种矛盾的情况下，我们不妨和她一起进行一次有关职业规划方面的认真思考，并通过对其职业前途的规划确定其就业方向。

What are you? 某高校法医专业毕业生；优秀学生干部，学业成绩优秀，英语通过国家六级；辅修过心理学、管理学；参加过高校演讲比赛，拿过名次；家庭状况差，父母务农，生活拮据，身体健康，暂时还不需要有人特别照顾；自己身体健康；性格上不属内向，但也不是特别活跃，喜欢安静。

What you want? 很想成为一名老师，这不仅是儿时的梦想，而且比较喜欢这种职业；也可以成为从事刑侦的一名普通检验技术人员；当一名法医也可以，只是感觉其工作性质有些不喜欢。

What can you do? 做过家教，虽然不是自己的专业，但与孩子交流有天生的优势，做家教时当学生成绩进步时很有成就感；当过学生干部，与手下人相处比较好，组织过几次有影响的大型活动；实习时在医院做检验工作，虽然没有大的成就，但感觉还行。

What can support you? 亲戚推荐去一家公司做技术检验；去年曾有几家学校来系里招聘教师，但不是当老师，而是要去学校做技术维护，今年不知会不会有学校再来招聘教师；有同学开了一家公司，希望自己能够加盟，但自己不了解这个公司的具体业务，也不知道它有多大的发展前途。

What you can be in the end? 最后的选择可能有四种，分别如下：

（1）到一所卫生技术学校当老师，自己有这方面的兴趣和理想，在知识和能力方面并不欠缺，在素质教育大趋势下，与师范类专业相比，自己有专业方面的优势，讲授知识时可以让学生了解更多的前沿知识，并且自己有信心成为学生心目中理想的好老师；不足的就是缺乏作为一名教师的基本训练以及一些技巧，但这可以逐步提高。

（2）到公司做技术人员，收入上会好一些，但通过这几年的发展看，这种行业起伏较大，同时由于技术发展较快，自己的专业知识与公司业务有差距，得随时对自己进行知识更新，压力较大，信心不足，兴趣也不是很大。

（3）去同学开办的公司工作；丢掉专业从最底层做起，风险较大，这与自己求稳的心理性格不符，同时家庭也有阻力。

（4）考研，家庭目前经济状况不允许，且未做准备，把握性较小。单纯从职业发展上看，这四种选择都有其合理性，但如果从个体而言，第一种选择显然更符合她本人的职业取向。从心理学上看，选择第一种能够使得她得到最大的满足，在工作中也最容易投入，做出一定的成绩后会有很大的成就感，也符合家庭的愿望。从职业前途看，教师这个职业也日益受到社会的尊重，社会地位呈上升趋势。从性格上看，这种职业也比较符合她的职业取向。主要困难是非师范生进入这个职业的门槛比较高，如果她能够在确定为自己的最终目标后努力去弥补与师范生在职业技巧方面的差距，那么她实现自己的职业理想将为时不远。

第三节　大学生职业生涯规划与实施

要实施个人职业生涯规划，最重要的是要做好并实施好大学阶段的大学生涯规划。未来有很多不确定的因素，是我们难以把握和控制的，但是对自己的大学生涯确实是可以把握的。把握了现在，把当前的事情做好了，未来职业发展目标的实现也就水到渠成了。

一、大学生涯目标的确定

大学生涯最常见的目标是就业、考研、自主创业，下面对此三大目标分别进行分析与解读。

（一）顺利就业

除了一流名牌大学（如清华、北大）的本科毕业生毕业后有半数继续读研或出国深造外，一般本科院校的本科毕业生、硕士研究生毕业后绝大多数还是直接进入社会参加工作，就业是在校大学生的最主要的目标。

每年12月份开始，是高校应届毕业生求职的第一个高峰期，各种校园招聘会、人才交流会上都可以看到他们匆忙的身影和急切的眼神。由于大学生工作经验不足、所学专业单一、面试经验少等因素，使得"天之骄子"的光环逐渐褪去，大学毕业生的平均起薪越来越低。这种情况使得很多刚迈入大学校门的学子也不禁为自己毕业后的出路担心。为了顺利就业或在激烈的竞争中有一席之地，越来越多的大学生采用以下方式拓展就业门道：

1. 参加职业资格考试，获得求职的第二块"敲门砖"

参加职业资格考试是现在大学生比较热衷的"充电"方式之一。有很多学生把职业资格认证视为大学毕业证之后的第二块"敲门砖"。所以各种各样的考试报名、辅导信息充斥校内的海报栏，有公务员考试辅导、教师资格认证考试培训班、心理咨询师、营养师、会计职称考试、雅思英语辅导班等，而且每种考试的报名费、辅导费，动辄近千元。然而为给自己找到更好的出路，很多学生抱着"这山不亮那山亮"的态度，报考很多培训辅导班，毕业时拿了很多证书，却没有用处。专家建议，大学生不要盲目去参加各种职业认证考试，要有计划，结合自己的专业和职业发展目标考取相关职业资格证书。

2. 辅修第二专业，增加就业砝码

很多大一新生在入学时就有了很强的忧患意识，希望在本专业之外掌握更多技能、更多知识，以提升自身的就业力。随着网络的普及，网络大学在短短的6年时间，在学人数已经达到了250万人，网络教育时间、地点的灵活性成为大学生掌握更多知识的很好方式。大一新生选择就读网络大学，利用课余时间攻读完相关课程，到毕业时还可以拿到两个都是国家承认的毕业证书。一位正在就读北京外国语大学网络教育学院（www·beiwaionline·com）的大学生表示："自己学的是管理专业，但现在单位面试先不提专业知识如何，初试都要先过英语关。而且在以后的工作中肯定要用到商务英语，尽早充实自己使自己符合企业要求，所以在北外网院选择了商务英语。就读网络大学既不耽误上学的功课，还可以学到自己欠缺的知识，真可谓是一举两得。"专家表示，网络大学要求学生有较强的学习能力和自制能力，大家在选择时要因人而异。同时应该选择应用范围广的专业，如英语、管理等。

辅修更被大学生广泛青睐。5000~9000元的学费，双休日上课，公共课免修，毕业时拿双证，还可以跨校辅修，所有这些条件，都很让人动心。

3. 利用课余时间打工，积累工作经验

众多用人单位在招聘员工时，常常会要求"有从事某某工作经验两年（或三年）以上"。这道门槛对于应届毕业生来说，是无法逾越的。所以在校大学生应及早做准备，利用课余时间打工积累工作经验，这也是提高自己竞争能力的一种手段。但有部分大学生一味只追求工作经验，不光是课余时间出去打工，甚至在上课的时间逃课去兼职。不但落下了功课，而且由于考勤不全导致考试不能通过。专家建议，学生还是以学习为主，自己的兼职时间和学业课程安排一定不能起冲突，要分清主次，在不耽误自己学业的前提下进行社会实践。

4. 参加职前培训，掌握求职技巧

很多学生的基本功很扎实，但就是过不了面试的"临门一脚"，因此大学生在平时应加强求职技巧方面的知识积累。目前学校就业指导中心和一些职前培训机构都可提供如面试技巧、职位描述、行业知识等培训，培训费用只有二三百元。随着高等教育大众化的到来，高端岗位的就业压力也随之增大。大学生必须多方面提高自己的竞争能力。希望每一位学生都能根据自身的条件和优势，找到适合自己的"充电"方式，再利用这个优势在市场竞争中找到适合自己的位置。

（二）考研

考研正在成为大学毕业生的热门话题。小徐同学是武汉某重点高校的一名大三的学生，毕业在即。伴随着暑假的到来，千军万马过独木桥的研究生考试已迫在眉睫，接二连三的高校毕业生招聘会也将拉开帷幕，比年前的招聘单位，工作环境与待遇都相当不错。宝贵的学习时间和难得的就业机会交织在一起，"鱼"与"熊掌"很难兼得。对于小徐而言，一个迫切需要做出决定的事情就是：考研与就业，哪个才是最适合自己的选择？小徐同学感到十分的困惑和迷茫。究竟是就业，还是考研，我们暂且不去细究，在高校中存在许多同类人的不同见解。也许他们的切身体会，会给那些打算考研、就业或依旧举棋不定的人一些启示！

（三）自主创业

比尔·盖茨创造了微软帝国，也创造了学生创业的神话。20世纪90年代末，全球性的学生创业热潮开始波及中国，成千上万的高校学生投身其中，一时间，创业成为大学生

成才的新捷径。

1. 创业很精彩，过程很无奈

赵洋是上海商业职业技术学院 2003 届毕业生，去年，他就看准了绿色食品的广阔市场，创办了碧连天绿色食品有限公司，专门从事绿色食品的销售和配送。虽然赵洋的公司与上水纯净水有限公司合作建立了绿色食品销售配送网，网点遍布全市各个地区，但他依然面临着营销方面的难题。对此，赵洋谈道："创业前我们做了充分的准备，包括市场调查、产品定位、寻求合作伙伴等，但当公司真正运作起来，才发现现实与理想的差距如此之大。特别是营销环节，如何开拓营销渠道、如何打开市场、如何赢得消费者的信任等，这一系列问题都摆在我们面前，处理得不好，就可能满盘皆输。"

另一位创业仅 4 个月的学生"老板"也在经验交流会上大叹苦经："大学生创业时都怀着满腔热情，但现实却浇了我们一头冷水。像我这样学中医的，毕业后回镇上开了一个小型中医诊所，创业空间很大，但进入后才知道，创业难度很大，刚刚大学毕业没有多大知名度，就诊的患者不多，请年资高的老大夫又没有资金，自己也觉得临床知识和技能太少，到现在我的业务不多，每天只有几个常见病人来输液，真不知道我的事业将来如何发展。"

据了解，类似的问题在大学生创业中非常普遍。大学生对于创业是热情有余，但对企业运营却是知之甚少，更缺乏实际操作经验，因此使创业之路举步维艰。"大学生创业网"负责人告诉记者说："如今，各高校 BBS 上人气最旺的就是创业论坛，每天都会出现大量的'创业宣言'，如'我想办个信息网站'、'我想做教育产业'、'我想向软件业发展'等。大多数人仅构思了一个模糊的创业方向，而拿不出切实可行的创业计划，真正落实到行动的更是少之又少。

最近几年，国家为鼓励大学生自主创业，出台了一系列优惠政策，社会各方面也为大学生创业大开"绿灯"，一些高校相继开设了创业教育，帮助大学生打好创业知识基础；全国性或地区性的大学生创业大赛频频举行，上海设立青年创业实习基地，无锡出现首条大学生创业街等，这些都为大学生提供了诸多的实践机会。应该说，外部环境对大学生创业十分有利，那么，大学生创业到底难在哪？

杨浦创业服务中心副主任吴寿仁分析指出，大学生是一个特殊的创业群体，其特别之处不在于年轻，而在于创业理念不够成熟，又缺乏必要的创业知识。从目前大学生的创业项目选择来看，技术含量低，没有充分体现大学生的技术优势。杨浦创业服务中心旗下约有 31 家大学生企业，其中技术型企业仅为 13 家。全国首条大学生创业街也有相似的情况，那些学生"老板"大多从事餐饮、服饰、摄影等行业，纯属"小打小闹"。市场资源有限的大学生，如果没有独特的技术项目撑腰，自然就没有竞争优势。此外，创业过程中涉及经济、管理、技术、营销、法律等多方面的知识，而从创业大学生的情况看，这方面明显"火候"不够，有许多学生把战略目标当作产品介绍，有的甚至不知道要把公司发展成什么规模。这些"先天不足"令大学生的创业之路荆棘遍布。

上海圣景科技发展公司总经理姚海平是学生"老板"出身，虽然如今公司已进入稳步发展阶段，但 6 年的创业经历让他尝遍了其中的酸甜苦辣。对此，他深有感触地谈到："创业不是创业者一个人的事，还需要创业团队的支持。特别是大学生创业企业，团队组成的时间较短，创业者又大多缺乏经验和市场资源，却需要和一些成熟型企业一起参与市场竞争，实力相差悬殊。在这种情况下，如果大学生创业团队不能形成有效的组合，不能解决来自内部的问题和矛盾，更容易翻船。"

2. 大学生创业需过好"四关"

尽管在大学生创业过程中存在着种种问题，但对大学生来说，自主创业仍是一条不错的发展途径，关键是要正视问题，并找出症结所在，然后对症下药。对此，"过来人"姚海平建议，大学生创业要过好以下四关：

（1）选项关。选择既适合自己又符合市场需求的创业项目，这是大学生创业者必须过好的第一关。一般来说，大学生创业应立足于技术项目，尽量选择技术含量高、自主知识产权明确的项目，并在技术创新的基础上做好产品市场化工作。此外，在创业过程中要注意保护自己的知识产权，这是大学生创业企业的核心竞争力所在。

（2）经验关。经验不足，缺乏从职业角度整合资源、实施管理的能力，这将大大降低大学生创业的成功率。因此，大学生创业不能"纸上谈兵"，而应具备一定的企业管理及市场营运知识和经验。即使是两三个人的"办公室式"小企业，也必须有明确的财务、人事制度。有条件的话，可聘请有管理经验的专家把关。

（3）团队关。在风险投资商看来，再出色的创业计划也具有可复制性，团队的整体实力是难以复制的，因此他们在投资时，往往更看重有合作能力的创业团队，而非那些徒有想法的单干者。对打算创业的大学生来说，强强合作，取长补短，要比单枪匹马更容易聚集创业优势。

（4）心态关。大学生创业除了要有好的技术，更要有好的心态，不能视野狭窄、过于自负，而应虚心接受别人的意见，并敢于直面挫折和失败。此外，时刻保持创业激情，也是突破创业瓶颈不可忽视的精神力量。

现在，很多重点大学的学生喜欢考虑换专业或辅修第二个专业即所谓修二学位，这也属于目标的修正问题。出于对兴趣与就业形势的考虑，大学生想换专业无可厚非，但换专业以前一定要弄清楚自己究竟喜欢和适合什么专业，不可盲目冲动。辅修也是一样，不可随大流，花上几千甚至上万元拿一个同属于本科层次的二学位不一定是明智的。

二、职业指导师帮你指路

1. 决心考研者

"考研，肯定考研，我不会去找工作，根本不会去尝试找。"在自习室见到这个有点弱不禁风的女孩时，她戴着厚厚的镜片，一直扎在书本里。她是刘丽，某师范大学大三的学生，对于考研，她非常执著："不用考虑，在校园里的日子永远是我向往的宁静生活。我知道自己还不能适应社会和工作的种种，比如人际关系，比如阿谀奉承，可是如果可能，我会想办法把留在学校的时间延长，读研就是一个不错的选择。"

找到北京大学临床专业的某男同学时，他正在寝室里看书。他同样是个考研的"狂热分子"。他告诉我，他从来就没有想过把本科生和研究生阶段分开，读书就应该一气读完。"学医的同学，应当都有这样的感觉，就是考研是必须的，年龄越大，脑子就越不好用，学习起来就越困难，考研肯定是一种趋势，既然迟早要读，那么肯定一口气读下来。我就这样想，如果当年考不上，那么肯定再考一年。""考研要通过考试，工作要经过面试，非考即试，最后我选择了考！"

在河北医科大学读研究生一年级的王姓女同学，一边做实验，一边在电话那边滔滔不绝："坦率地说，我几乎没有怎么犹豫，就选择了考研。"她列举了考研的三个原因：

第一，升学的惯性。17年的学习生活，让每个学生对升学"刻骨铭心"，读研究生是每个学生心里的梦想，如果不读，会成为一种永恒的遗憾，能力也会与同行有差别。

第二，就业的压力。本科生就业压力逐年增加。读研已被默认为一条缓解就业压力的行之有效的途径。

第三，待遇的差别。与本科生相比，无论是在找工作的难易程度上，还是工作待遇上，研究生都明显占优势。更重要的是，这种趋势在最近很长一段时间里不会有很大改变。

"真后悔，我应该一心考研。"在某招聘会上，某大学一名姓林的同学说："我本来可以考上的，就差5分进线，"带着一脸懊悔，她说，"去年11月学校举办招聘会，我抱着试试看的态度去了招聘会，一家单位愿意录用我。可哪想到此后我再也无心准备考研了。其实，这份工作我并不满意。真后悔，我应该一心考研！"考上研究生又找了好工作的人不是没有，如果选择了考研又三心二意，留下的往往是难言的失落。

"考上了研究生交违约金也划算"。用人单位为了招到优秀人才，往往会在学生毕业半年前去高校招聘，而研究生考试一般在第2年3月份才会有结果。那些早早便与用人单位签约的毕业生，往往是其所在高校比较优秀的学生，读研究生继续深造成为他们中许多人的梦想。所以一旦考上了研究生，他们宁愿选择违约。"考上了研究生交违约金也划算。"新疆财经学院本科毕业生小张说："几千块钱的违约金与大好前程之间，我选择后者。"正因如此，用人单位往往叫苦不迭。

2. 选择先就业者

北京某大学的陈同学立志要投身社会寻找自我。他说："这个世界如此精彩，怎能缺少我！我渴望着成功的喜悦，向往着美好的生活。在社会这所大学里，我将学到更多的知识，所以我选择放飞自己，走出象牙塔，在社会的是是非非中沉浮、历练，让自己更加成熟，让生活更精彩！"

"考研，一个多么令人心动的选择。然而，考研对我来说可谓一种奢望，不是怀疑自己的能力，也不是不求上进。"天津某大学的王同学在接受访谈时带着几分无奈。"当夕阳西下，农田里父亲弓起的脊背、母亲两鬓的白发、妹妹求知若渴的眼睛在我的脑海里印成永恒。我明白，考研，那只是一个梦想，一个蓝色的梦想。我只能默默祝福那些考研的人一路平安，面对现实我选择就业，为了让父母的叹息不再沉重，为了让妹妹求学之路上开满希望的花朵，我必须先就业。"条件所限，责任所在，大概是和王同学有相似情况的大学毕业生首选就业的共同原因。在抉择面前，他们更多的是背负着责任与义务。

就业是为考研留后路。李某是某大学基础医学专业的一名女毕业生，她选择了考研、就业"两手抓"。"我想读研究生，可又担心自己考不上，所以只好边找工作边考研。万一考研砸了，至少还有工作可以干！"据了解，由于当前就业形势严峻，大多数毕业生要找份工作已不容易，更别提要找到自己满意的工作了。无奈之下，先读研再就业便成为众多毕业生尤其是女生的选择。毕竟，研究生比本（专）科生有优势！可是谁也无法预料，随着研究生招生规模日益扩大，三年后的研究生依然还会是今天的香饽饽吗？

3. 走中间路线者

走中间路线的人，也是很多的。"如果你念大四、大五没有准备考研，其他人会说你没有品位；如果你上大五又没有准备找工作，其他人会说你不聪明。所以，最合理的情况，就是能够把考研和找工作兼顾起来。鼓励考研的人几乎都会告诉你，考研与找工作并不矛盾。因为考研是在毕业那年的春节前，而找工作可以一直找到夏天毕业。所以，花上一个学期左右的时间来复习是值得的。即使没考上，还可以在考完之后，加入找工作的大军。"一位没有考上研究生，但工作还不错的过来人提醒说。

中国医学科学院中药研究所研究生康少明说得很洒脱："考研与找工作不会构成冲突，你想干什么，只要是正当的，那就干吧！我们都需要工作，但同时，我们还需要发展。当然你也可以不读，要学习，一个人安静地读读书，充实工作技能，都是理由。我有个连自己都觉得偏激的想法：每个人都应该读研究生，没读研究生的人生是不完整的，当然你也可以不读，但至少你应该知道，在你所在的领域里，基本的学术动向是怎样的，业务遇到瓶颈时，你至少应该知道向何人请教。"

4. 同时选择考研和就业

小张是南方某大学的一名应届毕业生，早在暑假的时候，她已经在为来年的研究生入学考试作准备。"对我而言，考研并不纯粹是为了回避就业的压力，只是觉得大学 5 年的学习，自己没有什么突出的表现，考研是希望能弥补本科学习生活留下的遗憾。"她告诉记者，在班上，有超过三分之一的同学已经开始了如火如荼的考研复习，而当中不少人更是"一颗红心两手准备"，同时选择了考研和就业。

"虽然自己有很强烈的考研决心，但要是万一考不上，那怎么办？尤其是看着同学在为做简历、面试而忙碌时，就业的问题不由得又在脑子里反复衡量了很多遍。"一位师范学院的毕业生有点无奈地说，尽管不想因为求职影响考研复习，但他还是制作了个人简历，准备托同学在校园招聘会上投出。"不管怎么说，11、12 月的校园招聘会是很多企业开始招收毕业生的重要时机，当第二年三四月考研成绩公布的时候，高校内的大型校园招聘会已接近尾声，不少企业已经确定了录用名单，那时再求职机会会少很多。"

职业指导师点评一：即将毕业的大学生切莫在考研与就业间徘徊。在考研已成为一种趋势和潮流的今天，大学生考研以求上进的思想是好的。但每个人的学习、身体、经济等方面的条件是不同的，所以考研不要"从众"，更不要一哄而上，一定要从实际出发，综合自己的优势，认清自己的劣势，充分评估自己吃苦勤奋等各方面的能力。有实力、有优势、有兴趣就要全力以赴，不要考虑是否能够成功，既然选择了考研，就要风雨兼程。如果自己确实没有与别人竞争的优势和实力，又对考研兴趣不大，不必勉强，可以牢牢把握现有的就业机会，先找工作，本科生的就业期望值只要不是太高，找工作还是不成问题的，以后如想继续深造，还是有求学机会的。要学会两条腿走路。社会鼓励大学毕业生考研，但考研的同学除非实力特别强，否则一定要做好两手准备，学会两条腿走路，该复习时复习，该应聘时应聘，遇到条件不错的单位，先签订就业协议，只要在就业协议书上注明考研成绩出来后的意向，协议不会成为将来上学时的羁绊。

职业指导师点评二：考研其实是一个提升大学毕业生能力的重要途径，条件如果许可的话，考研是一个不容忽视的选择，但前提是毕业生要端正考研的心态。如果只是希望借考研作为缓冲就业压力的过渡，那还不如尽快进入职场，在工作的磨炼中成长。在专业方向的选择方面，研究生考试无疑是给了大学生重新选择专业的机会，这时首要的是考虑专业与未来就业方向的契合度问题。

在往后的职场中，要面对的问题远比校园生活复杂很多，同时兼顾考研和就业，也是一种挑战。如果认为考研是回避就业压力的避风港，那绝对是错误的观点，只有勇于接受压力，经营好自己，才是最佳选择。考研、就业两手抓利大于弊，虽然会有一点矛盾，但矛盾不大。考研的同学在毕业前抽空可以准备一些材料，边复习考研，边推荐自己。找工作时，如果能与就业单位好好沟通，单位会支持、理解毕业生考研的。如果一个单位具有吸引力的话，毕业生在研究生毕业后同样可以到该单位工作。交违约金的做法只是权宜之计。面对巨大的就业压力，毕业生应抓住现有的时间扬长补短，准确定位，客观把握自己。无论考研还是就业都和其他事情一样，不是为别人，而是为自己。任何一件热闹的事情都有其泡沫的成分。如果你不想成为其中的一个泡沫的话，还是想想清楚，你是不是因为自己而作出的决定！其实，无论走哪一条路，只要坚持不懈地走下去，毕其一生去做，都能获得巨大成功。

三、克服大学生涯规划实施中的阻力

在目标的实现过程中不可能总是一帆风顺的，面对挫折与失败，有的人愈战愈勇，有的人却晕头转向，为什么会有这么大的区别呢？究其原因，在于不同的人分析与解决问题的能力不一样。对目标实现过程中的阻力进行分析是很有必要的，大学阶段目标实现的阻力主要有以下几种情况：

1. 目标设置不合理

比如说某大学生在大学期间，既想学习成绩一流又想当个好的学生干部，既想恋爱成功，又想打工赚钱，这显然是不太可能的。以上目标如果分割成阶段性目标是可以实现的。

就业、出国、创业均可以作为大学期间的发展目标，但必须具体与现实。如选择先就业，那就要想清楚去什么地方就业、在什么行业就业、从事什么职位与性质的工作、希望拿多少工资等，如选择出国留学，那就要考虑家庭经济承受能力、个人学习成绩尤其是外语水平等，如琢磨着毕业后自主创业那就必须积累经验、学会分析市场行情、制订创业计划等。目标没有对错之分，适合的就是最好的。如果选定的目标不合理，那就已经失败了一半。

2. 制定目标的当事人缺乏执行力

性格决定命运，细节决定成败。这话讲得非常有道理。经常听一些大学生讲："我要考研。"可是没过多久，他就改变主意了。还有的大学生说："从下周开始，我要好好学英语。"大家可能会问：为什么非要从下周开始而不是从今天开始呢？执行力相当于心理学中所说的毅力。毅力就是为了梦想去敲天堂的大门，频繁大声地敲，最后终于如愿以偿。因为天堂被你打扰得烦不胜烦，但求让你闭上嘴，于是你成功了。范仲淹在吃不饱、穿不暖的艰苦条件下，却能坚持读书，最后还当上了宰相，他靠的正是毅力，是毅力使他成功了，是毅力使他当上了宰相。

人生就是一场马拉松赛，开始跑在最前面的未必能一直领先，成为一名胜利者；原来落在后头的并不一定就永远不能后来居上，命中注定做一名失败者。有人老是在别人的成就和荣耀面前哀叹自己起步太晚，其实每一位马拉松参赛者都明白，退个三步五步，甚至十步百步也不算晚，关键是在能否坚持到终点。判断人生道路上的这场胜负，取决于用毅力换来的成绩，正如判断一棵果树的优劣，是看它结的果实是否丰硕，而不苛求它的叶子是否葱郁。成功者常常用毅力去书写迷人的胜利传奇。

3. 目标实现的外在条件不具备或者发生改变

从哲学的层面上讲，目标实现的内在条件相当于内因，外在条件相当于外因。

所谓内因即内部矛盾，是指事物内部各要素之间的对立统一关系。如：种蛋产出时已经发育成多细胞的物之间的对立统一关系。如果没有适宜的温度，种蛋中的胚胎就无法正常发育，种蛋还是种蛋，而时间过长，胚胎就会死亡，就更谈不上孵出小鸡来。可见，种蛋与温度之间也是既对立又统一的关系，即是鸡蛋变小鸡过程中的外部矛盾。正如同我们制定的个人职业生涯规划是在一定外界环境背景下产生的，如果外界环境发生变化，职业生涯规划实现过程中必然受到影响。因此，要顺应环境及时调整个人生涯规划，实现职业目标。

第四节　科学择业的原则与步骤

在日常生活中，我们时常要面临各种抉择，必须随时做出决定。有的决定很简单，只要稍加思考，很快就能依照个人的需要或喜好做选择。例如：今天要穿什么衣服，到餐厅吃饭点什么菜，要不要去参加同学的生日聚会等。有的决定可能需要花些时间去考虑，但决定的后果不会对个人有太多不利的影响。而有的决定就必须慎重地考虑，因为其最后的决定可能关系到一个人未来的前途发展。比如，选择什么样的职业；选择什么样的人作为结婚对象等等，"女怕嫁错郎，男怕入错行"充分说明了科学决策对个人未来人生发展的重要性。

一、坚持正确的择业原则

(一) 适合自己的才是最好的

为什么适合自己的才是最好的？先让我们来看一个故事：

曾经有一头牛觉得狗的生活过得十分体面，因为狗非但什么活都不用做，而且每天只要在主人面前摇摇尾巴，和主人亲热亲热，就能够得到主人的宠爱，真是太幸福了。反观自己，每天忙得要死，到晚上才能吃到一堆干草，真是不甘心。最让自己痛苦的是，到了年老无力之时，还有可能要被送到屠宰场被杀掉。于是，牛便决定学着做狗所做的事，冲进了主人的起居室，围着主人又是蹦又是跳，还学狗那样，舔主人的脸，主人家里的东西也被它踢得稀巴烂，可想而知，这头追求体面而不顾自身实际情况的牛的下场是什么了。

细心分析，我们就会明白，牛之所以得到了可悲的下场，完全是因为它做了不适合自己的事。牛适合农田做活和拉车，如果它去做宠物狗的事情，结果只能是一团糟。

在现实社会中，人们之间攀比跟风十分普遍。在选择职业时，这种社会风气对个人的影响更是表露无遗。当一名大学生面临职业选择时，身边的亲人往往会建议他选择那些比较体面的工作，而不让他找一份适合自己的工作。例如，亲戚朋友们劝他去做一名医生、工程师、大律师、演说家、艺术家或者政治家等等。为什么？就因为这些职业会给个人带来比较高的收入，而且让身边的人听了，也会表露出一种羡慕，从而让自己觉得很有面子。其实，在选择职业时，千万不要把面子放在首位，而应该首先考虑这项工作是否适合你。也就是说，你必须知道自己适合做什么，能做什么，你的优势与核心竞争力在哪里。万不能只看到别人职业的长处和自己职业的短处。只有选择了适合自己的职业，个人在今后的工作岗位上，才能最大程度地发挥自己的优势和潜能，将来成才的概率才会大。

（二）实现自身价值与满足社会需要相结合

每个走向社会的大学毕业生都重视自身价值的实现，希望找到一份理想的职业，这是合情合理的，是人的正常需求。但怎样实现自身的价值呢？实践表明，一个人对社会的贡献越大，社会给予个人的尊重、肯定、承认就越多，自身价值实现得就越充分。如果一味只追求名与利，抛开为社会服务的原则，个人价值也就无从谈起。

（三）面对现实，客观评价自己

随着社会主义市场经济的建设以及高等教育的大众化，人才的竞争越来越激烈。一方面，求职择业的群体在不断扩大，这就要求大学生必须正确认识自己，并根据社会需要来调整自己的知识结构，不断充实完善自己，努力为自己创造满足社会需要的条件。另一方面，用人单位也从实际工作需要出发选择人才，并分层次择优录用求职者，大学生必须正视这一客观现实：在你选择用人单位的同时，用人单位也在选择你。

虽然就总体而言，医疗行业对大学生的需求也在不断增加，市场也一直处于供不应求的状况。但是，具体到某个地区、某个单位，情况就不尽相同了，再者，社会发展变化迅速，不同时期的人才需求数量和模式也有很大不同，更何况经济活动有一定的波动性，一定阶段的生产力发展水平和社会劳动分工结构，直接影响用人单位和社会对专业人员数量、规模、质量及所学专业的要求。因此，大学生应该现实地分析自己所处的择业环境，对自己有一个合理的定位，降低期望值。

（四）扬长避短、发挥自身优势

身体条件与择业的关系是显而易见的。口吃的人不能去做教师。了解自己的能力优势是非常重要的。人的能力有大小之分，有不同的侧重与擅长。陈景润搞公关不行，搞科研却出类拔萃。这说明大学生在择业时，一定要扬己所长，避己所短，发挥自身优势。

所谓发挥优势，是指在选择职业岗位时，必须从客观出发，综合自己素质、能力情况，侧重某一特长或某一优势来选择职业岗位，以利今后在职业岗位上顺利地出色地完成本职工作。这样，不仅体现人尽其才、才尽其用的要求，而且也体现了对事业负责、对社会负责的精神。

要做到发挥择业的素质优势，首先要求大学生能够客观评估自己，知道自己的所长所短。为了更好地认识自己，除了自己主观努力外，还需要教师、家长、同学、朋友的协助，多听听他们对自己能力、性格、专业特点的分析以及对自己择业的意见，以便准确、客观地评估自己，确定合适的职业岗位。

（五）发展性原则

在择业时，既要考虑眼前，又要考虑长远；既要有利于现在的生存，又要有利于将来的发展，避免短期行为。社会是在不断发展变化的，每个毕业生所处的生活和工作环境也在不断变化，因而职业目标的选择不应该也不可能一次定终身，所谓"从一而终"，在现代市场经济条件下对个人和社会都没有益处，也是不可能的。医药行业飞速发展，专业逐步分工细化，很可能由内科医生转为肿瘤科医生或管理人员，由中医科转为康复科医生，因此，职业选择应处在动态过程中。在暂时没有适合自己的工作单位或岗位的情况下，可以暂时考虑一些条件相近的单位和岗位，或索性选择到基层锻炼，通过牺牲眼前利益以便积累基层工作经验而为将来的进一步调整和发展做好准备。从这个角度讲，大学毕业生大可不必为一时找不到"理想"的接收单位而苦闷，也不必为自己"迫不得已"所作的"不理想"的选择而懊悔。至于那种与某个接收单位签订了就业协议之后，又遇到了一个"更好的"单位，于是就置一切政策和规定于不顾，不计任何后果和代价，采取一切方法和手段去违约，以图高就的行为，就更加不可取了。

二、科学择业决策的步骤

如图6-4所示，一个科学、合理的择业决策应该遵循如下五个步骤：

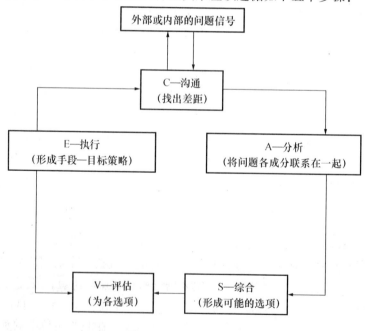

图6-4　CASVE循环

（一）沟通

明确决策的问题，即意识到必须就职业问题做出一个决策。这种意识可以由各种原因引起。例如，职业生涯规划，需要确定职业发展目标，辅修第二专业；即将毕业，需要求职择业等等。以"大学生 A 即将进入大五"这一客观事件为例，促使一个亟待解决的问题产生：马上做出决定是先考研还是先就业？

（二）分析

做决策需要大量的信息资料，本步骤所要做的是，收集决策所需的信息资料，其中包括：（1）自我分析。收集自我在生理、性格、兴趣、价值观、需要、家庭等方面的资料；（2）职业分析。收集有关职业、行业、企业等方面的资料。大学生 A 对自我和职业的分析：（1）自我分析：喜欢跟人打交道、具有较强的创新能力和学习能力、责任心强、感觉到医学知识能力不够，想在学校进一步学习，未来想在心血管领域成为知名专家。（2）职业分析：研究生阶段会学到更多更深的专业知识、家庭状况不好、大学生就业会越来越严峻。

（三）综合

排列出各种备选方案。通过对所收集的资料进行整合，形成两种或几种有助于解决问题的方案。对大学生 A 来说只有两个选择：考研和就业。

（四）评估

权衡利弊。根据自己的价值观念系统，将各种备选方法按优劣顺序进行排序，并确定一个收益最大成本最小的行动方案。

（五）执行

采取行动，即开始行动起来实施步骤四所确立的行动方案。行动完毕后，再回到沟通步骤，评估问题有没有解决，如果问题解决了，决策循环到此为止。如果没有，则进入分析步骤。很显然，大学生 A 选择一至二年内暂不考研先就业。做了这个选择之后，对大学生 A 来说，就需要马上学习求职技巧、关注市场需求信息、制作求职简历等具体行动了。

上述决策程序，被称为计划式决策。即在了解自己，搜集资料，分析资料的基础上，做出一个理性的决策。在实际决策情景中当需要做出重大决策时，应该避免如下不符合科学程序的决策类型：

1. 冲动式

决策的过程基于冲动，个人选择第一个遇到的选择方案，就马上反应。其表现的方式可能为"先做决定再说，以后再想后果"。

2. 宿命式

个人明白做决定的需要，不过将决定的主权归于命运，认为无论选择什么都一样。其表现方式可能为"会怎样就怎样，反正命中注定"，"船到桥头自然直"。

3. 顺从式

个人遵循他人为自己做的决定，而非自己做决定。其表现方式可能为"如果你这样，我就这样"。

4. 延迟式

个人知道问题所在，但就是一直拖延未作决定。其表现方式可能是"急什么，以后再说吧"。

5. 痛苦式

花费太多时间和心力去搜集资料，结果面对庞大的资料却无法处理以做出决定。其表现方式可能为"麻烦死了，这么多资料，叫我如何处理"，"我不能做决定，万一错了怎么办"？

6. 无力式

个人知道该做什么事，却感到无力不知道如何进行。其表现方式可能为"我知道怎么做，可是我却办不到"。

在某些情况下，比如信息不明、时间不允许，富有经验的个人可能会凭借直觉做决策，即直觉式决策。这也是科学、合理的决策模式，但在这种情况下，对决策者的个人素质要求非常高。

 思考与讨论

1. 职业生涯规划的意义何在？
2. 试述职业生涯规划的基本步骤。
3. 为什么职业生涯规划的核心问题是设定职业生涯目标？
4. 请你在分析自身条件和社会环境的基础上设计一份自我职业生涯规划。

（可用文字形式，也可用表格形式，可参照下表）

个人职业生涯规划表

姓名		性别		年龄	
健康状况		政治面貌		所学专业	
职业意向					
个人因素分析					
环境因素分析					
职业生涯目标	人生目标				
	长期目标				
	中期目标				
	短期目标				
在校学习规划与措施					
中期规划与措施					
长期规划与措施					
备注					

第七章　自我管理与发展

职业生涯的发展、成功与个体良好的自我管理能力有着密切的关系。自我管理是我们自己创造出来的关于如何生活的一种选择。本章主要就时间管理、情商的培养、潜能开发、人际关系管理进行阐述和分析。

第一节　时间管理与自我发展

时间管理是所有大学生不可回避的问题。不会把握时间是大多数大学生的共同体验。"时间就是金钱"、"时间就是生命"、"一寸光阴一寸金，寸金难买寸光阴"，诸如此类的话语每位大学生都可以脱口而出，但是他们究竟做得怎样呢？且听听几位"过来人"的话吧。

"上大学之初感觉好极了！认识好多人，参加各种社团，没有考试，没有作业……可是，接下来，我发现所有的事情都堆在一起，难以完成！"

"我宿舍的一个哥们整天闭门不出，他几乎把所有的时间都花在 QQ 聊天和网络游戏上。"

"上大学之后我似乎变成了一只懒虫。平生头一回没有人告诉我该做什么，该什么时候做，于是我真的什么也没做，包括学习。"

"我要是在大学多学点东西就好啦！"

"我应该少看些电视，好好地约束自己，多读点书！"

一、什么是时间管理

（一）时间的特点

时间，看不见，摸不着，是物质运动的顺序性和持续性，其特点是唯一性，是一种特殊的资源。法国思想家伏尔泰曾对时间出过一个意味深长的谜："世界上哪样东西最长又是最短的，最快又是最慢的，最能分割又是最广大的，最不受重视又是最值得惋惜的；没有它，什么事情都做不成；它使一切渺小的东西归于消灭，使一切伟大的东西生命不绝。"毫无疑问，谜底就是时间。时间对于不同的人有不同的意义。对于活着的人来说，时间是生命；对于从事经济工作的人来说，时间是金钱；对于做学问的人来说，时间是资本；对于无聊的人来说，时间是债务；对于学生，尤其是大学生来说，时间是财富，是资本，是命运，是千金难买的无价之宝。时间具有如下特性：

1. 不可回溯

时光的隧道是单向的——逝去的永远不会再回头，一切都将成为历史，它不像空间一样，到过的地方可以"旧地重游"。

2. 不能买卖

一般人都认为时间是公平的、免费的，每天清晨只要睁开眼睛，一天24小时就摆在眼前。不需花一分钱就能到手，也不需努力去争取，所以大多数人认为时间没有什么了不起。它不能买，不能卖，不能租，不能借，不论是富翁还是乞丐都不能改变这个事实。

3. 无法暂停

我们毫无选择的余地，被迫以每天24小时的固定速率消耗它，时间一过，一切都将成为往事。我们无法像操纵机器一样操纵它，决定何时"开"，何时"关"。没有人能阻挡它前进，它更不会像火车到站，为了让旅客上下车，可以暂停。它像自由落体般，没有暂停，只有"终止"。

4. 毫无供给弹性

时间的供给量是固定不变的。在任何情况下不会增加，也不会减少，每天都是24小时，所以我们无法"开源"。

5. 无法蓄积

时间不像人力、财力、物力和技术那样被积蓄储藏。不论愿不愿意，我们都必须消费时间，所以我们无法"节流"。

6. 无法取代

任何一项活动都有赖于时间的堆砌，这就是说，时间是任何活动所不可缺少的基本资源。因此，时间是无法取代的。

7. 无法失而复得

时间无法像失物一样失而复得，它一旦丧失，则会永远丧失。花费了金钱，尚可赚回，但倘若挥霍了时间，任何人都无力挽回。

（二）什么是时间管理

时间管理学者杰克·弗纳对时间管理的定义是：有效地应用时间这种资源，以便我们有效地达成个人的重要目标。需要注意的是时间管理本身永远也不应该成为一个目标，它只是一个短期内使用的工具。一旦形成习惯，它就会永远帮助你。一个人之所以成功，时间管理是非常重要的因素。如果我们想要成功，就必须把我们的时间管理工作做得更好。也有人认为，"时间管理"所探索的是如何减少时间浪费，以便有效地完成既定目标。由于时间所具备的独特性，所以时间管理的对象不是"时间"，它是指面对时间而进行的"自我管理者的管理"。

还有人认为，时间管理是在日常事务中执著并有目标地应用可靠的工作技巧，引导并安排管理自己及个人的生活。合理有效地利用可以支配的时间。

综上所述，其实时间管理就是自我管理，就是事前的规划或长期的计划；自我管理即是改变个人习惯，以令自己更富绩效，更富效能；研究造成时间浪费的所有因素，改掉浪费时间的恶习，这些都是成功者必备的武器，作为大学生应该在读大学期间学会或养成理自己时间的习惯。对大学生而言，时间管理就是在大学求学期间，学会如何面对时间的流动而进行自我的管理，其所持的态度是将过去作为现在改善的参考，把未来作为现在努力的方向，而好好地把握现在，立刻去运用正确的方法做正确的事。大学生时间管理的关键就是事件的控制，即把每一件事情都能够控制得很好。时间管理是日常事务中执行的一种有目标的可靠的工作技巧。例如，如何安排你的生活，怎样去规划你的学习或者工作的步骤，关键是合理有效地利用可以支配的时间。

大学生时间管理的目的在于提高学生的工作效率、学习效率，时间利用既要抓紧时间，合理利用，又要在单位时间内取得更大的工作成果和学习成果。大学生的时间管理主要包括：学习时间的管理；工作时间管理；如班会、社会实践等等生活时间；如与同学交流的时间等等，这些时间管理中都包含合理的休闲时间管理。大学生的时间管理主要是如何合理地安排时间来完成既定的目标。目标的确定是时间管理的基础，只有有了目标，才能安排时间来实现这些目标。所以时间管理先要确定追求的目标，然后制订一份计划，实践计划，不断地反思时间管理是否合理，以便加以改进。

二、时间管理的重要性

管理大师彼得·杜拉克曾经说过：不能管理时间的人，就不能够管理一切。早在1930年，胡适先生在一次毕业典礼上的演讲，就告诫大学生时间管理的重要性。他说："诸位毕业同学，你们现在要离开母校了，我没有什么礼物送给你们，只好送你们一句话。这一句话是：珍惜时间，不要抛弃学问。"达尔文一生多病，不能多做工作，每天只能做1个小时的工作。你们看他的成绩，每天花1个小时看10页有用的书，每年可看3600多页书，30年读11万页书。11万页书可以使你成为一个学者了。可是每天看3种小报也得费你1个小时的工夫；四圈麻将也得费你1个半小时的光阴。看小报呢？还是打麻将呢？还是努力做一个学者呢？全靠你们自己选择！易卜生说："你的最大责任就是把你这块材料铸造成器。学问就是铸器的工具。抛弃了学问便是毁了你自己。再会了，你们的母校眼睁睁地要看你们10年之后成什么器。"

曾经有这样的一个测试：如果你是一个从事农产品贸易公司的中层管理者，早晨8:30上班，中午休息1小时，下午5:30下班，今天需要处理7件事情：第一，处理当天紧急事宜，需要1小时；第二，有谣传公司的产品有质量问题，处理投诉需要2个小时；第三，和公司总监沟通需要4个小时；第四，和总经理一起吃工作餐需要1个小时；第五，编写下一年度的预算报告需要2~3天时间；第六，处理前一天未处理完毕的事宜需要1个小时；第七，下午开会的材料还没有准备好，需要30分钟。你如何安排自己一天的工作流程？

进入新世纪，经济一体化、信息全球化及科学技术的日新月异正飞速地改变人类的生活节奏，时间管理之于大学生，更加显得重要和紧迫。慢一步，差之千里；误一时，落后百年。大学生要想成才，要想成就一番事业，就必须对时间进行有效的管理，充分发挥自身的潜能。从某个层面上讲，一个人的成就跟他的时间管理的好坏是成正比的。时间管理好的人，就能成为时间的主人，否则就是时间的奴隶。对大学生而言，大学四年的时间是非常宝贵的，必须利用好每一天的时间。鲁迅说过，如果能利用好零碎的时间，时间是可以增加的。鲁迅的成功，有一个重要的秘诀，就是珍惜时间。鲁迅12岁在绍兴城读私塾的时候，父亲正患着重病，两个弟弟年纪尚幼，鲁迅不仅经常上当铺，跑药店，还得帮助母亲做家务。为了不影响学业，他必须做好精确的时间安排。此后，鲁迅几乎每天都在挤时间。他说过："时间，就像海绵里的水，只要你挤，总是有的。"鲁迅读书的兴趣十分广泛，又喜欢写作，他对于民间艺术，特别是传说、绘画，也深切爱好；正因为他广泛涉猎，多方面学习，所以时间对他来说，实在非常重要。他一生多病，工作条件和生活环境都不好，但他每天都要工作到深夜才肯罢休。鲁迅感言："美国人说，时间就是金钱。但我想：时间就是生命。倘若无端地空耗别人的时间，其实是无异于谋财害命。"因此，鲁迅最讨厌那些"成天东家跑跑，西家坐坐，说长道短"的人，在他忙于工作的时候，如果有人来找他聊天或闲扯，即使是很要好的朋友，他也会毫不客气地对人家说："唉，你又来了，就没有别的事好做吗？"同样的刚进入大学的两个学生，开始并没有什么太大差别，但是毕业的时候却截然不同。一个数门科目不及格，延期毕业；另一个学业优秀，得到知名企业的青睐。其实他们之间的本质区别还在于对时间的利用。对第一个学生来说，如果每天能合理安排时间，省出一些时间花在学习上，也会取得很大的进步。

目前，大学生在支配时间过程中，存在严重的浪费倾向，主要表现在两个方面：

一是显性的时间浪费现象，如漫无边际的上网、逛街和聊天，这种时间的浪费几乎不创造任何价值。它产生的原因有：缺乏时间观念；缺乏计划性；在时间消费上缺少主动意识。缺乏时间观念主要是指一些大学生价值观和人生观不积极，他们读大学主要是为了混文凭，有些学生知道凭家长的权力和地位，不学习毕业后也能找到一份很好的工作，所以他们在学校就不学习，靠上网、聊天等来打发时间，浪费时间。缺乏计划性主要是指一些大学生没有时间管理的意识，每天就按照事情发生的先后顺序来做，说白了就是没有明确的目的，过一天算一天，没有长远的打算。在时间消费上缺少主动意识主要是指一些大学生不会利用时间，也不知道节约时间，问题来了就解决问题，而不是主动积极地面对生活。以上三种情况，他们的时间是被别人浪费掉的。

二是隐性的时间浪费现象，如不专心听课，看书听音乐。它给我们制造一个假象：似乎我们正在专心从事手头的工作，实际上并非如此，它有时比什么都不干还要糟糕。因为，首先，我们必须承认在重要的事情上，一心二用只是一种敷衍的行为，它很可能会让重要的东西在不注意的时候溜走，而我们自己并不知道；其次，一心二用欺骗了自己，我们都很少承认这种做法是有效率的，但我们还是这样做了，为什么？因为在潜意识里我们还是接受了这种行为，并且以为"这一章我看过了"或者"我可看了三遍了"。因为他忽视了，原先他就是做给别人看的，而不是真正想把这个东西记住。最后，也是最严重的一点是，我们会习惯性地采取这种错误的行为，改掉一个习惯远比建立一个习惯要难，而这种错误的行为在当时却被认为是有效的而坚持执行，这样我们就模糊了问题的根源，使自己陷入了一个自己造就的怪圈中，如图7-1所示。

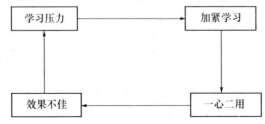

图7-1　学习循环怪圈

它像一个转动的轮子越转越快，直至把我们拖得筋疲力尽。碰到这种情况，我们第一要做的不是拼命地去推动"加紧学习"这一环，而是找到"效果不佳"的深层次原因，比如说是"一心二用"，从这个原因入手去改变目前的被动局面。

对大学生而言，强调时间管理的重要性和紧迫性，基于以下三个方面的原因：

（1）生涯规划观念的兴起。今天的社会为人们提供了更多的机会，并且相应的机制也正变得富有弹性，人们可以根据自己的兴趣、能力和机遇更换职业或职位，以追求多彩的人生经历。人的生涯和职业发展，是由片断的时间所贯穿而成的，也就是说时间是生涯的单位。随着生涯规划的受重视，为了掌控生涯发展的各个阶段，以追求成功的人生和事业，大学生就必须学会有效的时间管理。

（2）休闲意识的加强。在物质环境匮乏的时代，所有的人必须每天勤于工作，以改善生活。但是随着生活水平的提高，以及工作压力的剧增，休闲时间的安排，更显得重要。而要安排休闲活动，就必须在有限的时间内，对时间做有效的利用，把空出的时间用于休闲。休闲时间对当代大学生尤为重要。许多大学生由于压力大，一直埋头学习，不仅学习效率不高，而且影响心理健康。

（3）追求完满生活的愿景。人生除了工作之外，还有爱情、婚姻、亲情等。成功的人生，并非只是事业的成就，而是生活各个层面的完美结合。因此，如何分配时间，做到各面兼顾，需要有效的时间管理。大学生时期正是为今后工作打基础的时期，对时间进行有效的管理，可以学到更多的本领和能力，为今后自己的工作多增加一些机会。而且时间管理是一种习惯，当你有好的习惯，你就会在以后的工作和生活中游刃有余，你的生命就会更精彩。

三、高效时间管理

（一）培养时间管理意识

培养良好的时间管理意识和习惯，是大学生进行高效时间管理的前提和基础。

有一篇文章这样写着：你想知道一年的时间有多重要吗？你可以问问高考复读的人；你想知道一个月的重要吗？你可以问问早产的人；你想知道一周的重要吗？你可以问问周报的编辑；你想知道一小时的重要吗？你可以问问等待见面的情侣；你想知道一分钟的重要吗？你可以问问错过火车的人；你想知道一秒钟的重要吗？你可以问问躲过一场车祸的人；你想知道十分之一秒的重要吗？你可以问问奥运短跑选手。时间管理意识，本质上而言，就是对待时间的态度。在每个人的心里，都有自己的内在时间表，一年365天，一天24小时，一小时60分，一分60秒，但是每人的主观世界都非常不一样，并且随着当时的情绪与想法而有所不同。具备时间管理意识，不仅仅只是节省时间，而是要能够了解时间，充分意识到时间的重要性，从而好好利用时间。为了解自己时间管理意识到底如何，先让我们做两个小实验：

实验一：测量你的客观时间感

找一位朋友，请他帮你计时，凭感觉说出一分钟与五分钟。注意，不要心里默念记秒，只要静下心来，用心体会，感觉一下时间的流逝。

实验二：评估自己的主观时间感

拿一本笔记本，记下每日你必定会做的事情（例如：刷牙洗脸、洗澡、上网、学习……），再分别估算你会花多少时间，然后再确实记录下来。估算与实际所花的时间做一比较，了解之间的差别。

上面两实验如果你确实做了，无论测出来结果如何，都应感谢自己认真去度过那一秒钟、一分钟、十分钟……在注意时间的同时，时间感才能这么明显地被我们看见，而我们其实是一直与它同在的，就像是呼吸，当你注意呼吸时，呼吸才变得特别明显。时间管理意识，就是要把时间等同于自己的呼吸一样，不仅仅意识到它的存在，而且要认真对待。对大学生而言，浪费时间的症状主要表现为办事拖拉、打牌和打游戏、连续看小说、电话聊天、长时间 QQ、经常性喝酒聚餐、闲谈聊天、犹豫不前、没目标、不考虑轻重缓急、凭记忆办事等等。培养时间管理意识，就是要做好以结果为导向的目标管理。

1. 做好心理建设

要把时间管理好，要先做自我心理建设。首先要有把事情做好、把时间管理好的强烈欲望。其次是要明确做好时间管理的目标是什么，进而不断实践。时间管理是一种技巧，观念与行为有一段差距，必须经常地去演练，才能养成良好的习惯。最后是要下定决心持续学习，直到能运用自如。

2. 改变对待时间的态度

时间＝金钱＝生活，甚至时间＞金钱，即时间比金钱还重要。只有把时间管理好，才能够达成自我理想，建立自我形象，进一步提升自我价值。每个人应把自己当成一个时间管理的门外汉，努力不断地学习。若能每天节省 2 小时，一周就至少能节省 10 小时，一年节省 500 小时，则你的生产力就能提高 25% 以上。每一个人皆拥有一天 24 小时，而成功的人单位时间的生产力则明显地较一般人高。

3. 获得成就感

激发动机的关键就是成就感。要成就一件事情，一定要以目标为导向，才能把事情做好。把握"现在"，专注于"今天"，每一分每一秒都要好好把握。时间管理得好，能让人更满足、更快乐、赚取更多的财富，自我价值亦更高。

4. 规划与组织

保持整洁能够提升我们的自我价值、自我形象以及自我尊严。例如将桌面保持整洁、做完事立即归档、做事只经手一次等。对于没有效果或者效果不大的资料，坚决丢掉！

5. 设定优先顺序

每个人每天都有非常多的事情要做，但根据 80/20 原理：在日常工作中，有 20% 的事情可以决定 80% 的成果。将事情按紧急、不紧急以及重要、不重要分为四大类。一般人每天习惯于应付很多紧急且重要的事，但接下来会去做一些看来紧急其实不太重要的事。其实最重要的是要去做重要但是看起来不紧急的事，若你不优先去做，那你的目标将不易达成。设定优先次序，可将事情区分为五类：A＝必须做的事情；B＝应该做的事情；C＝量力而为的事情；D＝可以委托别人去做的事情；E＝应该删除的事情。最好大部分的时间都在做 A 类及 B 类的事。专注于目前的机会，努力去把握，真正的成功本身就是一种态度。

（三）时间管理的原则与方法

1. 时间管理的原则

（1）保持焦点

保持焦点的意思就是一次只做一件事情。一个时期只有一个重点。大学生要学会抓重点，远离琐碎杂事。

（2）80/20 法则

你应该把精力用在最见成效的地方。用你 80% 的时间来做 20% 最重要的事情，因此你一定要了解，对你来说，哪些事情是最重要的，是最有生产力的。谈到时间管理，有所谓紧急的事情、重要的事情，然而到底应做哪些事情？当然第一个要做的一定是紧急又重要的事情。通常这些都是一些突发困扰，一些灾难，一些迫不及待要解决的问题。当你天天处理这些事情时，表示你时间管理并不理想。成功者花最多时间在做最重要，但不紧急的事情，这些都是所谓的高生产力的事情。然而一般人都是做紧急但不重要的事。你必须学会如何把重要的事情变得很紧急，这时你就会立刻开始做高生产力的事情了。

（3）马上行动

许多人都习惯于待会儿再说，这一待会儿就不知待到多少时候，花费了很多的时间才能进入状态，却不知道状态是干出来的，而不是等出来的。最佳时机是需要把握的，请记住，栽一棵树最好的时间是 20 年前，第二个最好的时间是现在。

（4）学会说"不"

计划赶不上变化是经常遇到的情况，确实有很多时候自己原本安排好了计划，但是经常会临时出现一些变化。例如，朋友拉你打牌或喝酒，会占用你大部分自由时间，在这种情况下，要学会恰当地拒绝，这是时间管理中的摆脱变化和纠缠的一种很有效的方法。但是拒绝时要讲究技巧，不宜直截了当，而要委婉，用他人觉得确实是合理的理由来拒绝。要学会限制时间，不仅是给自己，也是给别人。不要被无聊的人和无关紧要的事缠住，也不要在不必要的地方逗留太久，不要将整块的时间拆散。一个人只有学会说"不"，他才会得到真正的自由。

（5）积极休闲

不同的休闲会带来不同的结果。积极的休闲应该有利于身心的放松、精神的陶冶和人际的交流，有利于提高办事效率；而且，随着经济和生活水平的发展，一些休闲性的活动也能放松性地解决问题，如通过打篮球、网球等共同爱好来结识不同的朋友也能提高办事效率。

（6）集腋成裘

生活中有许多零碎的时间很不为人注意，其实这些时间虽短，但却可以充分利用起来做一些事情。比如等车的时间可以用来思考下一步的工作，翻翻报纸乃至记几个单词；运动时可回想遇到困难的事、亟待解决的事等等。在疲劳之前休息片刻，既避免了因过度疲劳导致的超时休息，又可使自己始终保持较好的"竞技状态"，从而大大提高工作效率。

（7）搁置的原则

不要固执于解决不了的问题，可以把问题记下来，让潜意识和时间去解决它们。这就有点像踢足球，左路打不开，就试试右路，总之，尽量不要"钻牛角尖"。不要开展无谓的争论，不仅影响情绪和人际关系，而且还会浪费大量时间，到头来还往往解决不了什么问题。聪明人常常在别人喋喋不休或面红耳赤时已走出了很远的距离。

2. 时间管理的方法

（1）计划管理

关于计划，时间管理的重点是待办单和计划。待办单就是将你每日要做的一些工作事先列出一份清单，排出优先次序，确认完成时间，以突出工作重点，避免遗忘、未完事项留待明日。待办单主要包括的内容：非日常工作、特殊事项、行动计划中的工作、昨日未完成的事项等。在使用待办单时需要注意：每天在固定时间制定待办单（一起床就做）；只制定一张待办单；完成一项工作划掉一项；待办单要为应付紧急情况留出时间；每天都要坚持。计划就是针对每个时间段作个详细的计划，比如，每学期末做出下一学期的学习工作规划、每季末做出下季度的学习工作规划、每月末做出下月的学习工作计划、每周末做出下周的学习工作计划等。

（2）时间"四象限"法

究竟什么占据了人们的时间？这是一个经常令人困惑的问题。著名管理学家科维提出了一个时间管理的理论，把工作按照重要和紧急两个不同的程度进行划分，基本上可以分为四个象限（见图7-2）：既紧急又重要（如学习任务、四六级考试等）、重要但不紧急（如建立人际关系、新的机会等）、紧急但不重要（如电话铃声、不速之客进入等）、既不紧急也不重要（如客套的闲谈、无聊的信件、个人的爱好等）。时间管理理论的一个重要观念是应有重点地把主要的精力和时间集中地放在处理那些重要但不紧急的学习与工作上，这样可以做到未雨绸缪，防患于未然。在大家的日常生活工作中，很多时候往往有机会去很好地计划和完成一件事，但常常却又没有及时地去做，随着时间的推移，造成学习和工作质量的下降。因此，把主要的精力有重点地放在重要但不紧急这个象限的事务上是必要的。要把精力主要放在重要但不紧急的事务处理上，需要很好地安排时间。

（3）记录时间

管理学大师杜拉克认为，有效的时间管理主要是记录自己的时间，以认清时间耗在什么地方；管理自己的时间，设法减少非生产性工作的时间；集中自己的时间，由零星而集中，成为连续性的时间段。

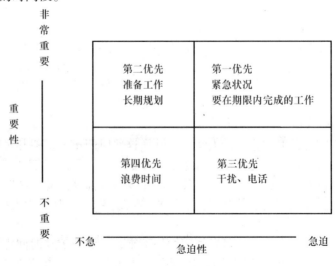

图7-2　时间管理象限

（4）时间 ABC 分类法

将自己的工作按轻重缓急分为：A（紧急、重要）、B（次要）、C（一般）三类；安排各项学习和工作优先顺序，粗略估计各项学习及工作时间及占用百分比，在学习和工作中记载实际耗用时间；将每日计划时间安排与耗用时间对比，分析时间运用效率，重新调整自己的时间安排，更有效地工作。

（5）考虑不确定性

在时间管理的过程中，还需应付意外的不确定性事件，因为计划没有变化快，需为意外事件留时间。有三个预防此类事件发生的方法：第一是为每件计划都留有多余的预备时间。第二是努力使自己在不留余地又饱受干扰的情况下，完成预计的工作。这并非不可能，事实上，工作快的人通常比慢吞吞的人做事精确些。第三是另准备一套应变计划。要很好地完成学习和工作中的事情，就必须善于利用自己的时间。学习和工作是无限的，时间却是有限的。时间是最宝贵的财富。没有时间，计划再好，目标再高，能力再强，也是空的。时间是如此宝贵，但它又是最有伸缩性的，它可以转瞬即逝，也可以发挥最大的效力，时间就是潜在的资本。充分合理地利用每个可利用的时间，压缩时间的流程，使时间价值最大化。

3. 大学生时间管理实施

对大学生而言，做好时间管理并不是很困难的事情，关键在于 You just have to know how to manipulate time and be its master, not the other way around（你懂得如何操纵时间和成为时间的主人）。时间是可以支配、需要管理的，时间管理是学习、事业成功的关键，合理地利用时间，才能使它发挥最大的效力。

现在的大学生将是未来的职业人，在校期间，学会管理时间，养成良好的时间管理习惯，不但会使学业有所长进和提高，在未来的职业发展中也会领先一步。所以大学生需要从现在起学会管理时间，珍惜每一分钟，合理安排每天日程，提高做事效率。本章不空谈时间管理的理论，仅结合大学生校园生活实际，联系未来职业发展，选取大学生最需要掌握的时间管理方法和原则，帮助大学生养成良好的时间管理习惯。那么，对大学生而言，怎样实施有效的时间管理呢？

（1）你需要了解自己，先从目标开始，有了时间，你要做什么？有时我们的问题在于，我们的目标太多，以至于忙碌到什么都想做而什么都做不好；有时我们的问题在于，做了一堆不想做的事，或者什么也没做，时间就这样过了。无论是何种，先定下自己的目标，评估自己的能力与限制，好好为自己做一个有别于以往的时间计划表。

一个人能否管理好时间，与他要达到的目标是相适应的，明确的目标是时间管理的前提，如果目标不明确，在学习中必然会东一下，西一下，不知学什么好，抓哪一头好。目标制定应该注意以下几点：①目标要具体，例如"我想要什么时候过英语四级、六级"等；②目标必须是可衡量的；③目标是可能实现的；④目标是切合实际的；⑤一定要设定时间表。

（2）记录自己目前的时间运作表。先列下固定时间，再将零碎时间列出，养成记录自己实际耗用时间的习惯，见表 7 - 1。

表7-1　某同学目前时间运作表

时间记录	有效时间	消耗过程	效率得分	改进意见
7：20—7：50	0：30	起床，吃早餐	4	维持现状
7：50—8：00	0：10	背单词	5	维持现状
8：00—11：40	3：40	上课	3.5	提高效率
11：40—13：00	1：20	吃中餐，洗衣服	4	维持现状
13：00—13：45	0：45	午睡	4	维持现状
14：30—16：40	2：10	上课或复习	3	增加计划性、提高效率
16：40—17：00	0：20	班干部工作开会	2.5	权力下放、用人所长
17：00—17：30	0：30	晚餐	4	维持现状
17：30—18：30	1：00	运动	5	维持现状
18：30—21：30	3：00	复习	3	提高效率
21：30—22：30	1：00	看课外书	3	增加计划性

对刚着手记录的同学来说，在"时间记录"栏中记录得越详细越好，然后按照表格，其中"效率得分"栏可以按照5分制或10分制填写，分数的评定可以采用定量和定性两种方法，可以根据计划及其实施效果给分；"改进意见"包括"维持现状"、"取消该项活动"、"以更高效的方法处理类似活动"、"将活动交给更具有该方面特长的人处理"等等，最后就是忠于你的改进意见，严格恪守自己的承诺。这样可以提高工作和学习效率，削减不必要的时间。

（3）在表7-2中写下你想通过时间管理改变或达到的状态。明确具体，不要太好高骛远，制定太高的目标。

表7-2　通过时间管理达到的状态

项目	应然状态	实然状态	进度检视	改进意见

（4）在表7-3中记录与分析个人时间运作表。什么是自己在生活中花很多时间而不自知的？是否在某些活动方面不需要花这么长时间，或者是否真有必要做这样的事情（例如：QQ、打游戏、通电话、睡觉……）？每个人有不同的价值观，而这样的观念也会影响到你时间的安排。在评估与分析的过程中，就是要让自己重新检视你目前的生活，以帮助你更有效地运用时间。

表7-3　个人时间运作记录表

项目内容	优先级	应花时间	实花时间	进度检视	改进意见

（5）在表7-4中列出个人时间愿景表。有别于一般的时间规划表，将自己的目标与能力作一综合性评价，一一列出在一特定时间内你要做与完成的事（例如：每天写反省日志；每周运动两次，每次三十分钟；每天上网一小时，收发信件；每月写一篇文章投稿……）。

表7-4　个人时间愿景表

个人意愿	优先级	开始时间	完成日期	进度检视	所需支援

（6）执行。每天早上或晚上留一点时间给自己，记得规划与安排一整天的时间，清楚自己在做什么。执行过程中，重点克服"办事拖延"的陋习，推行一种"限时办事制"，规定在限定时间内（如4小时、8小时、当天）报告处理结果。对于大学生干部的工作时间处理方法是挤出成块时间，集中处理，选择每天精力最充沛、思想最集中的时间，去处理最重要的事情，达到事半功倍的效果。

（7）给自己多一些鼓励与肯定。时间管理并不容易，常常计划赶不上变化，但不同以往的是，在时间管理过程中，我们不断在检视与调整自己，就某种程度而言，也是一种成长与改变。同时，要注意劳逸结合，不打疲劳战。

请同学们思考：怎样花费72年的时间？

由于时间所具有的独特性，时间在各种资源中往往容易被我们忽略。我们不难发现：每天我们有24小时，每小时由60分钟组成，每分钟由60秒组成，总计就是8.64万秒。拥有这样的一笔财富，我们怎么可以视而不见？又怎么可以随意处之？这个问题恐怕需要我们花点时间来考虑。有人曾经粗略统计过一个活到72岁的人对时间是怎么花的：

睡觉：21年；工作：14年；个人卫生：7年；吃饭：6年；排队：6年；学习：4年；娱乐：5年；开会：3年；打电话：2年；找东西：1年；其他：3年。

第二节　情商修炼与职场成功

长期以来，"智商"这个概念曾是我们评判一个人是否成功的重要标准，认为一个人只要有很高的智商，就很容易成就一番事业。的确，不可否认智商对个人的职业发展有着重要的影响。但是无数事实证明，在现实社会中，智商低下或超常的人是极少数，大多数人都拥有正常的智商水平。由此可见，绝大多数人在职业发展道路上，智商并不是个人职业发展成功与否的主要因素。那么，除了智商，到底是什么主要影响着我们的职业发展呢？

一、什么是情商

20世纪90年代初期，美国耶鲁大学的心理学家彼得·萨洛韦和新罕布什大学的约翰·梅耶提出了与智力和智商相对应的概念——情感智力（Emotional-telligence），并将其定义为"监察自身和他人的感情和情绪的能力，区分情绪之间差别的能力，以及运用这种信息以指导个人思维和行动的能力"，主要是指人在情绪、情感、意志、耐受挫折等方面的品质。

1995 年，美国哈佛大学心理学教授丹尼尔·戈尔曼出版了《情感智商》一书，明确提出了"情商"的概念。他认为，情商是一个人重要的生存能力，是一种发掘情感潜能、运用情感能力影响生活各个层面和人生未来的品质要素，是指人对自己的情绪的控制管理能力和在社会上的人际交往能力，且更能决定一个人的成功和命运。戈尔曼在他的书中指出，情商不同于智商，不是天生注定的，主要包括"五大能力"：自我觉察能力、情绪管理能力、自我激励能力、认知他人情绪的能力、人际关系管理能力。

（1）自我觉察力——能及时觉察自我情绪的变化，并且能够找到情绪变化的原因。自我觉察能力是 EQ 的基石，这种随时随地认知自身感觉的能力对于了解自己非常重要。了解自身真实感受的人才能成为生活的主宰，否则必然沦为感觉的奴隶。

（2）情绪管理能力——即根据自身情况、环境状况、人际交往状况，把握、控制、适当表现、发泄自己情绪的能力。自我情绪控制不等于压抑正常情绪的表现、发泄，而是要求根据外部环境尺度与自己的内部尺度的统一，来适当控制或合理发泄情绪。

（3）自我激励能力——能够整顿情绪，保持高度热忱，让自己朝着目标不懈地努力。充分认识自我、激发自我潜力是成功的内在动力。自我激励能力强的人善于度过困境，也能在顺境中把握自己。

（4）理解他人情绪的能力——能够理解他人的感受，觉察他人的真实需求。能否设身处地理解他人的情绪是了解他人需求和关怀他人的先决条件，戈尔曼用 Empathy（同理心）来概括这种心理能力，具有同理心的人常能从细微处体察出他人的需求。理解他人情绪，控制自我情绪，是改善人际关系的一个重要条件。

（5）人际关系管理能力——与同事、同学、上级、下级、友人等和谐相处的能力，是一个人社会适应能力的表现，是一个人成功的重要条件。

在这五个方面中，前三个方面只涉及"自身"，是对自身情绪的认识、管理、激励与约束；后两个方面则涉及"他人"，要设身处地理解他人情绪，并通过正确理解他人情绪来达到人际关系的和谐。由此，情商较高者有两个基本特征：内在层面：妥善管理自己的情绪，懂得自制和自我激励，心灵保持健康；人际层面：了解他人的情绪，善于与他人和谐相处、合作，人际关系良好。

二、情商对职业发展的影响

以前人们认为智商高、学习成绩好的学生将来一定有出息，能成才。然而，现在我们越来越多地发现，那些在校时表现很聪明、学习成绩优秀的学生，走上社会后，工作业绩平平，甚至人际关系紧张，事业发展不顺者大有人在。而有些在校期间虽然学习成绩不是很突出，但在情商与智商方面和谐发展的大学生，毕业后，却能在事业上成就斐然。因此，人们得到一个经验：情商同智商一样，也是决定一个人成功、成才的重要因素之一。

一个高智商的人只具备了取得成功的机会，而高情商则决定他能否成功。对即将毕业的大学生来说，绝不只是具备专业知识和技能就能面临就业竞争，立足社会，而且还要有足够的社会交往和适应能力。当一个学生进入了特定的职业领域，他的社会生活、经济生活等都会发生很多变化。参加工作后，要适应新环境；要努力工作，树立良好形象，建立自己的职业地位；除了成家立业以外还要不断学习、提高，以避免知识和技能的老化。面对这些变化与未知的压力，我们不能原地踏步，只能调整自己的状态，使自己与社会的发展变化相适应。因此，在个体智力因素差距不大的情况下，情商就越来越显得重要了。卡耐基在《人性的优点》一书中说道："一个人事业成功最根本的还是要培养良好的情绪智商。心态积极了，就容易激发创造力和潜力。"

现代科学研究发现：情商对工作的影响力是智商的9倍，一个人的成功20%取决于智商，80%取决于情商。以往认为，一个人能否在职场中取得成就，智力水平是第一重要的，即智商越高，取得成就的可能性就越大。殊不知，除了具备必要的智商和工作技能外，还要有职场能力为我们提供工作的机会。现代社会"非我莫属"的工作职位毕竟太少了。绝大多数的职位、岗位是用人单位的市场，而用人的标准往往以综合素质的高低决定留用与否；"能工作"和"能有效地工作"成了截然不同的概念和标准。有效地工作包括人的良好习惯、沟通能力、适度地自我表现能力等，而这些就是一个人在职场中情商的外在表现。掌握科学理论和专业技术是重要的，但是，要将科学理论和专业技术有效地应用和发挥出来，就必须要有良好的情商，即良好的习惯和心态等。

在中国当前大学生人才就业市场中，招聘单位常常在招聘广告中明确地写着应聘需具备良好的组织、协调能力及团队协作精神。对此，一些单位的负责人解释，组织的发展不是一两个人成就的，而是靠全体员工的共同努力，这就需要不仅业务熟练，还得具有亲和力、善沟通的"高情商"人才。目前，社会上流传一种说法"智商高、情商高，春风得意；智商高、情商低，怀才不遇；智商低、情商高，贵人相助"。这些观点虽然不是绝对科学和准确的，但足以说明情商对个人职业发展的重要作用。

三、培养自己的情商

智商是先天赋予的，而情商是可以培养的。情商如同人的影子，表现在学习、生活的各个方面。因此，作为当代的大学生，我们应当有意识地在学习、生活的细节中培养良好的情商。

（一）驾驭情绪

面对情绪，我们可以有两种选择：一是完全被情绪控制，成为情绪的奴隶；二是正确管理情绪，成为情绪的主人。成为情绪的奴隶还是主人，不取决于情绪本身而是取决于自己。现实生活中，有些人在面对情绪时，完全被情绪所控制，任由情绪牵制他们的一切思想、感受和行为。有效管理自我情绪，绝不是压抑或控制情绪，而是学习接纳情绪，允许自己有情绪，并通过适当的方法，在合适的场合缓解或表达自己的情绪。例如，我们不必因为害怕某物而感到不安，对触怒你的人生气也没有什么不对。这些感觉与情绪都是自然的，应该允许它们适时适地存在，并表达出来，这远比压抑、否认健康多了。接纳自己情绪的存在，就能谈及有效管理情绪。至于管理情绪的方法，就是要能清楚自己当时的感受，认清引发情绪的理由，再找出适当的方法缓解或表达情绪，我们可以归纳成为以下三部曲。

1. WHAT —— 我现在有什么情绪？

由于我们平常比较容易压抑感觉或者常认为有情绪是不好的，因此常常忽略我们真实的感受，因此，情绪管理第一步就是要先能察觉我们的情绪，并且接纳我们的情绪。情绪没有好坏之分，只要是我们真实的感受，我们要学习正视并接受它。只有当我们认清我们的情绪，知道自己现在的感受，才有机会掌握情绪，也才能为自己的情绪负责，而不会被情绪所左右。

2. WHY ——我为什么会有这种感觉（情绪）？

我为什么生气？我为什么难过？我为什么觉得挫折无助？我为什么……找出原因，我们才知道这样的反应是否正常，找出引发情绪的原因，我们才能对症下药。

3. HOW ——如何有效管理情绪？

想想看，可以用什么方法来化解自己的情绪呢？平常当你心情不好的时候，你会怎么处理？什么方法对你是比较有效的呢？以下是六种常见的化解不良情绪的方法：

（1）能量排泄法：对不良情绪所产生的能量可用各种办法加以调整。例如，当生气和愤怒时，可以到空旷的地方去大喊几声，或者去参加一些重体力劳动，也可以进行比较剧烈的体育活动，跑两圈，扔几个铅球，把心理的能量变为体力上的能力释放出去，气也就顺些了。在过度痛苦和悲伤时，哭也不失为一种排解不良情绪的有效办法。

（2）环境调节法：大自然的景色，能扩大胸怀，愉悦身心，陶冶情操。到大自然中去走一走，对于调节人的心理活动有很好的效果，千万不要一个人关在屋子里生闷气。长期处于紧张工作状态的人，定期到大自然中去放松一下，对于保持身体健康，调节身心紧张大有益处。

（3）请人疏导法：人的情绪受到压抑时，应把心中的苦恼倾诉出来，特别是性格内向的人，光靠自我控制、自我调节还远远不够，可以找一个亲人、好友或可以信赖的人倾诉自己的苦恼，求得别人的帮助和指点，请旁观者指导一下，可能就会豁然开朗，茅塞顿开。

（4）自我激励法：自我激励是人们精神活动的动力之一，也是保持心理健康的一种方法。在遇到困难、挫折、打击、逆境、不幸而痛苦时，善于用坚定的信念、伟人的言行、生活中的榜样、生活的哲理来安慰自己，使自己产生同痛苦作斗争的勇气和力量。

（5）创造欢乐法：心绪不佳、烦恼苦闷的人，看周围一切都是暗淡的，看到高兴的事，也笑不起来。这时候如果想办法让他高兴起来，笑起来，一切烦恼就会丢到九霄云外了，幽默即是一剂良药。恰当的幽默可以舒缓我们的心情，西谚亦云：幽默即希波克拉底。

（6）积极再定义法：有一句话说得好："我们没有办法阻止事情发生，但我们可以决定这件事带给我们的意义。"你可以选择是"问题"，亦可选择是"机会"，结果总是如你所愿，想想看在这件事中带给你的是什么教训及警惕，下次避免重蹈覆辙。这就是将"问题"转化为"机会"，因此你的定义就是你的结果。

（二）敢于吃亏

敢于吃亏，单从字义上理解，肯定以为这是傻子的理论。其实，吃亏是一种福气。首先，吃亏可以锻炼一个人的心胸，锻造和打磨人的心理承受能力。这样做起事来就能百折不挠，哪儿倒了哪儿爬起来，成为一粒蒸不熟、煮不烂、打不碎、响当当的金豌豆。再者，吃亏可以强化记忆，促使吃亏者进行自我反思并了解人情世故，可以从中总结经验，得出教训。经验教训会提醒自己哪些事可以做，哪些事不能做，哪些可以参与，哪些不能涉足，现在吃亏就是为了以后少吃亏，或者不吃亏。在学习、生活中，有些同学总是感觉到自己做得多、获得少，自己吃了大亏。殊不知"做得多"已经为自己积攒了很多的实践经验，并在无形中提升了处理和解决问题的能力，而这些能力也自然成了我们初入职场的竞争优势之一。

（三）注重细节

情商是个人情绪管理的能力，是个人综合素质的体现。每一个行为，无论是大型的谈判会议还是朋友间的卿卿细语，都可以反映出一个人的情商。人的一言一行，一颦一笑，都是整个人内心的真实写照。有些同学平时就很注意自己的语言表达习惯，"您"、"请"、"谢谢"等这些细小且常被人忽视的用语常常出现在这些同学的语言中。虽然这些都是语言表达的细节，但是就靠这一个个细节的不断积累，使得这些同学养成了礼貌用语的习惯，也使得这些同学受到他人的尊重与喜爱。情商的修炼不仅仅是读几本书、听几个讲座、做几次活动、记下几条行为准则就可以完成的，而是要将那些有益的心得和体会实践到自己每一个细小的行为中去。

（四）学会沟通

沟通也需要学习吗？回想我们的日常生活，室友之间也经常为一些小事闹得不愉快。比如，李同学在家养成了经常晒鞋子的习惯。一天艳阳高照，他想把大家的鞋子都放到窗外晒晒，但是窗台太小放不下所有的鞋子。李同学心想自己的鞋子经常晒，这次就先满足其他室友的，于是他就帮其他三个不在寝室的室友将鞋子放到窗外去晒。没想到等他出去上课后，突然下了暴雨。当大家下课赶回寝室时，窗外的鞋子也全泡汤了。李同学觉得虽然结果不好，但是自己是在做好事，应该不会被室友误会，所以就只是诚心地说了一句"对不起"就没作其他解释了。而其他三个同学虽然口上没说什么，但是心里都觉得李同学是在故意捉弄他们。从此，他们就开始疏远李同学。这个真实的案例说明，沟通并不简单，沟通需要学习。沟通不仅仅是简单的对话，而是知己知彼的心灵的交流。良好的沟通建立在情商之上，高情商的人自省能力强，是善于聆听自己内心的人，他们能很好地将自己的情绪调整到一个最佳状态，并用流畅的语言和得体的动作表达感情，在与人交往时，他们很容易沟通。因此，良好的沟通必须从了解自我开始，了解自己的情绪变化，摆正自己的位置，在沟通中才可能扬长避短，达到沟通的目的。另一方面，多设想如果自己在对方的处境中，会有怎样的感受。先了解自己的感受，这样才能更真实地了解对方的感受。沟通时还必须尊重对方的感情。只有尊重对方的感情才能赢得对方的信任。在信任的基础上，沟通的双方才会有心与心的交流。此外，在沟通时还要学会控制和调整自己的情绪。由于每个人的立场、信息、价值观等不同，每个人对待问题的态度也会有所不同，因此，在沟通中难免会出现观念上的差异甚至抵触的情况。这时候，就需要我们能控制和调整自己的情绪，不能大动干戈，恼羞成怒。待双方都调整好各自的情绪，恢复平静、理智的心态时，再做沟通也为时不晚。

（五）培养团队精神

团队精神就是团队成员为了共同的目标和利益而相互协作、尽心尽力的意愿和作风，是将个体利益和整体利益相统一从而实现团队高效率运作的动力，其核心就是具有共同的理念、信念和目标。复旦大学前校长杨福家院士认为，21世纪的高等教育，第一个要强调的就是教会学生怎样做人，如何在团队中与人相处。他说："今天的科学试验已经不像20世纪初那样，仅靠一两个人就可以获得科研成果了，就拿发现第六个夸克（顶夸克）存在的证据来说吧，发现者是两个实验组，每个实验组都超过300个工作人员，加起来超过了800人。身为其中之一，要与其他人很好相处。讲起来容易，做起来并不容易。很多人从小是尖子，尖子与尖子碰到一起，肯定有人不再成为尖子。有些人这个时候承受不了。我感到这个课题值得我们每个教师深入思考，如何教育学生与人相处。"

在经济全球化的今天，企业在招聘过程中越来越强调团队精神。企业内部也越来越注重团队建设。与人协作不仅使自己受益也让别人受益，只有懂得协作的人，才能明白协作对自己、对别人乃至整个团队的意义。培养团队精神，对团队的发展有好处，对团队中的每一个成员的发展也有好处。在这个基础上，我们在培养团队精神时还应注意以下几点：

（1）热爱组织。热爱组织是团队精神的基础和前提。只有热爱组织的人，才能产生与组织休戚相关、荣辱与共的真实感情，始终站在组织的立场克服个人的利己思想，以组织利益为重。也只有热爱组织的人才能主动维护团队的名誉，自觉维护团队形象。

（2）形成一致的价值观。一个团队中，如果每个人的价值观相差甚远，就不利于沟通和协作。因此，在一个团队中，应先形成一个基本一致的价值观，在相同的价值观的引导下，每个成员会更容易团结在一起。

（3）小我服从大我。在团队中学习或者工作，就要将团队的利益放在第一，要纵观全局，不可拘泥于眼前和局部。所以，当小我利益与团队利益发生冲突时，应该努力使小我服从大我，个人服从团队。

第三节　潜能开发

我们每个人都蕴藏着巨大的潜能，潜能开发具有重要的意义，我们成就事业走向成功需要更大程度地调动自身的潜能。一个人要成功就要具备积极健康向上的心态，发挥自身潜能，形成良好的自我心像。

一、潜能开发的重要性

潜能也就是人类原本具备却忘了使用的能力，是存在但却未被开发与利用的能力。科学家们对人类潜能的认识很有限，仍处于一种朦胧状态，而且大部分人还不知道自己具有巨大的潜能，更不知道是如何被埋没掉了。人类最大资源的绝大部分就这样在不知不觉之中被浪费掉，以至于英国著名的智力训练专家波诺博士说："全世界最大的荒原就在你我的头发之下。"

人的潜能犹如一座待开发的金矿，蕴藏无穷，价值无比，而我们每一个人都有一座潜能金矿。美国的吉格勒在一本名叫《通向事业顶峰的捷径》中讲了一个有关潜能的故事：美国人在俄克拉何马发现石油的时候，那片土地的所有权属于一位年老的印第安人。这位老印第安人一直处在贫穷之中，发现石油之后，他顿时变成了有钱人。于是他买下一辆卡迪拉克豪华旅行车，还买了一顶林肯式大礼帽，打了蝴蝶领带，并且抽着黑色雪茄，这就是他出门时的装备。他每天都开车到附近的俄克拉何马城，他想看每一个人，也希望被每一个人看到。他是一个友善的老人，当他开车经过城镇时，把车一会儿开到左边，一会儿开到右边，跟他遇见的每个人说话。有趣的是，他从未撞过人，也从未伤害过人，原因很简单，在他美丽的旅行车的前面有两匹马拉着。当地的技师说那辆汽车一点也没有毛病，只是因为这位老印第安人永远学不会插入钥匙去开动引擎。汽车内部原本有 100 匹马力，而现在很多人都误以为那辆汽车只有两匹马力而已。其实，我们中的绝大多数人都像老人的汽车一样，我们表现出的能力远远比不上我们实际拥有的能力。

能不能正确认识自身的潜能，并按照其活动规律进行积极的自我调整和开发，对每个人的发展来说都是非常重要的。遗憾的是，由于没有进行各种潜能训练，绝大多数人的力量没有能够得到淋漓尽致的发挥。所谓真正的财富，并不是存在于外部的物质，而是将你自身内部的潜在能力开发为智慧的显能。开发人脑潜能是我们每个人面临的最大挑战和基本任务。我们既要探索外太空，了解宇宙星系，也应探索"内太空"认识人脑的潜能。当人类足迹远至星际的时候，千万不要忽视了内在的宇宙 ——人脑潜能的重要性。只要发挥了足够的潜能，任何一个平凡的人，都能成就一翻惊天动地的伟业，都可以成为一个新世纪的领航者。

如果将人类的整个意识比喻成一座冰山的话，那么浮出水面的部分就是显意识的范围，约占意识的 5%，换句话说，95% 隐藏在冰山底下的意识就是属于潜意识的力量。即便是像爱因斯坦，爱迪生这样的天才人物，一生中也不过运用了他们潜意识力量的 20%。因此，任何人不论你聪明才智的高低，成功背景的好坏，也不论你的愿望多么地高不可攀，只要懂得善用这股潜在的能力，你就一定可以将你的愿望具体地在你的生活中实现出来。

潜意识如同一部万能的机器，任何愿望都可以办得到，但需要有人来驾驶它，而那个人就是你自己。潜意识大师摩菲尔博士说过："我们要不断地用充满希望与期待的话，来与潜意识交谈，于是潜意识就会让你的生活状况变得更明朗，让你的希望和期待实现。"只要你不去想负面的事情，而选择积极、正面、建设性的事情，你就可以左右自己的命运。

二、潜能开发的方法

潜能是人最丰富、最隐秘、最富有能量的部分，是人一切活动的源动力。但是无论潜能多么巨大，如果让它永远沉睡在一旁，不去唤醒它，那么这只沉睡的巨龙将没有半点价值。美国经济管理大师彼得·F·杜拉克说："一个人最大的悲剧莫过于在临死前发现他的宅基地上有一座油井或金矿。现在我才知道，一个人如果永远没有发现蕴藏在他体内的无穷无尽的财富，那才是最大的不幸。"那么，如何开发自己的潜能呢？

许多哲学家曾经说过，人类就是自己命运的主人。我们主宰着自己的命运，驾驭环境，是因为我们掌控着自己的心态。心态就是内心的想法，是一种思维的习惯状态。荀子说"心者，形之君也，而神明之主也"，意即"心"是身体的主宰，是精神的领导。心态是人情绪和意志的控制塔，心态决定行为的方向与质量。心态之所以决定个人能力的发挥，其中"镜射效应"起了很大的作用。镜射效应指出，我们的语言、行为、情绪等外在表现其实是我们内心中图像的投射。心态决定了我们审视世界的视角，拥有积极心态的人，能以内在参考构架及一套坚定的核心信仰来面对这个世界，从而在他们所注意的地方看见机会、资源、健康、财富及幸福。他们"由内而外"的镜射创造了属于自己的真实。

影响你的心态的，不是上司，不是同事，不是父母，也不是失败，而是我们自己。成功学大师拿破仑·希尔说："积极的心态，就是心灵的健康和营养。这样的心灵，能吸引财富、成功、快乐和身体的健康。消极的心态，却是心灵的疾病和垃圾。这样的心灵，不仅排斥财富、成功、快乐和健康，甚至会夺走生活中已有的一切。"

为什么积极心态是健康和幸福的重要源泉？除了生活中随处可见的大量事例可以证明外，近来国外发表在精神药理学杂志上的新发现也可以很好地解释这个问题。医学研究人员发现，人体会自行制造一种叫做脑啡的天然体内镇静剂，由大脑分泌，在脑部和脊髓等特定的部位活动，能减轻痛感，过滤令人不愉快的刺激，使人内心祥和安乐。行为研究者已经发现，保持积极的心态和乐观的想法，可以刺激人体制造脑啡。相反，消极的心态和颓废的思想则耗尽了体内的脑啡，导致人心情沮丧；由于心情沮丧，脑啡的分泌量更加减少，于是消极的想法变得越来越严重，形成恶性循环。积极的心态能激发高昂的情绪，帮助我们忍受痛苦，克服抑郁、恐惧，并且凝聚坚韧不拔的力量。这就从生理学的角度解释了为什么成功者都是心态积极者，为什么他们能够拿得起放得下，忍辱负重，乐观向上，义无反顾地走向成功。

昆明西山华亭寺内，现存有一副"包治百病"的药方。传说是唐朝一位法号天际大师的和尚为普度众生而开的。据称凡诚心求治者，无不灵验。药有十味：好肚肠一根、慈悲心一片、温柔半两、道理三分、信行要紧、中直一块、孝顺十分、老实一个、阴阳全用、方便不拘多少。用药方法：宽心锅内炒，不要焦不要躁。用药忌讳：言滑行浊、利己损人、暗箭中伤、肠中毒、笑里刀、两头蛇、平地起风波。这是一副治疗消极心态的绝妙药方。

当你调整心态，改变自己时，你与世界交换的物质、能量、信息必然发生变化，你与世界的关系就变了，你在社会生活中的位置也就发生了变化。同时，世界也必然要做出反应以适应新的关系——你的改变。于是世界就这样被"改变"了。

美国一些学者的研究结果表明，一种真正以友谊待人的态度，引起对方友谊反应的比率高达60%～90%。负责此项研究的博士说："爱产生爱，恨产生恨，这句话大致是不会错的。"你用什么样的心态对待生活，生活就怎样对待你。《周易》上说"穷则变，变则通，通则久"，这里的"变"，正是指自己"变"，也就是调整自己的心态。

愿不愿意积极生活是个人的选择。一旦作了这样的决定，就意味着日后的生活中到处都是机会。每一次经验都是全新的开始，可用不同的想法和感觉去体会。面对生活中源源不断的挑战，在取得主动的地位后，便能镇定自若地调兵遣将，决定应付的方式和态度。你是指挥官，没有任何人能命令你，或以他的意志来驱使你，一切主动权皆操之在你。

有一项调查报告显示，在数百例成功整容手术后的人中，有85%变得更乐观，但15%的人整容后仍然不快乐，这是因为他们对自己的看法没有发生改变。20世纪心理学最重要的发现之一是"自我心像"。所谓"自我心像"就是指"我是何种人"的自我意识。这个自我概念是从我们过去的经验、成功、失败、屈辱、胜利，以及他人对我们的反应等等的经验所形成的。普雷斯考特·莱基是研究自我心像学的一位著名学者。他的研究成果告诉我们：一个人的一切情绪、行为，甚至才能，永远与我们的自我心像相吻合。良好的自我心像对一个人是否能成功具有关键的作用。如果你认为自己是有价值的人，你就会变成有价值的人，就会去做有价值的事。有这样一个真实的故事：当维克多15岁的时候，他的老师告诉他，他永远毕不了业，最好是退学去做生意。维克多听从了老师的忠告，在以后的17年中一直做临时工。别人一直告诉他，他是一个劣等生。所以17年来，他的所作所为真的就像一个劣等生。但是在他33岁的时候，却发生了惊人的转变。一项测验显示，他是智商高达161的天才。这时他开始像一个天才那样有所作为了。他一连写了好几本书，获得了几项专利，并且变成了一个很成功的商人。可见积极的自我心像对一个人的成功是多么的重要。

积极心态创造自我心像，自我心像创造成功。犹太裔心理学家弗兰克在二战期间曾被关进奥斯维辛集中营三年，身心遭受极度摧残，境遇极其悲惨。他的家人几乎全部死于非命，而他自己也几次险遭毒气和其他惨杀。但他仍然不懈地客观地观察、研究着那些每日每时可能面临死亡的人们，包括他自己。日后他据此写了《夜与雾》一书。在亲身体验的囚徒生活中，弗兰克说："在集中营中虽然所有的囚徒都被抛入完全相同的环境，但有的人消沉颓废下去，有的人却如同圣人一般越站越高。"有一天，当他赤身独处囚室时，忽然顿悟了一种"人类终极自由"，这种心灵的自由是纳粹无论如何也永远无法剥夺的。也就是说，它可以自行决定外界的刺激对本身的影响程度。因此"什么样的饥饿和拷打都能忍受"。"在任何特定的环境中，人们还有一种最后的自由，就是选择自己的态度"。

说到底，环境对人的影响程度，完全取决于自己；如何看待人生，也完全由自己决定，由我们的心态决定。每个人在别人面前的形象，都是由自己设计塑造的，因此我们必须掌握好这个主动权，将自己塑造成一个成功者。

那么怎样才能形成良好的自我心像呢？吉格勒在《通向事业顶峰的捷径》一书中提出了建立良好自我心像的七个步骤：第一，你要比别人更爱你自己。你应该坚信，你是地球上的一个独特的、唯一的生物。这一特性赋予你极大的价值。第二，利用衣着建立自我心像。衣着打扮会显露出一个人的内在素养，所以你一定要利用衣着传递出这样一个信息："这是一个很自重的人，他真的很重要，我们也要重视他。"第三，要多读好书。要经常阅读励志修养心性的书籍，倾听那些铸造人类心灵的演说家、教师的话语，这样你就会在许多方面获得提升。第四，朋友是你的一部分。尽量与那些道德高尚、性情良好的人交往。因为你会从周围人身上获取大部分思维方式和行为举止。第五，避免负面想法。进入你心灵的每一件事都有一种效用，且会永远地记录下来。他可能会有所创造，为你未来的成功打下基础；也可能会破坏你的成功努力。第六，要向成功人士学习。伟大的枪手跟渺小的枪手之间的主要差别在于，伟大的枪手是一位刻苦练习、虚心学习的人。第七，改进你的心像的最好、最快、最有效的方式是设法加入一个有目标的组织。比如你想改进自己不敢公开讲话的弱点，最好去参加演讲训练班。

总之，一个人要想开发潜能，获取成功，就必须要有适当、实际、美好而有前景的自我心像。在人生的旅途中前进时，请相信："生命潜能导引着我，我的前途将是正直、美好、充满着喜悦的。"

任何成功者都不是天生的，成功的根本原因是开发了人的无穷无尽的潜能。只要你抱着积极的心态去开发你的潜能，你就会有用不完的能量，你的能力就会越用越强。相反，如果你抱着消极心态，不去开发自己的潜能，那么只有叹息命运不公，并且越来越无能！

第四节　人际关系与职业发展

人际关系管理既是情商的重要内容之一，更是在现代社会发展中不可或缺的一种资源。这个世界上有某种专业能力的人很多，然而并不是每一个人都能得到成功，更多的人抱怨自己怀才不遇，为什么？其中一个重要的原因就是这些人在情商方面，尤其在人际关系处理方面有所欠缺。因此，了解人际关系对我们职业发展的影响并掌握人际交往的技巧就成了我们大学期间应该学习的"必修课"。

一、人际关系是职业发展的重要资源

美国著名的企业家、职业指导专家卡耐基说过这样一句话："一个人事业上的成功，只有15%是由于他的专业技术，另外的85%是靠人际关系、处事技巧。"也许这句话有些偏颇，但是在相同的智商、同等的学历与工作技能的条件下，谁的人际关系好，谁的人际资源丰富，谁的事业就能得到更好的发展，这一点是不可否认的。据《华尔街日报》针对人力资源主管与求职者所进行的一项调查结果显示，有95%的人力资源主管是通过人脉关系找到适合的人才的，而且有61%的人力资源主管认为，这是最有效的方式。这一数据至少说明，人际关系在企业招聘过程中是发挥了作用的。对于企业来说，与传统的履历表相比，人际关系是一种更为可靠和准确的求才方式。这是因为，推荐人了解被推荐人的情况，且不会拿自己的信誉去开玩笑。对于求职者来说，人际资源越丰富，他在职场获得的信息就越多，相对来说，机会也会越多。因此，人际关系是我们职业发展的重要资源，即人际资源。人的一生中会结识很多人，同学、校友、师兄弟的关系在人的社会关系中占有很大的比例。从中学到大学，到进入社会，经过多年的历练，许多同学在社会上取得了一定的社会地位，有了一定的经济基础。如果能够和曾经一起寒窗苦读的同窗好友联手打天下，无疑是很多人的美好愿望。同学资源是人际资源中的重要一项，我们必须学会珍惜同学资源，在平时的学习、生活中与同学们建立良好的友谊，构建和谐的人际关系。总之，良好的人际关系可以成为我们有效的人际资源，并为我们的工作及职业生涯发展创造一个良好的发展空间。

二、人际交往的原则与技巧

作为个人可迁移技能的一个方面，良好的人际交往能力可以为我们带来良好的人际资源。良好的人际交往能力并非是通过理论知识的学习就可以获得的，而是需要我们在遵循以下五个人际交往原则的前提下，在日常的学习生活中去不断地实践和培养。

（一）交互原则

社会心理学家强调，我们在人际交往、人际关系的确立与维持当中，必须首先遵循交互原则。大量研究发现，人际关系的基础是人与人之间的相互重视、相互支持。任何人都不会无缘无故地接纳我们，喜欢我们。别人喜欢我们是有前提的，那就是我们也要喜欢他们，承认他们的价值，支持他们。人际交往当中喜欢与厌恶、接近与疏远是相互的。在一般情况下，喜欢我们的人，我们才去喜欢他们；愿意接近我们的人，我们才愿意接近。而对于疏远我们、厌恶我们的人，我们的反应也是相应的，对他们也会疏远或厌恶。用句老话："爱人者，人恒爱之；敬人者，人恒敬之。"为什么会有这种现象呢？心理学家福阿夫妇发现，任何人都有着保护自己的心理平衡的倾向，都要人的关系保持某种适当性、合理性，并根据这种适当性、合理性使自己的行为与他人的关系得到解释。这样，当别人对我们做出一个友好的行为，对我们表示接纳和支持，我们也会感到"应该"对别人报以相应的回答。这种"应该"的意识会使我们产生一种心理压力，迫使我们对别人也表示相应的接纳行动。否则，我们的行为就是不合理、不适应的，就会妨碍自己以某种观念为基础的心理平衡。落实交互原则可以从以下方面着手：

1. 平等互敬

在人际交往中，首先要坚持平等的原则，无论是公务还是私交，都没有高低贵贱之分，要以朋友的身份进行交往，才能深交。切忌因工作时间短，经验不足，经济条件差而自卑，也不要为自己是大学毕业生、年轻、美貌而趾高气扬。这些心态都会影响人际关系的顺利发展。

交往小技巧：记住对方的姓或名，主动与人打招呼，称呼要恰当，让对方觉得礼貌相待、备受重视，给人以平易近人的印象。

2. 相互包容

主要是心理相容，即人与人之间的融洽关系，与人相处时的容纳、包含以及宽容、忍让。主动与人交往，广交朋友，交好朋友，不但结交与自己性格相似的人，还要结交与自己性格相反的人，求同存异、互学互补，处理好竞争与相容的关系，更好地完善自己。

交往小技巧：学会面带微笑，学会经常说："没关系。"

（二）互惠原则

人际关系的交互原则强调了人际交往行为的相互对应。在日常生活中，我们更多的时候还需要保持人际交往的对等性。换句话说，人际交往存在功利原则。当然，这里的功利不仅仅包括金钱、财物、服务，更多地包含情感、尊重等。就是说，人们都希望人际交往是值得的。比如，在人际交往中获得知识，得到关心、支持、帮助，或是感情有所依托等。不值得的交往是没有理由去实施的，不值得的交互关系也是没有理由去维持的，不然我们就无法保持自己心理的平衡。所以，人们的一切交往行动及一切人际关系的建立与维持，都是人们根据一定的价值进行选择的结果。对于那些对自己来说是值得的，或是得大于失的人际关系，人们就倾向于建立与维持。而对于那些对自己来说不值得，或是失要大于得的人际关系，人们就倾向于逃避、疏远或终止。互帮互助是互惠原则的重要表现形式。人际交往是一种双向行为，故有"来而不往，非礼也"之说，只有单方获得好处的人际交往是不能长久的。所以要双方都受益，不仅是物质的，还有精神的，所以交往双方都要讲付出和奉献。

交往小技巧：常常说："我们……"

（三）诚实守信

交往离不开诚信。诚信的基本含义是守诺、践约、无欺。通俗地表述就是说老实话、办老实事、做老实人。古有"一言既出、驷马难追"的格言，今有"诚信为本"的原则，这都是要我们做有诚信的人。诚信不仅是一种品行，更是一种责任。就个人而言，诚信是高尚的人格力量；就企业而言，诚信是宝贵的无形资产；就社会而言，诚信是正常的生产生活秩序；就国家而言，诚信是良好的国际形象。在交往过程中，我们不应该信口开河、轻易许诺，一旦许诺就要全力以赴去实现，以免失信于人。

交往小技巧：做出承诺之前一定再多问自己一遍："真的可以做到吗?"

（四）守法有德

人际交往的复杂性，使交往者在交往中有可能出现不正常的需要和越轨行为。因此，人际关系的发展需要有一个社会准则，这就是法律法规和道德伦理。人际交往双方的一切交往活动必须是遵守法律法规、符合道德规范的，是对他人和社会无害无损的。也只有把这两者作为界定线，我们的人际关系才能得到健康的发展。在工作领域中，有利于工作和事业发展的人际关系，就应该尽可能地建立和发展。在生活领域中，有助于培养、提高人们生活情趣，提高生活质量，有助于家庭和睦、邻里团结、社会稳定的人际关系也应积极建立和发展。在学习过程中，一切有益于交流思想、探讨问题、相互启发、获得知识的人际关系就要努力去建立和发展。

交往小技巧：牢记"己所不欲，勿施于人"。

（五）其他原则

1. 自我价值保护

大量的社会心理学研究证明，任何一个人，其心理活动的各个方面都存在一种防止自我价值遭到否定的自我支持倾向。我们在人际交往中应该充分注意这一点。

2. 人际吸引水平增减原则

人际吸引水平增减原则，通俗地讲，指在人际交往中，我们对别人的喜欢不仅仅决定于别人喜欢我们的量，而且还决定于别人喜欢我们的水平的变化与性质。我们最喜欢的是对我们的喜欢水平不断增加的人，而最厌烦的是喜欢我们的水平不断减少的人。

3. 适度原则

与人交际中要正确理解适度原则，主要体现在：

（1）交往时间的适度，要防止因过于强调交往的重要性而投入太多的时间和精力；

（2）交往距离的适度，朋友之间保持一定的距离是很必要的，只是不同程度的朋友其距离的大小可以有区别；

（3）交往频度的适度，有些人交往，关系好时，形影不离；一朝不和，即互相攻击，老死不相往来，这对双方的心理健康和人际关系发展都不利。人际交往，应该疏密有度。

第五节　职场成功的基本要素

一个人在职场上的成功取决于多方面的因素，是多项因素相互促进、共同作用的结果。在人才辈出、竞争激烈的新世纪，积极构建多维的智能结构，切实满足动态的社会需求，选择适合个人成长和发展的职业路径，找准职业发展的起点，具备健全的人格和良好的情商是职场成功的必要条件。

一、职场成功的基本要素

（一）选择合适的职业发展路径

"人放对了地方就会成金子，人放错了地方就会成垃圾"。世界上没有两个完全相同的人，每个人的兴趣爱好、优势特长、价值观等个体特征都是不同的。有的人喜欢与抽象的观念打交道，而有的人则喜欢与具体事物打交道；有的人期望工作能提供给自己足以支配的金钱而不惧怕冒风险，而有的人则期望在一定时间内，不会被轻易解雇，收入稳定，等等。不仅每个人的个体特征是有差异的，而且不同的工作对人的要求也是不一样的。在职场竞争中，为什么有的人能够成功，而有的人却屡战屡败呢？就是因为成功者选择了一条适合自己的职业发展道路。在职业选择与发展中，做到人－职匹配是个人成才的基础。在现实生活中，有些人之所以能在平凡的岗位上，干出不平凡的事情，为社会创造巨大的物质或精神财富，根本原因在于他们与所从事的工作匹配度很高，从而能使他们爱业、敬业、乐业。只有做到人－职匹配，人才能适应工作，并且个人和社会都同时受益。就业不仅仅是找一个工作，而是应该将我们个人的性格、兴趣、能力与素质以及价值观等特征与职位相匹配。人－职匹配程度越高，就说明我们与职位的适应性也就越强，也就越容易找到适合自己发展的职业路径。

（二）明确职业发展目标

有一个人，名字叫失败，他干什么都不顺利，从来就没有成功过。有人就给他提了一个建议，说在某某地方有一位圣人，曾经给很多人指点迷津，使很多人从失败走向成功，你也可以请教他，让他帮助你获得成功。于是，失败找到了这位圣人，并且向他请教如何才能走向成功。失败告诉圣人，要能够成功，什么方向都无所谓，你只管给我指点吧！结果这位圣人说，如果是这样的话，那么，你走哪条道路都无所谓了，你走吧。

这个故事告诉我们：一个人要想真正获得成功，那么他首先需要确定一个发展方向。如果没有明确的奋斗方向和阶段性目标，今天朝这个方向发展，明天向那个方向发展，无论对企业或是对个人而言，都是不可能取得成功的。正所谓"圣人立长志，庸人常立志"。在明确了职业发展目标之后，还要对总目标进行分解，分解成若干阶段性目标。一个一个阶段性目标完成了，总体目标的实现也就水到渠成了。对大学生而言，在分解目标的过程中非常关键的一点是，理性选择大学生涯发展目标。因为，大学生涯发展目标不同，在大学期间学习准备的侧重点是有差异的。影响大学生涯发展目标的因素是多种多样的，根本原则是大学生涯目标的选择要能最大化利于职业发展总体目标的达成。

（三）满足动态的社会需求

在职业发展过程中，为什么要满足社会的需求呢？这是由职业的内涵和特点所决定的。职业是社会分工的结果，一种职业的产生和发展是社会需要的结果。因为随着企业不断发展，企业所有者需要专人为自己的企业提供专业服务，因此有了"职业经理人"的产生。因为有人怕被商家"宰"，需要他人帮助自己与商家讨价还价，因此有了"砍价人"的出现……总之，没有社会需求，没有被他人需要，那么一种职业也就不可能产生。同样，一种职业如果不能通过其职业活动满足他人的动态需要，也就会很快从这个世界消失。鉴于此，我们在自身的工作过程当中，也一定要时刻考虑工作服务对象的需要。医学工作者的工作成果只有满足了患者及其他服务对象的需要，被对方认可了，我们的职业生涯才有可能获得成功。因此，想要在未来的职场中备受青睐，大学生在校学习期间就应该构建多维的智能结构，成为社会所需的复合型人才。

何谓复合型人才？专家指出，不仅在专业技能方面有突出的经验，还具备了较高的相关技能。复合型人才也可以说是多功能人才，体现在知识复合、能力复合、思维复合等方面，其特点是多才多艺，能够在多种领域中大显身手。

构建多维的智能结构是要求学生在踏实构建和掌握本专业知识体系的同时，根据自己的兴趣爱好以及对社会需求的判断来学习和构建其他相关知识或能力体系。不能片面理解为各个专业知识和技能都要学一点、懂一点、会一点，成为一个职场"万金油"。相对于"专业型"或"复合型"人才来说，"万金油"型的人在初入职场时能从事的基础性事务工作较多，但是这类人在职场中的最大特点就是"多一个不显眼，少一个无伤大局，可有可无"。"万金油"型的员工将是最容易被忽视和淘汰的。为了帮助学生能够更好地构建多维的智能结构，很多学校出台了辅修双学位、第二学士学位等培养办法，为学生提供了能够系统学习跨专业知识、构建复合知识体系的机会和条件。除了有效利用学校提供的机会，作为学生本身，我们还必须通过自学和实践来学习非本专业知识和锻炼相关技能，把自己打造成为一个多功能的复合型人才。

（四）具备良好的职业化素质

职业化素质是职场成功的基础。很多人都在谈论"职业化"，那么，究竟什么是"职业化"呢？职业化包含哪些内容呢？很多人也都在探讨"职业化"，"职业化"的定义也是五花八门，众说纷纭，莫衷一是……归纳起来，关于"职业化"的真正内涵，大致有如下几种比较有见地的说法：

"职业化"就是职场行为与操作规范，是职业人训练有素的体现，在职业资质、职业态度、职业意识、职业道德、职业行为、职业技能等方面充分符合企业与职场的需要。

"职业化"是国际化的职场准则，是职业人必须遵循的第一游戏规则，是作为职场人士的基本素质，是国家与国家之间、企业与企业之间、企业与员工、员工与员工之间必须遵守的道德与行为准则。想参与职场竞争，想要成为职场中的成功者，想要取得职业生涯的辉煌，就必须懂得和坚守这些职场规则。

"职业化"是一种潜在的文化氛围，是一种在职场中专用的语言和行事规则。在职场中的人都用这种语言说话，都用这种行为和道德准则来办事，而一个非职业的人往往不能拥有这种语言和行事规则。因此总是和职业人士合不上拍，总是给人"非职业"人士的印象。

"职业化"是一种精神，一种力量，一套规则，是对事业的尊重与执著的热爱，是对事业孜孜不倦的追求的精神，是追求价值体现的动力，是实现事业成功的一套规则。简单地说，就是对职业的价值观、态度和行为规范的总和。"职业化"就是为了达到职业的要求所要具备的素质和追求成为优秀职业人的历程。职业化有很多外在的素质表现，比如着装、形象、礼仪、礼节等，也有很多内在的意识要求。诸如思考问题的模式、心智模式、内在的道德标准等。

"职业化"是指按职业的标准化、规范化、制度化的要求塑造自己。即在合适的时间、合适的地点，用合适的方式，说合适的话，做合适的事。

"职业化"就是以最小的成本，追求最大的效益；就是以此为生，精于此道；就是细微之处做得专业；就是用理性的态度对待客户、企业、同事、老板和自身；就是专业和优秀，别人不能够轻易替代；就是不断地富有成效的学习；职业化就是责任心、敬业精神和团结协作。

综上所述，"职业化"的基本特征主要有以下几点：

（1）"职业化"就是训练有素、行为规范；

（2）"职业化"就是尽量用理性的态度对待工作；

（3）"职业化"就是细微之处能体现专业；

（4）"职业化"就是思想要奔放、行为要约束、意识要超前；

（5）"职业化"就是个性的发展要适应共性的条件；

（6）"职业化"就是在合适的时间、合适的地点做合适的事情；

（7）"职业化"就是职业技能的标准化、规范化、制度化。

大学生如何逐步成长为一个职业化人士呢？或者说大学生培养自己的职业化素质包括哪些主要内容呢？概括起来有以下六点：

1. 职业资质

职业资质就是从事本职业的基本素质和能力要求，是能够胜任本职业的基本标准，是对职业在必备知识和专业经验方面的基本要求。资质是能力被社会认同的证明，如 MBA、注册会计师、注册医师、注册律师等就是一种资质。获得一定的资质是具有一定职业标准能力的外在证明。每一种职业都有相应的职业资质模型，都有一个相对公平公正的准入标准，形成对从事该职业的独特要求，因此，拥有职业资质是职业化最基本的要求。作为一个职业人，必须具有良好的职业资质，这是进入某一职业领域的通行证。例如，当医生必须先获得执业医师资格证书，做会计务必首先获得会计从业证书，做律师首先必须获得律师资格证书，做职业经理人最好能够获得 MBA 证书等等。

2. 职业意识

"意识"意味着清醒、警觉、注意力集中等。"意识"意味着受意愿支配的动作或活动。正是通过意识，我们分析因果关系，想象现时不存在的情景和可能性，计划未来的行动，用我们预期的目标来指引行为。职业意识表现为职业敏感、职业直觉，甚至是职业本能的思维过程。要成为职业人，你需要具备的职业意识主要有：角色意识、目的意识、问题意识、行动意识、变革意识、计划意识、客户意识、成本意识、利润意识、市场意识、营销意识、经营意识、战略意识、效率意识、质量意识、责任意识、团队意识、创新意识、服务意识、完美意识、细节意识、舍弃意识、系统意识、健康意识、危机意识、人才意识……

3. 职业心态

人与人之间只有很小的差异，这种差异就是对事对物的态度，这种差异往往造成人生结果的巨大差异，是成功还是失败。个人事业能否成功，不在乎你的才华，最重要的是你的态度。态度决定行为，行为决定习惯，习惯决定性格，性格决定命运。想改变自己命运的时候，从改变自己的态度开始。什么样的心态将决定我们什么样的生活。唯有心态解决了，你才会感觉到生活与工作的快乐。成为职业人，你需要具备的职业心态主要有：积极的心态、主动的心态、怀旧的心态、双赢的心态、包容的心态、自信的心态、给予的心态、行动的心态、学习的心态、老板的心态、羞耻的心态、奉献的心态、服从的心态、竞争的心态、专注的心态、感恩的心态……

4. 职业道德

人类脱离了动物界，人就有了道德。早期原始社会，便产生了道德的萌芽。道德是随着社会经济不断发展变化而不断发展变化的，没有什么永恒不变的抽象的道德。人生在世，最重要的有两件事：一是学做人，一是学做事。做人和做事，都必须受到道德的监督和约束。所谓道德，就是依靠社会舆论、传统习惯、教育和人的信念的力量去调整个人与个人、个人与社会之间关系的一种特殊的行为规则。简单地说，道德就是讲人的行为"应该"怎样和"不应该"怎样的问题。

5. 职业行为

行为是指机体种种外显动作与活动的总和，具体来说是指一个人说了什么，做了什么和想了什么。根据社会伦理和组织所要求的行为规范，每个人的行为都可以分为正确的行为和错误的行为。职业行为就是职业人要坚守的正确行为规范。

职业行为包含职业人对工作、对企业、对老板、对同事、对客户、对自己等方面的行为规范。坚守这些职业行为，就是你职业化素质的成熟表现。

6. 职业技能

职业技能是工作岗位对工作者专业技能的要求，职业化必备职业技能主要有：角色认知、正确工作观与企业观、科学工作方法、职业生涯规划与管理、专业形象与商务礼仪、高效沟通技巧、高效时间管理、商务写作技巧、团队建设与团队精神、人际关系处理技巧、商务谈判技巧、演讲技巧、会议管理技巧、客户服务技巧、情绪控制技巧、压力管理技巧、高效学习技巧、激励能力提升、执行能力……。

二、职业生涯成功

（一）什么是职业生涯成功

职业生涯成功是个人职业生涯追求目标的实现。职业生涯成功的含义因人而异，具有很强的相对性，对于同样的人在不同的人生阶段也有着不同的含义。每个人都可以、也应该对自己的职业生涯成功进行明确界定，包括成功意味着什么，成功时发生的事和一定要拥有的东西、成功的时间、成功的范围、成功与健康、被承认的方式、想拥有的权势和社会的地位等。职业成功的定义不止一个，对不同的人来说，职业需求不同，职业目标各异，成功标准也不一样。

（二）职业生涯成功的因素

总的来说，与个人职业生涯成功有关的因素如下：

1. 个人的价值取向、能力、个人的特质与其所选择的职业相适合，且在这一职业岗位上，工作的得心应手。

2. 个人有自我职业目标，无论是初就业便一直在某种职业岗位上，还是历经坎坷，发生职业流动或转移，最终个人既定职业目标得以实现，就是一种职业成功。

3. 在所从事的职业工作岗位上，尽心尽力，尽职尽责，做出突出成绩，本人有一种自我满足感、成就感，或者得到组织、同事的认同也是一种职业的成功。

4. 勇于创新，勇于另辟蹊径，不要总是顺着老路走，要在没有路的地方去踏出一行新的脚印。大凡这样的人，必是有所建树、有所成就者，所以这也是个人职业的成功。

（三）职业生涯成功的标准

职业生涯成功能使人产生自我实现感，从而促进个人素质的提高和潜能的发挥。职业生涯成功与否，个人、家庭、企业、社会判定的标准都存在一定的差异。从现实来看，职业生涯成功的标准与方向具有明显的多样性。目前公认的有如下五种不同的职业生涯成功方向。

1. 进取型—— 使其达到集团和系统的最高地位。

2. 安全型—— 追求认可、工作安全、尊敬和成为"圈内人"。

3. 自由型—— 在工作过程中得到最大的控制而不是被控制。

4. 攀登型—— 得到刺激、挑战、冒险的机会。

5. 平衡型—— 在工作、家庭关系和自我发展之间取得有意义的平衡，以使工作不至于变得太耗精力或太乏味。

实际上，最为关键的是，职业生涯是否成功，主要通过自己设立的职业生涯目标（包括内职业生涯目标和外职业生涯目标）是否实现来确定。任何脱离目标的成功都是没有意义的。

 思考与讨论

1. 谈谈自我管理对职业成功的重要意义。

2. 分析自己在时间管理中存在的主要问题，并提出有效对策。

3. 查找关于情商测试的资料，测试自己的情商，并和周围的同学互相探讨情商在职业生涯发展中的作用。

4. 潜能开发包括哪些内容？谈谈你对潜能开发的理解。

5. 人际交往的基本原则有哪些？

6. 回忆从小到大的学习、生活经历，有哪些事情的成功来自于你的人际资源？

第八章 职业道德

职业活动是社会生活中的一个重要内容，是人类生存和发展的前提，也是社会进步的重要条件，它是实现自我价值的最主要的途径。人们要满足自身生存和发展，必然要从事一定的职业活动，而且要遵守一定的职业道德规范。正确的职业道德观念和行为，对于人们的职业选择和实践，具有积极的导向作用、调节作用和激励作用。

第一节 职业道德简述

随着人们实践活动的不断拓展，社会分工也愈加细化，职业道德也被赋予了新的内涵。为了更好地了解职业道德的内涵，首先应了解职业思想和职业道德的关系。

一、职业道德

所谓职业道德，就是同人们的职业活动紧密联系的符合职业特点所要求的道德准则、道德情操与道德品质的总和。职业道德是一种职业规范，受社会普遍的认可，是长期以来自然形成的没有确定形式，通常体现为观念、习惯、信念等。职业道德依靠文化、内心信念和习惯，通过员工的自律实现，内容是对从业人员义务的要求。职业道德标准多元化，代表了不同企业可能具有不同的价值观，承载着企业文化和凝聚力，影响深远。每个从业人员，不论是从事哪种职业，在职业活动中都要遵守道德。要理解职业道德需要掌握以下四点。

首先，在内容方面，职业道德总是要鲜明地表达职业义务、职业责任以及职业行为上的道德准则。它不是一般地反映社会道德和阶级道德的要求，而是要反映职业、行业以至产业特殊利益的要求；它不是在一般意义上的社会实践基础上形成的，而是在特定的职业实践的基础上形成的，因而它往往表现为某一职业特有的道德传统和道德习惯，表现为从事某一职业的人们所特有的道德心理和道德品质。甚至造成从事不同职业的人们在道德品貌上的差异。如人们常说，某人有"军人作风"、"工人性格"、"农民意识"等。

其次，在表现形式方面，职业道德往往比较具体、灵活、多样。它总是从本职业的交流活动的实际出发，采用制度、守则、公约、承诺、誓言、条例，以至标语口号之类的形式，这些灵活的形式既易于为从业人员所接受和实行，而且易于形成一种职业的道德习惯。

再次，从调节的范围来看，职业道德一方面是用来调节从业人员内部关系，加强职业、行业内部人员的凝聚力；另一方面，它也是用来调节从业人员与其服务对象之间的关系，用来塑造本职业从业人员的形象。

最后，从产生的效果来看，职业道德既能形成一定的社会或阶级的道德原则和规范的"职业化"，又使个人道德品质"成熟化"。职业道德虽然是在特定的职业生活中形成的，但它决不是离开阶级道德或社会道德而独立存在的道德类型。在阶级社会里，职业道德始终是在阶级道德和社会道德的制约和影响下存在和发展的；职业道德和阶级道德或社会道德之间的关系，就是一般与特殊、共性与个性之间的关系。任何一种形式的职业道德，都在不同程度上体现着阶级道德或社会道德的要求。同样，阶级道德或社会道德，在很大范围上都是通过具体的职业道德形式表现出来的。同时，职业道德主要表现在实际从事一定职业的成人的意识和行为中，是道德意识和道德行为成熟的阶段。职业道德与各种职业要求结合，具有较强的稳定性和连续性，形成比较稳定的职业心理和职业习惯。

二、职业道德的内涵

职业道德的内涵包含了两个基本要素，即意义和责任。在我国，职业道德也是一个不断发展的概念，在长期的封建社会中，如果说有职业道德的话，那主要是表现为"仁义"、"忠君"或"报国"的意义和责任。例如，公元前6世纪的中国古代兵书《孙子兵法·计》中，就有"将者，智、信、仁、勇、严也"的记载。智、信、仁、勇、严这五德被中国古代兵家称为为将之德。明代兵部尚书于清端提出的封建官吏道符攫养的六条标准，被称为"亲民官自省六戒"，其内容有"勤抚恤、慎刑法、绝贿赂、杜私派、严征收、崇节俭"。

到了现代社会，职业道德概念形成由于受到了历史和现实的双重干扰，使得职业道德的概念产生了两个主要的误区。

第一个误区是挣钱与道德不可兼顾。在我国进行社会主义市场经济改革之前，职业道德意义往往是与政治，或者工作、任务及责任联系在一起的，要在工作中尽守职责，就必须反复强调工作或任务的意义，从而获得职业的使命感、责任感和光荣感，只讲"义"，而排斥了"利"。改革开放之后，人们对于职业的概念有了很大的变化，但是并没有完全摆脱传统思想的束缚，仍然认为只有"正式"的工作才具有责任和使命的道德约束力，而"非正式"工作则不能称为"职业"，仅仅是为了"挣钱"而已。这样职业道德的内涵就被压缩到很小的范围之中了。在"利"与"义"不可调和观点影响下，一些人错误地认为职业道德只是对公职人员而言的，"下海"就含有"放弃职业"的意思。似乎"挣钱"不是职业，也可以不讲职业道德了。

另一个误区是以为讲道德就等于讲政治。造成这种情况的原因是多方面的，其中重要的一点是在"文革"和长期"左"的思想影响下所形成的政治模式，在对传统道德的批判下，过多地宣传了道德的政治性，以至人们误认为道德仅仅是政治的工具，使道德蒙上了欺骗的色彩。人们不愿意谈论道德，以免使自己出现一种"莫须有"的政治背景。例如一个人做了符合职业道德的事情，可能就有人说他具有政治意图，"想入党"、"想表现"、"想当官"等等。由于过去受到"左"的政治的影响，职业道德的内涵受到严重扭曲，从而也增加了职业道德建设的难度。

关于社会主义职业道德，中央十四届六中全会的《中共中央关于加强社会主义精神文明建设若干重要问题的决议》中提出："爱岗敬业、诚实守信、办事公道、服务群众、奉献社会的职业道德"，"当前要以加强职业道德建设，纠正行业不正之风为重点"。决议的这段话重新确立了职业道德的内涵，具体可以从以下几个方面来理解这个问题：

首先，必须重新确认职业道德的概念，明确在现实社会中，无论从事何种职业，无论"下海"还是"在岗"，并无高低贵贱之分，都是社会中的从业人员，是作为社会中的一个分子进行活动的，其活动都具有社会意义，同样要具有社会责任感、使命感和光荣感。讲职业道德，就是社会中的每个从业人员，必须以社会主义的职业道德原则和责任来约束自己的行为。

其次，在道德运作机制方面进行努力。不可否认，社会中的从业人员具有追求自身利益的要求，但实现自己的利益，同时也要尊重和承认他人的利益。只有承认和尊重他人的权利，才能保证自身的权利。如果忽视别人的权利，最终也会自损自己的权利。市场经济是发挥个体积极性的竞争经济，要求以信任为宗旨，越是竞争激烈，越要求在道德上守信，把信誉作为竞争的基点之一。所以对于从业人员的道德要求是严格的。道德在社会中发展形成，并随着社会条件的变化而变化。所形成及变化的道德对于社会的发展本身也具有促进作用。社会的健康发展，应当建立在道德与社会发展的良性互动的关系之中。

再次，主体意识。职业道德的建设还在于主体性和自觉性，道德不能没有主体意识，缺乏主体意识的职业道德不是真正的职业道德，也根本谈不上职业道德的建设。要建立职业道德，就要恢复其内涵中的主动精神、参与意识和责任感。每个人既是服务的主体，又是服务的客体，"我为人人，人人为我"。当道德行为不再是为了"他人"，而是为自身的时候，道德才能得以健康地发展。新的职业道德意识的形成，应该是从主体心灵中启动的。

最后，道德氛围的营造。道德的建设是一个社会系统工程，是中国人民在长期的文化传统中，形成了许多民族传统美德，如讲文明、讲礼貌、诚实守信、勤俭节约等等，应当在这个基础上弘扬传统道德，加强舆论引导，培养良好的道德氛围。

三、职业道德在职业发展中的作用

职业道德作为"特殊行为规范的总和"，是职业或行业范围内的特殊的道德要求，是一般社会道德在职业或行业范围内的具体体现。职业道德作为从业人员"表现在职业工作上的道德品质状况"，是人的一般道德品质在具体职业活动中的具体体现。它表明了从业人员是否具有一定的职业道德修养，是否具备一定社会所需要的内在的职业道德品质及其所达到的程度和水平。因此，职业道德在职业发展中的作用是很大的。

（一）职业道德是职业发展中个体人格素质的重要组成部分

"人格"在古希腊最初指戏剧中的假面具，后来演化为主要指人的外表，现代意义上的人格主要指个体的"内在动力组织"和"自我同一性"，在很大程度上和"个性"概念相近。道德人格的高低，是衡量一个人人性的标准。人类人性的增长、兽性的减少，最终表现为道德人格的提升。而这种提升，最终又归结为道德习惯的形成。

个体的职业道德素养不是游离于个体素质之外的道德标准或道德规范，而是积淀成为个体综合素质重要组成部分的观念、情感和行为方式，外在表现为处置复杂情境的习惯性和模式化的行为反应方式。因此，从外在行为表现来看，个体的职业道德不是"豪言壮语"和"满腹经纶"的道德知识，而是对人、对事的态度。比如，一个医生：他（她）就应该视救死扶伤为己任，毫不犹豫地将自己的聪明才干贡献给医疗事业，当出现意外时，他（她）总是首先出于职业良心而担负起自己应该承担的责任。从内在结构来看，个体的职业道德素养主要表现为职业道德观念——对从事某种职业的价值认同和执著追求。他（她）认定这种职业是崇高的，有意义和有价值的，值得为之付出精力，实际上也就是一种职业情感。职业道德建设应该加强对社会成员职业情感的培养，使之成为个体人格的"动力定型"。

案例：

小故事

《北京青年报》曾刊登了一个普通纺织女工丁立萍的故事，读罢令人潸然泪下。这位京棉二厂 26 岁的女工腼腆而朴实地微笑着，然而令人遗憾的是这微笑却成为历史的永恒。因为在她以超出常人的成绩勇摘市级操作能手大赛第一名桂冠之后，她已经无缘再和亲友及同事分享鲜花和荣誉，住院仅仅 4 天时间，急性败血症便夺去了她金子般闪光的生命。追寻丁立萍的生命足迹，其高尚的职业情操令人肃然起敬：连续 4 年全勤。从通县农村进厂只一年的时间就达到了技术优级水平，一年之中和同台的姐妹共创 5 万米无疵布的成绩。为了一个打结的动作，她往往一练就至深夜。按照一般标准，达到每分钟 24 个已属不易，可她最快时却能达到每分钟 41 个。这些不平凡的业绩，倾注了丁立萍全部的心血乃至生命。丈夫撞车受伤，孩子生病住院，自己身体不好，她都咬着牙默默地用自己的双肩承担着，直到躺在病床上，已非完全清醒的她仍然用双手不停地重复着打结的动作。在她的心里，岗位是神圣的至尊。弥留之际，她对爱人反复说："你带我到车间、到岗位上去看看。"

是什么力量支撑她这样做呢？是一种融入人格系统、成为个体动力定型的职业道德素养！当我们中的某些人在自己的工作岗位上漠视职业道德、迷失自我之际，我们的社会上确实存在着许多以守德为本为荣、爱岗敬业的平凡而又伟大的人物：徐虎用自己的恒心架起了顾客信任的桥梁；李素丽用最诚挚的服务温暖着过往的乘客；李国安一路喝苦水、四处寻甘泉……这些无言的真诚说明我们每个人的内心深处都存有对职业道德的崇高敬意和期盼。

（二）职业道德是职业发展中职业个体自我实现的重要保证

职业道德有助于个体正确定位人生的理想和追求。如果一个人将人生理想定位在纯粹的个人利益追求上，那么，他（她）有可能一辈子无法满足个体的无尽欲望，其结果往往是不尽的烦恼。一个人只有将人生理想定位在为社会贡献力量的方向上，他（她）才能拥有豁达的情怀和良好的心态，不至于为得失所牵累。正是在这个意义上，我们认为，从根本上看，个人的道德品质，包括职业道德素养，不是为别人，而是为自己的。

道德实践过程肯定要求个体作出一定的自我牺牲，它要求个人放弃纯主观的活动。但是，这种个人让步实际上将带来更大程度上的个人进步。以退为进正是人类理性的意义。自由与责任同在，失与得共存。遗憾的是，在现实社会中，不少人只看到了遵守职业道德而"牺牲"自己暂时利益的一面，而不是从全局看问题。实际上，当局部的、暂时的牺牲是为了带来全局的、长远的发展时，它就不再是牺牲，而是发展的一部分内容了，一个活动的性质只能以它的整体性质来确认。站在整体的立场上，田忌在赛马中，用劣马败给对方的优马本身不是失败，而是胜利。只有从整体观上，把遵守职业道德看作自我实现，才能真正把握职业道德的本质。

（三）社会主义市场经济呼唤全社会形成良好的职业道德

职业道德是一个社会道德体系的重要组成部分，职业道德建设的状况是社会精神文明和物质文明建设的晴雨表，它既表现出国民素质的高低水准，同时在更广泛的程度上也连接着社会效益和经济效益，更孕育着机遇和成功，会极大地促进职业的发展。

市场经济越发达，职业越发展，也就越要求人们守信重诺。即使是某些市场经济发达的资本主义国家，也不会任凭"不讲信誉、不讲职业道德"的现象蔓延。有人误以为，在市场经济中，大家都为自身利益、利润最大化而努力，赔本、吃亏的事是不合算的，可以为所欲为。

案例：

刚开始恢复中俄边贸时，着实让一些掺杂使假的不法之徒发了一笔横财。然而好景不长，当俄罗斯人明白，他们从中国的那些"倒爷"手里花高价购买的"羽绒服"里找不到一根羽毛、尽是破布烂絮时，他们告诫同胞谨防中国的假冒伪劣商品！不要与中国人做生意！直到现在，他们面对中国商品仍然心有余悸，宁愿花高价购买由本国"倒爷"、"倒姐"采购回去的商品，谁是最大的输家，谁是真正的赢家呢？

在市场竞争日趋激烈的今天，大学生们该如何尽快就业，又如何使所在的单位充满活力，始终立于不败之地呢？日本著名伦理学教授铃木健认为：全面提高人的素质，尤其是提高职业道德素质，这直接关系到企业的兴衰存亡。

美国、西欧等许多企业也纷纷提出了"企业即人"、"伦理进入企业，心灵进入工作场所"的口号，职业道德素质已被摆在现代经营竞争中职业发展的首要地位。

艾尔汀是费城一家公司的老板，该公司由于良好的商业道德，备受客户称赞而赢得声誉。艾尔汀说："我们的目的不仅是为了提高我们本身的价值，也是为了建立互补价值。其实，从一开始我们执行的纲领，就来自于一些金科玉律，直到今天我们仍在按这一原则来经营，这当然使我们的公司获益匪浅。"

早在20世纪80年代中期，得克萨斯仪器公司就制订了正式的职业道德培训计划，增设职业道德办公室、培训班以及一条热线电话。美国保险商协会是第一个开始对努力以公平竞争、良好道德信誉而赢得利润的公司进行表彰的行业组织。该协会主席伯勒尔说，越来越多的保险公司在全力贯彻并维护商业道德的标准。我们要做的就在于大力表彰这些公司，给予它们很高的荣誉；同时把这些公司作为典范推荐给大家，让其他企业以之作为自己的榜样，目的只有一个：共树良好商业道德新风。

第二节　职业道德的基本规范

职业道德的基本规范是从事各种职业活动的人们应当共同遵守的职业行为准则。它既是调节职业活动中人们的各种关系、解决各种矛盾的行为准则，又是评价职业活动和职业行为善恶的具体标准。它告诉人们应该做什么，不应该做什么，应该怎样做，不应该怎样做。各行各业的就业者只有明确和掌握职业道德规范，才能在职业活动中把职业道德要求变成职业行为，才能协调好各种关系，解决好各种矛盾，才能在本职工作中干出杰出的成绩。

一、敬业

(一) 敬业的基本概念

敬业是各行各业职业道德建设的共性问题。所谓敬业，就是从业人员应当认识本职业在社会生产总体系中的地位和作用，认识本职工作的社会意义和道德价值，从而敬重本职工作，专心致志，以事其业。由于分工和专业化生产，社会被分为千千万万个不同的行业和岗位。在社会主义社会，每一种职业对社会的存在和发展都有其特殊的作用和意义。每一个岗位都是社会这部大机器上的一颗螺丝钉，岗位不同，是由于社会分工不同，而没有高低贵贱的区别。基于职业平等的观念，每一个从业人员都应该以正确的态度对待各种职业劳动，热爱自己所从事的职业。

敬业，是为人民服务的基本要求。一个人一旦爱上自己的职业，他的身心就会融合在职业活动中，在认真履行岗位职责、做好本职工作中体会到本职工作的光荣和幸福；就能在平凡的岗位上，激发高度的创造性，充分发挥个人的聪明才智，做出不平凡的业绩。热爱本职工作，就会从本职工作出发，进一步热爱自己的工作对象，以满腔热情对待服务对象，努力为对方提供最佳的服务，使每个被服务的对象从服务中感受到社会的温暖；热爱本职工作，就会严格自觉地按照岗位规范和操作规程的要求，爱护设备、工具、材料，以对社会、对人民高度负责的职业责任心和职业良心，自觉地去提高产品质量，尽量减少环境的污染。讲究产品质量、服务质量，强调文明生产、热情服务，是热爱本职工作的必然要求和具体体现，同时也是每个从业人员对社会、对人民所必须承担的义不容辞的职责和义务。

(二) 敬业的基本要求

1. 要乐业

乐业就是从内心里热爱并热心于自己所从事的职业和岗位，把干好工作当作最快乐的事，做到其乐融融。从内心的情感来说，热爱一项工作，就意味着对它有一种崇高的职业尊严感和荣誉感，有明确的事业心和成就感，有自信心和自尊心，始终深信自己的工作是有益于国家、有益于民族、有益于他人的。从事一项工作，应对它抱有浓厚的兴趣，倾注满腔的热情，把它看作一种乐趣，看作是生活中不可缺少的内容，并在刻苦奋斗后取得成就时感到无比的兴奋和快乐。对所从事的职业和岗位的热爱，必然具体体现在日常的工作态度和工作作风上，把乐业的思想通过职业行为表现出来。这样，在平凡的岗位上就能创造出不平凡的业绩来。

2. 要勤业

勤业是指忠于职守，认真负责，刻苦勤奋，不懈努力。

忠于职守，指的是工作责任心，就是忠实地履行岗位责任，执行岗位规范，在任何时候、任何情况下都能坚守岗位。在市场经济体制下，坚守岗位，还要求每个从业人员必须能够抵制各种诱惑，不为不法分子的不法活动开启绿灯。认真负责指的是工作态度，即干工作要精力集中，一丝不苟，"专心致志以事其业"。"严格的要求、严密的组织管理、严肃的态度、严明的纪律"等说法提倡的就是一种认真的态度。现代化的大生产和大流通，是一个严密的系统，其中每一个环节都有严格而精确的技术要求和操作规范，如果因马虎或疏忽而造成某个环节出现了差错，就会影响整个流程，甚至会酿成灾难性的事故。要做到在岗一分钟，负责六十秒。刻苦勤奋指的是工作精神，既能经受得起各种艰难困苦，勤劳奋发，有所作为，不懈努力，还要在职业活动中有勇气、有毅力去克服职业活动中不时会遇到的各种难题。国家最高科技奖获得者、"杂交水稻之父"袁隆平从1964年开始从事杂交水稻研究，从三系杂交水稻到超级杂交水稻，经过了36年的不懈奋斗，终于取得了令世界瞩目的骄人成果。从推广种植杂交水稻以来，已累计增产稻谷3600亿公斤，产生了巨大的经济效益和社会效益。

3. 要精业

精业是指对本职工作业务纯熟，精益求精，力求使自己的技能不断提高，使自己的工作成果尽善尽美，不断地有所进步、有所发明、有所创造。

为此，首先要好学进取。业务知识、职业技能不是与生俱来的，是在后天的学习和训练中逐步掌握的。每个从业者既要认真学习书本知识，又要在工作实践中努力钻研所从事的专业，这样就能掌握过硬的本领，使自己的工作得心应手，更能使自己适应市场竞争的需要。知识经济、信息化社会对从业人员的要求将越来越高，每个人都应有好学进取的精神，要刻苦地钻研、不断地进取，这样才能不断提高自己的职业技能，而不被时代所淘汰。

其次，要不断追求"高质量"。每个从业者都要把高超的技能、纯熟的业务用于工作实践，使工作做得好上加好，产品及服务尽善尽美。多年来，我国出现过许多岗位技术能手，如"一口清"、"一把抓"、"一刀准"、"活地图"、"问不倒"等，都有令人赞叹的绝技，这都是追求"高质量"的体现。

乐业、勤业、精业，这三者是相辅相成的。乐业是敬业的前提，是一种职业情感；勤业是敬业的保证，是一种优秀的工作态度；精业是敬业的条件，是一种执著的完美的追求。

二、诚信

(一) 诚信的涵义

诚信是高尚职业情操在职业活动中的重要体现，是每一个从业人员应有的思想品德和行为准则。"诚"就是真心诚意，实事求是，不欺诈，不虚伪；"信"是遵守承诺，讲究信用，注重质量和信誉。它要求每一个从业人员诚实劳动，真诚待人、注重质量、讲究信誉，在职业活动中坚持原则，不谋私利，不贪钱财。

(二) 诚信的基本要求

1. 要诚信无欺

诚信无欺就是诚实，讲信誉，不欺诈。诚信是社会大厦的基础，是经济生活必备的条件。它要求在生产者和消费者、商品的经营者和购买者（即顾客）、服务者和被服务者的关系中，在市场的交易中，要货真价实，即质量、数量、品牌、款式等，都要符合相应的规格，要明码标价，合理定价，不能采用欺骗手段牟取暴利。它要求商店的广告、营业员的商品介绍、商品的包装和标识等都应提供真实的商品信息。它要求向被服务者提供真实的服务信息，提供符合规格的服务，收取合理的费用，反对和杜绝各种各样的欺骗服务对象的职业行为。它要求在企业内部实事求是，从源头上杜绝假冒伪劣。

2. 要讲究质量

质量是各行各业的生命。在充满竞争的市场经济体制中，各行各业要有强烈的质量意识，把讲究质量放在第一位，在生产或服务中讲究质量，以质量求生存，以质量求发展。讲究质量，对生产来说就是产品质量。要求每个员工树立"质量第一"的观念，认真履行岗位职责，有高度的责任心，一丝不苟，严把质量关，严格生产程序，不偷工减料，不粗制滥造，不以次充好，为用户着想，把优质精品奉献给广大消费者。

 小资料

质量赢得市场，质量赢得就业，这是烟台张裕葡萄酒股份有限公司百年历程给我们的启示。1892 年，著名爱国华侨张弼士先后投资 300 万两白银，兴建了中国第一座近代葡萄酒厂——张裕酿酒公司。建厂之初，张先生就把企业质量视为企业的生命，重金聘请欧洲酿酒师，出巨资从国外购进优质葡萄品种和最先进的酿酒技术设备及优质橡胶木桶，建造了著名的地下大酒窖。经过 15 年的苦心经营，张裕终于走向了世界。1915 年，在著名的巴拿马太平洋万国商品博览会上，张裕生产的白兰地、红葡萄酒、琼瑶浆和雷司令，一举获得四枚金质奖章和最优等奖状。新中国成立以后，1952 年举办了第一届评酒会，评出了中国八大名酒，张裕的金奖白兰地、红葡萄酒、琼瑶浆和味美思荣列其中，以后又多次获得殊荣。1993 年张裕注册商标被国家工商总局认定为葡萄酒行业唯一的全国驰名商标。张裕集团公司的总经理提出"抓质量，就是要动真的，来实的，谁砸了张裕的牌子，企业就砸了谁的饭碗。"

3. 要信守合同

合同即契约，是行为主体（双方）自愿达成的、具有同等约束力的法律文书或准法律文书。信守合同就是忠实地遵守依法订立的协定。

信守合同从根本上说，就是在签订合同、履行合同的全过程中，真诚待人，注重信誉，讲究信用。签订合同时，诚心实意、认真负责；履行合同时一丝不苟、不折不扣。如遇困难或意料不到的情况时，应当想方设法去克服。一旦出现不能履行合同的情况，应主动承担责任，并按合同有关条款做出赔偿。

三、公道

（一）公道的涵义

公道就是公平、正义。其涵义就是"给人以应得"或恰如其分地对待人与事。也可以说，公道就是不偏不倚。办事公道是人民群众对每个从业者的基本要求，是为人民服务必不可少的条件，是提高为人民服务质量的起码保证。

（二）公道的基本要求

1. 要客观公正

客观就是按照事物的本来面目去考察，不加个人偏见；公正就是正直，没有偏私。客观公正就是要求人们在办理事情、解决问题时，要客观地判断事实，重视证据，采取客观的态度，公正地对待所有当事人，不偏袒某一方，更不能作为某一当事人的代表去对待另一方。因此，办事公道就必须具有较高的办事能力、工作水平，具有科学的态度和正直无私、清正廉洁的道德品质，将公道之心变成公道之行。

2. 要照章办事

照章办事就是严格按照章程、制度办事，不打折扣，不徇私情。各行各业的章程、制度代表着从业者的共同利益，规定了人们正常的职业关系和职业活动准则，关系到各行各业的有序运行及其社会职能的合理发挥。它是办事公道的依据。

照章办事要求人们熟悉章程、制度，了解章程、制度，不违反或曲解章程、制度，严格按照章程、制度处理事情和解决问题。它要求人们抛开"权力"，摒弃"人情"，认事不认人，认事不认权，以法治事，不分亲疏远近，不管官位高低、权力大小，一视同仁，按章办事。它要求人们待人公平，以人为本，理解人，尊重人，不以好恶待人，不以衣貌取人，不以年龄看人。在日常的职业生活中，要防止以不公道的手段去对付办事不公者，要学会运用合法和正当的手段，来维护自己的合法权益。

四、纪　律

遵纪守法是每一个从业人员必须具备的最起码的职业道德品质，是职业道德的重要内容。每个从业人员都要遵守职业纪律，遵守与职业活动相关的法律、法规。所谓职业纪律是指在特定的职业活动范围内，从事某种职业的人们所要共同遵守的准则，它包括组织纪律、劳动纪律、财经纪律、群众纪律等基本纪律要求，以及行业的特殊的纪律要求。衡量一个从业人员的职业道德水平高低的尺度就在于看其对纪律和法律的态度如何，遵守的程度如何。

（一）遵纪守法，贯彻政策

法是由国家制订或认可的、体现统治阶级意志、用国家强制力保证实施的行为规范的总和，包括法律、法令、条例、规定、决议、决定、命令等。我国的法律，是工人阶级和广大劳动人民意志的体现，是维护广大人民的根本利益的，是社会主义革命和建设事业胜利的保证。

纪律是社会各种组织、团体和企事业单位规定其所属人员共同遵守的行为准则，内容包括履行自己的职责、执行命令和决议、遵守制度、保守秘密等，以巩固组织，确立工作秩序，实现其目标。我国的纪律反映了广大劳动人民的利益，是执行党的路线的保证，是维护生产、工作和社会秩序所必需的。从业人员无论触犯了法律，还是纪律，都会给我们的经济、政治、文化生活秩序造成混乱，妨碍国家的建设，损害党和人民的利益。因此，只有将党和国家的各项活动都纳入法的轨道，使每一个从业人员都能懂法守法，严格依法办事，并自觉地执行政策，遵守纪律，我国才能长治久安，人民才能安居乐业，社会主义建设事业才能有序进行。邓小平同志告诫我们"有理想，有纪律，这两件事我们务必时刻牢记在心。一定要让我们的人民，包括我们的孩子们知道，我们是坚持社会主义和共产主义的，我们采取的各方面的政策，都是为了发展社会主义，为了将来实现共产主义"。

（二）普及知识，树立观念

教育和法制是道德建设的基本途径。但长期以来，人们的法制观念较为淡薄。有些人头脑里根本就没有法，没有按法律办事的观念。有些人做了违法的事，却不知道犯了什么法，甚至干脆不知道什么是法，更不知道错在哪了。邓小平同志在《在全体人民中树立法制观念》一文中指出："加强法制重要的是要进行教育，根本问题是教育人。"他还进一步提出了教育的办法，那就是"法制教育要从娃娃开始，小学、中学都要进行这个教育，社会上也要进行这个教育。"并且要把纠正不正之风，包括纠正行业不正之风和加强法制结合起来。"纠正不正之风中属于法律范围、社会范围的问题，应当靠加强法制和社会教育来解决。"而法制教育的内容和达到的目的，则应该按照党的十四届六中全会决议的要求进行，那就是："要在全体人民中进行遵守宪法和法律的教育，普及法律常识，增强民主法制观念，使人民懂得公民的权利和义务，懂得与自己工作和生活有关的法律，依法办事，依法律己，依法维护自身的合法权益，善于运用法律武器同违法犯罪行为作斗争。"对于从业人员来说，树立法制观念，达到懂法、用法、依法办事、依法律己、依法指导本职工作，是职业道德的基本要求之一。

（三）服从组织，遵守制度

服从组织就是在职业活动中，自觉听从各级领导的指挥，达到工作步调一致、行动统一。它是严守纪律首要的和基本的要求。每个劳动者必须在所在单位的组织领导和监督下工作，尽职尽责地完成组织分配给自己的任务。在工作中，要自觉地遵守各项规章制度，遵守劳动时间和劳动程序，不能拖拖拉拉、违反规章，不能对规章制度断章取义，为我所用，绝不能"上有政策下有对策"，进而危害社会和集体事业。特别是机关事业单位的员工，因为多是个体劳动，所以不像工厂企业社会化大生产的工人组织性、纪律性那么强，容易产生自由散漫的现象，这就更需要加强纪律性。

在职业活动中遵纪守法的实质，就是从业人员个人服从社会整体和各行各业的集体、个人利益服从社会整体和各行各业的集体利益。不能自觉遵纪守法的人，多数是一些以"我"为中心、以个人利益为中心的人。这些人集体主义观念淡薄，不愿意受法律、政策和纪律的约束。所以，从业人员要提高遵纪守法的自觉性，必须努力学习法纪知识，主动接受法纪教育，加强世界观和人生观的改造，提高职业素质，在职业活动中从遵纪守法的小事做起，从一点一滴做起，才能真正形成遵纪守法的行为习惯。

五、合作

团结合作是集体主义道德原则和新型人际关系在职业活动中的具体体现，它是调节从业人员之间、同行之间及各行业之间关系的重要道德规范和行为准则。是社会主义职业道德的基本规范。在社会主义社会，职业集体及其从业人员遵循平等团结、互助互爱规范的要求，不仅能调节好职业内部人与人之间、部门与部门之间的关系，而且还能调节好职业集体之间的关系，使职业活动在团结有序的和谐气氛中进行。同时，团结合作也是科学技术发展和生产社会化程度提高的需要。随着科学技术的发展，社会化程度越来越高，职业分工越来越细，劳动过程更加趋于专业化、社会化。其中任何一道工序出了差错，都会影响整个生产或建设项目。因此，在生产社会化程度日益提高的形势下，就更加需要从业人员之间以及协作单位之间的团结互助和合作，以求实现最佳的经济效益和社会效益。

现在，我国正处在新旧经济体制转轨的过程中，由于种种原因，还存在严重的消极、腐败现象，因而，在社会主义竞争中，还屡屡出现使用不正当竞争手段的情况，从而影响到团结合作。对此，所有从业人员都必须有清醒的认识并自觉地进行抵制。要做到团结合作，就必须做到以下两点。

1. 顾全大局，相互支持

团结协作精神，不仅体现在机关事业单位内部的员工与员工之间的关系，也体现在协作单位之间的关系。在处理协作单位之间的关系时，要顾全大局。大局，就是从国家、社会的利益出发考虑问题，把个人的、局部的利益放在服从整体的地位；要识大体，顾大局，充分发挥自己的积极性和创造性，做好本职工作，从而推动社会主义事业向前发展；要服从统一指挥，克服只照顾个人或本单位的个人主义和本位主义思想。

2. 谦虚大度，相互尊重

谦虚大度，是指能够宽大为怀、严以律己，能够严格要求和规范自己的行为。谦虚大度，严以律己，是中华民族的一种美德，也是团结互助、共同前进的职业道德规范的基础。它要求每个从业人员在职业活动中，无论自己的能力多强，工作成就多大，获得的奖励和荣誉多高，都要牢记"三人行，必有我师焉"；金无足赤，人无完人；寸有所长，尺有所短。要善于发现别人的长处，虚心向他人学习；善于发现自己的不足，努力克服自己的缺点。只有这样才能团结同志，继续前进。

懂得宽容别人，向他人学习的人才能懂得相互尊重。相互尊重是指能够尊重他人的人格、劳动成果以及他人对工作的意见。相互尊重是团结协作的基础。从事同一职业的人都是同志和朋友，因此，要尊重别人的人格，尊重别人的感情，尊重别人的利益和名誉，不能讽刺和讥笑别人，不能压制和顶撞别人，更不能蔑视和侮辱别人。平等待人是维持正常交往的前提，也是职业活动正常进行的先决条件。尽管人们的职业分工不同，思想道德和科学文化素质不同，工作能力和劳动技能的水平不同，但在人格上、社会地位上是相同的，都是国家的主人。因此，不能以势压人，或以尊者自居。如果在职业活动中唯我独尊，居高临下，是得不到他人的友爱的。同事之间做到了相互尊重、平等友爱，才能互相帮助、相互支持、主动配合、发扬风格；只顾自己而不顾他人，甚至损人利己，是违反社会主义职业道德要求的。

团结协作的精神不是一朝一夕就能培养起来的。这要求在院校的学生或正在工作的员工都能自觉地增强团结协作意识，正确处理好个人与他人、个人与集体的关系，彼此之间互相尊重、以诚相待、互相学习。谦虚谨慎、互相帮助、主动合作，为将来或正在从事的职业活动打下良好的基础。

六、奉献

（一）奉献的涵义

奉献主要是指奉献社会。奉献社会就是把自己的知识、才能、智慧等，毫无保留地、不计报酬地贡献给人民，贡献给社会，为人民、为社会、为国家做出实实在在的贡献。奉献社会是一种忘我无私的精神，是职业道德的最高境界，是每个从业者的最终目标。

（二）奉献社会的意义

1. 有助于培养社会责任感和无私精神

奉献社会作为职业道德基本规范是要求每个从业者能自觉地意识到自己的社会责任和历史使命，热心为社会服务，积极为人民造福，充分发挥主动性、创造性，竭尽全力，淡泊名利，无私奉献，切实以自己的职业劳动为社会做出实实在在的贡献。

2. 能充分实现自我价值

每个从业者的最大价值在于奉献，在于通过一系列的职业劳动向他人、向社会贡献物质的或精神的财富，以满足他人或社会的需要。大凡做到了这一点的人必然会得到社会的肯定，受到人们的尊敬和赞颂，此时，从业者的自我价值也就得到了充分实现。

（三）奉献社会的基本要求

奉献社会的基本要求就是要坚持把公众利益、社会效益摆在第一位，这是每个从业者职业行为的宗旨和归宿。公众利益一般指社会上大多数人的利益。社会效益一般指人们的行为或活动对社会生活（包括政治、经济、文化、教育等）和生态环境所造成的各方面效果的总和。把公众利益、社会效益摆在第一位，就是要求在职业生活中无论在什么情况下都应当始终不忘奉献社会，抛弃那种单纯为谋生、单纯为从业的态度，拒绝那种有损于公众、有损于社会、有损于国家的职业行为。

作为高等院校的大学生，在现阶段要做到奉献社会，就要处理好"义"和"利"的关系，处理好社会效益和经济效益的关系，处理好个人利益和单位利益、个人利益与社会效益的关系，把奉献社会的职业道德规范落到实处。在新时期检验各行各业和每个从业者职业道德的最终标准就是邓小平同志提出的"是否有利于发展社会主义社会的生产力，是否有利于增强社会主义国家的综合国力，是否有利于提高人民的生活水平"。

案例：

河马口隧道五姐妹

在宝鸡通往天水的铁路上有条长达 1484 米的河马口隧道。那里寂寞、荒凉，生活环境和工作环境都非常艰苦，但李惠玲、贾艳萍、吴秀珍、李荣芬、侯爱莲五姐妹，14 年来克服了常人难以想象的种种困难，认真负责看守、管辖着这条系着千百万人生命安全的隧道，创造了安全生产 5000 天的优异成绩，累计 40 多万列次火车从这里安全正点通过。仅最近几年的统计，五姐妹共杜绝不安全因素 3291 次，消除人身事故危机 120 次。她们在平凡的岗位为人民、为社会做出了巨大的贡献，同时她们也在守护隧道的职业劳动中充分实现了自我价值。

第三节　提升职业道德修养

医生作为一个特殊的职业，有着它自己独有的职业道德和职业素质，那么作为医学生的我们，又该怎样提升自己的职业道德修养呢？

一、职业道德修养的涵义

修养是一个合成词，"修"原意指学习、锻炼、陶冶和提高，"养"原意是指培养、养育和熏陶。所谓修养是指一个人为了在理论、知识、思想、道德品质等方面达到一定水平所进行的自我教育、自我改善、自我提高的活动过程，修养是人们提高科学文化水平和道德品质必不可少的手段。

所谓职业道德修养，是指从事各种职业活动的人员，按照职业道德基本原则和规范，在职业活动中所进行的自我教育、自我锻炼、自我改造和自我完善，使自己形成良好的职业道德品质和达到一定的职业道德境界，主要包括职业道德认识的修养、职业道德情感的修养、职业道德意志的修养和职业道德行为的修养。职业道德修养实质上就是两种对立的道德意识之间的斗争，是善和恶、正和邪、是和非之间的斗争。对于从业者来说，要取得职业道德品质上的进步，就必须自觉地进行两种道德观的斗争。职业道德修养上的两种道德观的斗争，有其自身的特点。它是一个从业者头脑中进行的两种不同思想的斗争。尽管这两种不同思想反映着复杂的道德关系，但它却是在一个人的头脑中进行的。对于职业道德修养，用形象一点的话来说，就是自己同自己"打官司"，即"内省"。

这一实质，规定了它与职业道德教育、职业道德训练相区别的特点，这种特点主要表现为：

第一，职业道德修养的主体和对象是统一的，从业者个体是这个主体和对象的统一体。职业道德修养的重点就在于个人职业道德理想、职业道德品质、职业道德行为等方面的自觉修养。

第二，与职业道德教育、职业道德训练从外部进行教育、训练，带着灌输性、强制性特点不同。职业道德修养是从业者自觉主动的道德活动。职业道德修养是一种自律行为，关键在于"自我锻炼"和"自我改造"。任何一个从业人员，职业道德素质的提高，一方面靠他律，即社会的培养和组织的教育；另一方面就取决于自己的主观努力，即自我修养。两个方面是缺一不可的，而且后者更加重要。

第三，职业道德修养是一个认识和实践相统一的过程。作为职业活动中的一种综合性、最深层次的活动，具有实践性特点。这一特点有助于从业者在职业道德教育和训练的指导下，自觉改造、主动锻炼、反复认识、反复实践、不断追求、不断完善，形成较稳固的职业道德情操和职业道德概念，达到较高的职业道德境界。

正是由于这几个特点，必须随时随地认真培养自己的道德情感，充分发挥思想道德上正确方面的主导作用，促使"为他"的职业道德观念去战胜"为己"的职业道德观念，认真检查自己的一切言论和行动，才能达到不断提高自己的职业道德水平。

二、提升职业道德修养的途径

理论是行动的导向，缺乏理论指导的行动是盲目的。职业道德修养是一种理智的、自觉的活动，它不仅需要科学的世界观作指导，也需要科学文化知识和职业道德理论作基础。因此，认真学习马克思主义、科学文化知识和职业道德基本理论，努力提高职业道德认识，积极参加社会和学校实践活动，做到知识和行动的统一，是搞好社会主义职业道德修养的重要前提和必经途径。

马克思主义伦理学认为，道德修养之所以能够培养和提高人们的道德品质，就在于它不是单纯的内心体验，更重要的是它使人们在改造客观世界的斗争中改造自己的主观世界。进行社会主义职业道德修养必须接受这一基本理论的指导，克服一切旧道德修养方法中脱离社会实践的唯心主义和形而上学的致命弱点，切实把职业道德修养建立在职业道德实践的基础上。因此，社会主义职业道德修养的途径与方法，既不是要求从业者整天进行闭门思过式的自我检讨，也不要人们大搞坐而论道式的夸夸其谈，而是要求从业者在自己的职业工作实践中自觉加强自身的职业道德修养，把这种修养作为自身思想建设的主要内容，以积极参与社会道德建设为己任，少议论，多行动，从自己做起，从现在做起，共同营造人人讲道德的强烈氛围，共同形成社会主义道德建设的强大合力，推动社会主义精神文明建设不断向新的高度发展。

（一）提高职业道德认识，是提升职业道德修养的前提条件

马克思主义是无产阶级科学世界观和方法论的理论体系，是人们改造世界的强大思想武器。马克思主义、毛泽东思想、邓小平理论、"三个代表"重要思想和科学发展观为从业者的自我修养指明了方向。马克思主义哲学关于一切从实际出发、实事求是、矛盾分析法、归纳与演绎、分析与综合等思维原则和思维方法的科学阐述，更为我们建设、发展和不断完善社会主义职业道德提供了根本的思想路线和思维方法。

科学文化知识是关于自然、社会和思维发展规律的概括和总结，它对于从业者优秀职业道德品质和高尚职业道德风貌的形成有着不容忽视的作用。学习科学文化知识，有助于我们提高职业道德选择和评价能力，提高职业道德修养的自觉性；有助于我们形成科学的职业道德观、人生观和价值观，从而全面地、科学地、深刻地认识社会，正确处理社会主义职业道德关系。

（二）坚持理论联系实践，做到知行统一，是提升职业道德修养的根本途径

任何道德理论和道德认识，从根本而言都来源于一定的道德实践，并只能在道德实践中得到检验和发展，而它存在的唯一目的，也就是为了在一定的社会活动中加以实践和应用。离开实践，道德的理论、认识乃至整个道德本身，就成了无本之木，无源之水，也必然毫无存在价值。正因为道德本身就是知与行的统一，决定了从业者进行职业道德修养的根本途径，是坚持理论联系实践，做到知行统一。

随着改革开放、社会主义现代化建设的深入发展，伦理道德和社会风尚问题日益突出地摆到我们面前。适应市场经济要求，构建和弘扬既反映我国优秀文化传统，又体现现代

文明的社会主义职业道德体系和职业道德规范，加强社会主义职业道德建设，是我国社会主义精神文明建设的一个重要方面，也是建设社会主义物质文明的迫切需要。社会主义职业劳动者应充分认识职业道德建设在两个文明建设中的重要地位，积极参与新的历史时期社会主义新型职业道德建设，不断探索社会主义职业道德修养的新内容、新途径、新方法，努力提高自己的社会主义和共产主义职业道德修养水平，真正把自己培养造就成为合格的社会主义事业建设者和接班人。

三、提升医学生职业道德修养的途径

对于医学生而言，他的服务对象将是身心痛苦不安的患者，医疗服务质量的好坏将直接关系到患者的生命安危，关系到整个社会的和谐与稳定。因此，国家、社会和人民群众都对医务工作者及其后备力量的职业道德提出了更高的要求并寄予厚望。那么对医学生的职业道德修养的培养途径又应该是怎样的呢？

（一）学习先进人物，不断激励自己

在祖国社会主义建设的不同时期，各行各业都有大量的先进人物涌现出来，在各条战线上他们做出了平凡而伟大的工作业绩，成为我们学习的榜样。无论是两弹元勋邓稼先、杂交水稻之父袁隆平、导弹司令杨业功，还是售票员李素丽、公安局长任长霞，他们一个共同的特点就是热爱祖国，品质高尚，苦干实干，不计名利，立足一个岗位并在这个岗位上无私奉献自己的光和热。我们要用他们高尚的品德和执著的敬业精神不断激励和鞭策自己，以提高自己职业道德修养。"公安、公安，心中只有'公'，人民才能'安'"。这是任长霞对公安工作担负神圣使命的深刻理解，更是她心目中不可动摇的信念和追求。在二十多年的从警生涯中，任长霞忠于党、忠于祖国、忠于人民、忠于法律，以打击犯罪、保护人民为己任，攻坚克难，孜孜以求，不断加强学习，刻苦钻研业务，处处追求卓越。她曾荣获全国"五一"劳动奖章、"全国青年岗位能手"、"中国十大女杰"、全国"三八红旗手"、"全国优秀人民警察"等殊荣。2001年4月担任登封市公安局局长后，她发誓："打恶除暴，保一方平安，扫除阴霾，让群众切实感受到共产党领导下的天下是何等繁荣与稳定。"在她的带领下，一个个大案要案被侦破，一个个犯罪团伙被打掉，还了登封60多万群众"一片晴朗的天空"。伟大的精神创造奇迹，强烈的责任感成就事业。许许多多先进人物值得我们学习。向先进人物学习时，一是要有"信心"，防止"先进人物高不可攀"的片面观点；二是要有"诚心"，不要用市侩式的眼光看待先进人物，把他们高贵的牺牲精神说成是"冒傻气"；三是要有"虚心"，反对在先进人物身上专找缺点，不愿学习他们的好思想、好作风；四是要有"耐心"，达到先进人物的境界是不容易的，要经得起"苦"、"累"和时间的考验。我们要一点一滴地学习先进人物的高尚道德情操，培养良好的职业道德品质。榜样的力量是无穷的。在社会主义条件下，先进人物的模范作用是我们进行职业道德修养的有利条件。在他们的表率作用和高尚精神的感召下，通过内心世界的消化和吸收，一定能够提高我们的职业道德水平。

（二）开展职业道德评价，严于剖析自己

道德评价，简单地说，就是一种善恶评价，它从某种既定的或为某一社会、群体集

团、阶级所认同的道德价值准则出发，对人们的行为做出正当与否的评价。

道德评价在社会生活中无所不及，只要有道德活动的地方，就有道德评价。道德评价包括两个方面，即道德的社会评价和道德的自我评价。道德的社会评价，也就是社会的道德舆论，是外在的压力。道德的自我评价，也就是人们对于自己行为所做的良心上的检查，这是内在压力。道德评价要以动机和效果的辩证统一为根据。同时要注意：第一，要把动机和效果结合起来，道德评价的动机不正确，效果必然不好；第二，要注意动机内容和效果的全面性，道德评价的动机必须从客观实际出发，效果要注意全面，反对以偏概全；第三，要注意动机与效果联系的过程性，也就是说不能以一时之利出发，不要以阶段性标准、阶段性利益去损害全过程的整体利益。

道德评价是职业道德建设中不可缺少的一项内容。它不仅对从业人员的职业素质的提高，而且对全社会道德水平的提高，都有重大影响。这表现在，职业道德评价不仅是从业人员行为的道德价值的仲裁者，同时也是维护职业道德的保障；不仅可以促进职业道德素质的形成和发展，同时还可以有效地调节人际关系，其表现是褒扬善行、排除隔阂、斥责恶行。

开展批评与自我批评是从业人员进行职业道德修养的重要方法。古人云："人非圣贤，孰能无过？"我们每个人都应该经常"反躬自问"，朋友间应当"如切如磋，如琢如磨"进行相互监督和帮助。

人们常说"知无不言，言无不尽；言者无罪，闻者足戒；有则改之，无则加勉"。这些都是抵御各种政治灰尘和微生物、防止它们侵入我们思想肌体的有效方法。世界上一切道德高尚的人，都是严于解剖自己、勇于自我批评的人。毛泽东形象地指出："房子是应该经常打扫的，不打扫就会积满了灰尘；脸是应该经常洗的，不洗就会灰尘满面；我们同志的思想，我党的工作，也会沾染灰尘的，也应该打扫和洗涤。"这些都说明，认真而经常地进行批评和自我解剖，是道德修养的重要方法。

（三）提高精神境界，努力做到"慎独"

"慎独"是指在没有外界监督，独自一个人的情况下，也能自觉遵守道德规范，不做任何对国家、对社会、对他人不道德的事情。它既是一种重要的道德修养方法，又是一种崇高的精神境。它是衡量一个人道德觉悟和思想品质的试金石。"慎独"是自觉道德意识的体现。

"慎独"是儒家提出的一种道德修养方法。《礼记·中庸》中写道："道也者，不可须臾离也；可离非道也。是故君子戒慎乎其所不睹，恐惧乎其所不闻。莫见乎隐，莫显乎微，故君子慎其独也。"这段话是说，"君子"在别人看不见的时候，总是非常谨慎；在别人听不见的时候，总是十分警惕。从最隐私处最能看出人的品质，从最微小处最能显示人的灵魂。所以，越是独自一人，没有监督时，越要小心谨慎，不做违反道德的事。

一个人要真正做到"慎独"是很不容易的，需要经过长期的、艰苦的自我锻炼，要时时、处处、事事严格要求自己。陈毅同志诗曰："尤其难上难，锻炼品德纯。"真正做到慎其独，则是品德纯正的一种表现。培养"慎独"精神，要在隐藏、微细的地方下工夫，大处着眼，小处着手，防微杜渐。还要特别重视自制能力的培养，随时随地用职业道德规范严格要求自己的行为，始终如一地坚持自己的职业道德信念。

道德修养，根在实践，贵在自觉，重在坚持，难在"慎独"。只浮在上面，不亲自参加实践，或缺乏应有的自觉性和主观能动性，或不能持之以恒，其结果必然在工作中一无所获，一事无成，职业道德修养也难以形成。

第四节　医护工作者的职业道德

医生的职业道德也就是通常所说的医德。医学道德观念作为一种社会意识形式，它的形成和发展受到社会经济、政治、文化、医学科学等多种因素的制约。由于人与人的世界观、人生观不同，医务人员的医德也不尽相同。随着社会主义市场经济的发展、医学科学的进步、医学模式的转变和防病治病方法的重大突破，传统医德观已经明显地制约了医疗卫生事业的发展。在进入全面建设小康社会，加快社会主义医疗卫生事业发展的今天，我们应本着继承、发扬与创新相结合的原则，确立一种正确、全面、科学的、新型的医德观念，用以指导医务人员的思想和行为，贯彻"以人为本、以病人为中心"的服务理念，更好地担负起救死扶伤、防病治病的神圣职责，不断促进医德建设和医疗卫生事业的全面、协调、可持续发展。

一、医师的职业道德

《新世纪的医师职业精神——医师宣言》是由美国内科学基金、ACP 基金和欧洲内科医学联盟共同发起和倡议的，首次发表于 2002 年《美国内科医学》和《柳叶刀》杂志。到目前为止，已有包括美国、英国、法国、德国、加拿大等国在内的 36 个国家和地区的120 个国际医学组织认可和签署了该宣言。中国医师协会于 2005 年正式签署该宣言，加入推行《医师宣言》的活动。

医师职业精神是医学与社会达成承诺的基础。它要求将患者的利益置于医师的利益之上，要求制订并维护关于能力和正直的标准，还要求就健康问题向社会提供专业意见。医学界和社会必须清楚地了解医师职业精神的这些原则和责任。医学与社会达成承诺的本质是公众对医师的信任，这种信任建立在医师个人以及全行业的正直基础上。

目前，医学界面临着科技爆炸、市场力量介入医疗体系、医疗卫生实施中存在的问题、生物恐怖主义以及全球化所带来的压力。结果，医师发现越来越难以承担他们对患者和社会所肩负的责任。在这种情况下，重申医师专业精神根本的、普遍的原则和价值，即所有医师追求的理想，变得尤为重要。

医学虽然根植于不同的文化和民族传统之中，但是医学工作者扮演的都是治病救人的角色，它的根源可以追溯到希波克拉底。实际上，医学界必须和错综复杂的政治力量、法律力量以及市场力量相抗争。而且，医疗的实施与实践具有很大的差异，任何普遍性的原则都可以因为这些差异而表现出各种复杂而微妙的形式。尽管有这些差异存在，共同的宗旨仍然凸显出来并形成这一宣言的基础，它表现为三项基本原则以及一系列明确的职业责任。

（一）基本原则

1. 将患者利益放在首位的原则

这一原则是建立在为患者利益服务的基础之上的。信任是医患关系的核心，而利他主义是这种信任的基础。市场力量、社会压力以及管理的迫切需要都绝不能影响这一原则。

2. 患者自主的原则

医师必须尊重患者的自主权。医师必须诚实地对待患者并使患者在了解病情的基础上有权对将要接受的治疗做出决定。只要这些决定和伦理规范相符合，并且不会导致要求给予不恰当的治疗，那么患者的这种决定就极为重要。

3. 社会公平的原则

医学界必须在医疗卫生体系中促进公平，包括医疗卫生资源的公平分配。医师应该努力去消除医疗卫生中的歧视，无论这种歧视是以民族、性别、社会经济条件、种族、宗教还是以其他的社会分类为基础。

（二）职业责任

1. 提高业务能力的责任

医师必须终生学习并且有责任不断更新保证医疗质量所必需的医学知识、临床技巧和团队精神。更宽泛地说，医学界作为一个集体，必须努力保证每一位成员都富有能力，而且有恰当的机制使医师能够达到这一目标。

2. 对患者诚实的责任

医师必须保证在患者同意治疗之前以及治疗之后将病情完整而诚实地告诉他们。这一期望并非意味着患者应该参与到非常具体的医疗方案中去，而是指他们必须有权利对治疗做出决定。同时，医师也应该承认由于医疗而受到伤害时，应该立即将情况告知患者，因为不这样做将会严重危害患者和社会对医师的信任。报告和分析医疗差错，为制订恰当的预防措施和改进措施提供了基础，并且也为向受到伤害的患者提供恰当的补偿提供了基础。

3. 为患者保密的责任

为了赢得患者的信任和信心，当提及患者的有关情况时需要有恰当的保密措施。当不可能获得患者自己的同意时，这一责任可以通过和代表患者的有关人员进行商谈来解决。由于汇集患者资料的电子信息系统的广泛应用以及遗传信息越来越容易获得，现在履行保密的责任比以往任何时候都更为迫切。但是，医师也要认识到他们为患者保密的责任偶尔也必须服从于公众利益的更高需要（比如当患者危及其他人时）。

4. 与患者保持适当关系的责任

由于患者固有的弱势和依赖性，医师和患者之间的某些关系必须避免。特别值得强调的是，医师绝不应该利用患者获取任何方面的利益：包括个人经济利益或其他的个人目的。

5. 提高医疗质量的责任

医师必须为不断提高医疗卫生质量而努力奉献。这一责任不仅要求医师保持他们的临床技能，而且要求医师和其他专业人员通过合作减少医疗差错，提高患者的安全性，减少医疗卫生资源的过度使用以及优化医疗结果。医师必须积极参与建立更好的医疗质量衡量办法，并且应用这些办法去常规地评价所有参与医疗卫生实践的个人、机构和体系的工作。医师个人或他们的专业组织必须对帮助建立并实施这一机制负有责任，其目的是为了医疗质量的进一步提高。

6. 促进享有医疗的责任

医师专业精神要求所有医疗卫生体系的目标是提供统一的、充分的医疗标准。作为个人以及作为整体，医师必须努力减少阻碍公平的医疗保健的障碍。在各种体系中，医师应该努力去消除那些基于教育、法律、财务、地域以及社会歧视的障碍。对公平负有责任而不考虑医师或行业的私利，不仅使公共卫生和预防医学得以提高，而且每个医师也因此而得到公众的拥护。

7. 对有限的资源进行公平分配的责任

当满足患者个人的需要时，医师必须明智而有效地利用有限的临床资源为患者提供卫生保健。他们有责任和其他医师、医院以及医疗保健的付费方共同制订高效低耗的医疗保健指南。医师对合理分配资源所负有的职业责任要求他们谨慎小心地避免多余的检查和操作。提供不必要的服务不仅使患者可能受到本可避免的伤害，增加患者不必要的费用，而且减少了其他患者可以获得的资源。

8. 对科学知识负有责任

医学与社会之间的关系绝大部分是以完整而合理地应用科学知识与技术为基础的。医师有义务赞同科学的标准、促进研究、创新知识并保证知识的合理应用。医学界对知识的完整性负有责任，而这种完整性则是以科学证据和医师经验为基础的。

9. 通过解决利益冲突而维护信任的责任

医学工作者及其组织有许多机会因为追求私利或个人的好处而危害他们的职业责任。当追求与营利性的产业相关时，包括医疗设备生产厂商、保险公司和医药公司，这种危害尤其严重。医师有责任认识、向大众揭发并处理责任范围内或工作中产生的利益冲突。产业和专业领导之间的关系应该予以公开，尤其当后者为制订临床试验标准者、撰写社论或治疗指南者，或担任科学杂志的编辑者时。

10. 对职责负有责任

作为医师职业的成员，医师应该为最大限度地提高医疗水平而通力合作、互相尊重并参与自律，其中包括对没有达到职业标准的成员给予纠正并为此制订标准。无论作为个人还是作为集体，医师有义务参加这些活动。这些义务活动包括参与内部评审并从专业工作的各个方面接受外界的检查。

在所有文化和社会中，现代医学实践都面临着前所未有的挑战。改变医疗卫生体系与兼顾患者的需求以及达到这些需求所需的有限资源都越来越多地依赖于市场的作用，其中以放弃将患者利益放在首位与传统职业责任之间的挑战最为突出。在这个经济迅猛发展的年代，为了维护医学对社会的承诺，我们认为有必要对医师重申医师专业精神的原则，并唤起他们的积极参与。这不仅要求医师个人对患者负责，而且要求他们作为集体去为社会的利益而努力，进而促进医疗卫生体系的改进。医师专业精神宣言的目的在于鼓励医师参与这项活动，并促进医学界制订一个统一的行动计划来达成这些责任。

二、护士的职业道德

护士的素质是指护士应该具备的职业素养。它不仅体现于仪表、风度、动作等外在形象，更体现着护士的道德品质、业务能力等内在素养。护理人员应具备的素质：要热爱护理专业；要具有护理专业基础知识和技能；要具有良好的人生观、价值观和道德观；要具有良好的沟通能力和团队精神；要善于根据具体情况来预见患者的需要；要善于主动与患者进行情感交流；要善于进行人性化护理。

（一）热爱护理专业

1. 对护理工作有执著的追求

现代护理的鼻祖及现代护理专业的创始人南丁格尔就是最具代表性的、执著追求护理最高境界的一位伟大女性。南丁格尔誓言：余谨以至诚于上帝及会众面前宣誓：终生纯洁，忠贞职守，尽力提高护理专业标准，勿为有损之事，勿取服或故用有害之药，慎守病人及家属之秘密，竭诚协助医师之诊治，务谋病者之福利。

2. 要认识护理工作的重要性和护士的角色

（1）施护者：以仁爱之心。

（2）病人权利的维护者。

（3）良好的教师：进行卫生宣教。

（4）工作的协调者：与医生、医技人员进行协调等。

（5）榜样：身心所具有的良好素质。

有些人由于疾病或其他原因情绪不稳定，烦躁不安，甚至有些人心理变态，不能给予充分合作，或有一些不近情理出格的行为。再加上陪护和亲属的参与会给护理造成很大的困难，遭受一些委屈的事也是难以避免的。面对委屈，还要义无反顾地工作。护理工作要求护理人员既有宽宏大度、高度容忍的胸襟，又要有和善委婉巧于应对，化解矛盾的本领；既要从大局出发，维护病人长远利益和医院秩序，坚持原则，又要面对现实，理解病人心理，有针对性地做好说服解释工作。总之要有坚定的毅力，以柔克刚的本领，只有这样才能使广大患者满意。

3. 要钻研护理知识、业务技能

掌握过硬的业务技能，是维护患者健康的保证。娴熟的技术，是做好护理工作、满足病人需要的重要条件。基础护理学所教的护理技术，都是护士应该掌握的基本功。娴熟的技术应是能够深刻理解技术操作的原理、目的，而且操作正规，手法熟练、准确，不至于增加病人痛苦。现代医学知识更新的频率加速，护理人员的知识不可能处于长期稳定状态，必须不断学习，跟上医学科技进步的步伐，提高理论和实践水平，培养自己敏锐的观察力和分析能力。解决病人存在或潜在的健康问题。在工作中不断思考，用于钻研新技术，利用新的技术提高工作效率和工作质量。

（二）具有护理专业基本知识和技能

南丁格尔对学校的计划及基本原则有：护士必须在专门组织的医院中接受技术训练，护士必须住在适应提高道德和遵守纪律的学校宿舍中。专业基础知识包括自然科学、医学基础、临床知识、心理学、伦理学、社会学、美学、营养学、教育学、管理学。专业基本技能包括护理技术操作、专科护理技术以及其他特殊护理技术操作等。

（三）具有良好的人生观、价值观和道德观

一个医务人员有了正确的人生观，才能明确人为什么活着，怎样生活才有意义，怎样写好自己的历史，才能对社会具有责任感。为病人的需要挺身而出，在突发疾病流行的时刻，医务人员最大的职责就是奋不顾身、尽心尽责地投入到突发事件中去，如 SARS、禽流感等中医务人员的表现，充分体现医务人员的人生观。

正确的价值观是指正确理解和处理"价值"问题，即不能"由金钱确定价值"。如果一味索取，醉心于物质报酬，就会丧失自我价值。个别医护工作人员崇尚实利，淡薄了自己的职业道德，给患者带来了严重的生理和心理伤害，以致人们在就医过程中怨声载道。但绝大多数医务人员兢兢业业为每一个患者服务，表现出崇高的道德水准和思想境界。

道德观即良好的医德医风，作为护士，除了精通业务外，必须具有良好的医德。树立爱心观点，珍爱生命，保护生命，救助生命。

（四）具有良好的沟通能力和团队精神

现代医学是多学科的综合体，医务人员个体只能处于其中某一学科的岗位，要完成自己的职责，必须与其他学科岗位的同事真诚合作，要尊重他人的知识和劳动，要向别人提供方便，才能完成治疗、护理病人的任务。团结协作，密切配合，必须在护理工作中树立整体观念，发扬协作精神，同事间、医护间要做到互相尊重、互相支持、主动配合，齐心协力完成护理工作。多说关怀的话以增进了解；多说鼓励的话以提升士气；多说感谢的话以拉近距离；多说商量的话以建立团队。多一份信任，多一份理解，多一份宽容。

（五）善于根据具体情况来预见患者的需要

正确对待健康与疾病的关系。护士应帮助病人了解有关健康与疾病关系的科学知识，了解自己所患疾病的发病机制、治疗和护理方法，如何避免再次发作和预防措施及潜在问题等，使病人能积极配合，以便早日康复。

帮助病人解决角色适应的问题。当人们不得已承担了病人的新角色时，因常常不能适应而出现种种心理障碍，应认真观察，帮助解决。主要的心理障碍有：1. 角色行为冲突，放不下病前的角色；2. 角色行为缺失，不承认有病；3. 角色行为强化，担心是否胜任原角色。护士要了解这些心理障碍和住院后的心理反应和心理需要。常见的心理反应有情绪不稳定、焦虑、悲观、疑心、主观感觉异常等。常见的心理需要包括被了解和尊重、适当的文娱活动、了解有关疾病情况、一定的精神生活、安全感等。对这些反应和心理状况有所了解。

（六）善于主动与患者进行情感交流

遇到病人情绪激动时，不要火上浇油，要充分理解每个患者的就医心情，不要对病人要态度，更不能用较激烈的语言刺激患者，激化医患矛盾（另外在医患发生冲突时要做好自我保护）。除应具备端庄的举止、和蔼的态度以及精心的临床护理外，深入病房与患者交谈，了解患者的心理状态也是临床护理工作不可忽视的内容之一。随时掌握患者潜在的心理转变及情绪波动，及时发现护理问题，要主动、积极为病人提供满意的服务。服务的基本原则：想别人对自己好，就要主动对人好。易地而处、感同身受、尽量满足病人的实际及个人需要，开展以病人为中心的各种活动，要善于和病人交朋友，要提倡"将心比心，人心换人心"，用心服务，用心交流。把病人当成亲人，当成朋友，就会改善医患关系，促进医院工作的开展。

（七）善于进行人性化护理

做到"六多"：入院多介绍、晨间多问候、操作多解释、术前多安慰、术后多询问、出院多关照；想在病人需求之前，做在病人开口之前，走在红灯呼叫之前，把我们的爱心、耐心、关心、细心、责任心给予病人，让病人体会到温暖。语言沟通人性化，为病人撒下一片爱心。先问"您好"，开口先加称谓，话前先用"请"字，操作失误先道歉，操作结束先谢谢。常用忌语"四个不"：称呼病人时不直呼床号，病人询问时不说"不知道"，遇到难办的事不说"不行"，病人有主诉时不能说"没事"。

三、药师的职业道德

随着我国加入 WTO 和药品流通体制改革的深化，通过政策引导和市场经济机制的作用，医药商业企业面临着合并、兼并、重组，向连锁经营、代理或特许经营等多种模式转变。执业药师的职业化是必然趋势，执业药师将会成为最为热门的职业之一，受到全社会的普遍尊敬，其自身价值也会得到充分体现。执业药师的职业道德建设、整体素质和依法执业能力越来越引起社会的关注。笔者认为，建设一支高素质的药师队伍刻不容缓，执业药师的职业道德是形成职业意识、树立良好的职业形象、提高行业和单位信誉的重要保证。

药品是一种特殊的商品，关系到人民群众的生命安全，各国对药师的准入都有严格的标准，药师的素质是保证药品质量的关键，它包括药学专业知识、法律法规和药师职业道德，而药师的职业道德目前已被许多国家作为药师职业准入与继续教育的重要内容之一。

中国执业药师协会从 2005 年 6 月开始，组织有关法律、道德、药事管理专家，正式启动中国执业药师职业道德准则的研究、制订工作。经过一年多一系列的研究、起草、广泛征求意见和论证、修改工作，2006 年 8 月，《中国执业药师职业道德准则》制订工作结束，并于 9 月正式报送国家食品药品监督管理局及有关部门，2007 年 3 月初完成了《中国执业药师职业道德准则》的研究、制订工作。中国执业药师的职业道德准则有如下几点。

（一）救死扶伤，不辱使命

执业药师应当以维护患者和公众的生命安全和健康利益为最高行为准则，以自己的专业知识、技能和良知，尽心尽职尽责为患者及公众服务。以救死扶伤实行人道主义为己任，时刻为患者着想，竭尽全力为患者解除病痛。在患者和公众生命安全存在危险的紧急情况下，为了患者及公众的利益，执业药师应当提供必要的药学服务和救助措施。执业药师应当树立敬业精神，遵守职业道德，全面履行自己的职责，为患者及公众提供高质量的药品和药学服务。

（二）尊重患者，一视同仁

执业药师应当按规定着装，佩戴全国统一的执业药师徽记和标明其姓名和执业药师称谓等内容的胸卡。同时，《执业药师注册证》应当悬挂在所执业的药店或药房中醒目、易见的地方。执业药师言语、举止文明礼貌，热心、耐心、平等对待患者，不得有任何歧视性或其他不道德的行为。重视患者隐私，对在执业过程中知晓的患者隐私，不得无故泄漏。在执业过程中，除非确有正当合法的理由，执业药师不得拒绝为患者调配处方、提供药品或药学服务。

（三）依法执业，质量第一

执业药师应当遵守药品管理法律、法规，恪守中国执业药师职业道德准则，依法独立执业，认真履行职责，科学指导用药，确保药品质量和药学服务质量，保证公众用药安全、有效、经济、合理。按规定进行注册，参加继续教育，并依法执行药学服务业务。执业药师应当在职在岗，不得同时在两个或两个以上执业范围和执业地区执业。暂时离开执业场所并没有其他执业药师替代时，应当有执业药师暂时离开、暂停关闭药学服务业务的告示。了解药品的性质、功能与主治和适应症、作用机制、不良反应、禁忌、药物相互作用、贮藏条件及注意事项。执业药师应当凭医师处方调配、销售处方药，应对医师处方进行审核，确认处方的合法性与合理性，并签字后依据处方正确调配、销售药品。对处方不得擅自超越法律授权更改或代用。对有配伍、使用禁忌或超剂量的处方，应当拒绝调配、销售，必要时，经处方医师更正或者重新签字，方可调配、销售。对于儿童、孕妇、老人等特殊人群使用的药品，或者具有禁忌、严重不良反应或服用不当可能影响疗效甚至危及患者健康和生命安全的药品，在交付药品时，执业药师应当要求患者严格按照药品使用说明书的规定使用药品并给予明确的口头提醒。对于国家特殊管理的药品，执业药师应当自觉严格遵守相关法律、法规的规定。不得调配、推销、分发质量不合格、不符合购进药品验收规定或过期的药品给患者。执业药师应当谨慎保管配药记录，保证其不丢失或毁损，便于查阅。应当恪守独立执业、履行职责的原则，拒绝任何明显危害患者生命安全或身体健康、违反法律或社会伦理道德的购药要求。执业药师应当指导、监督和管理其药学技术助理或药学实习生的处方药调配或服务过程，对药学服务质量负责。对于不正确的处方药调配、销售或服务，执业药师应予以纠正。

（四）进德修业，珍视声誉

执业药师应当积极参加执业药师自律组织举办的有益于职业发展的活动，珍视和维护职业声誉，模范遵守社会公德，提高职业道德水准。积极主动接受继续教育，不断完善和扩充专业知识，关注与执业活动相关的法律法规的变化，以不断提高执业水平。积极参加社会公益活动，深入社区和乡村为城乡居民提供广泛的药品和药学服务，大力宣传和普及安全用药知识和保健知识。

执业药师应当遵守行业竞争规范，公平竞争，自觉维护执业秩序，维护执业药师的荣誉和社会形象。执业药师不得有下列行为：以贬低同行的专业能力和水平等方式招揽业务；以提供或承诺提供回扣等方式承揽业务；利用新闻媒介或其他手段提供虚假信息或夸大自己的专业能力；在名片或胸卡上印有各种学术、学历、职称、社会职务以及所获荣誉等；私自收取回扣、礼物等不正当收入。执业药师不得并抵制采用有奖销售、附赠药品或礼品销售等销售方式向公众促销药品，干扰、误导购药者的购药行为。不得以牟取自身利益或所在执业单位及其他单位的利益为目的，不得利用自己的职业声誉和影响以任何形式向公众进行误导性或欺骗性的药品及药学、医疗服务宣传和推荐。

（五）尊重同仁，密切协作

执业药师应当尊重同行，同业互助，公平竞争，共同提高执业水平，不应诋毁、损害其他执业药师的威信和声誉。加强与医护人员、患者之间的联系，保持良好的沟通、交流与合作，积极参与用药方案的制订、修订过程，提供专业、负责的药学支持。执业药师应当与医护人员相互理解，以诚相待，密切配合，建立和谐的工作关系。发生责任事故时应承担自己的责任，不得相互推诿。

 思考与讨论

1. 什么是职业道德？
2. 职业道德包括哪些内容？
3. 为什么诚信是做人之本？
4. 谈谈你对做个奉献的职业人的看法？
5. 谈谈你对团结合作的理解。
6. 如何提高职业道德修养？

第九章　大学生职业生涯发展技能

大学生活是美好的，但是上大学不是目的。经过四至五年的大学生活和学习之后终将要走上工作岗位，开始独立自主地跨入社会生活，这在其一生中是一个质的变化或称之为"第二次诞生"。为此我们要早做准备，以便顺利地从学生角色进入职业角色。实现角色转换。对于毕业生的成才尤为重要。

第一节　角色转换与角色认知

一、角色及角色转换的概念

如果把社会比拟为一个大舞台，那么我们每个人都在这个舞台中扮演一定的角色，由于现实社会中个人身份、地位等的复杂性，我们每个人又兼有多种角色。不同的角色有不同的角色要求和期待，即"干什么活就要像什么样"。从理论上讲，角色就是社会给予人的社会权利和义务，它由角色权利、角色义务、角色行为规范组成。每个人扮演的主要角色是由其承担的主要任务决定的。学生的主要任务是读书学习，其主要角色就是学生。

角色转换是对个体的人在社会关系中的动态描述。人的社会任务或职业生涯不断变化，角色也随之变化，从一个角色进入另一个角色，这个过程称为角色转换。角色转换的过程，由角色领悟、角色认知、角色实现三个方面组成。角色转换的根本变化是社会权利和义务的变化。

学生角色向职业角色的转换是一个艰苦的行为过程，不是瞬间发生和完成的，它主要包括取得角色和进入角色两个环节。毕业前夕，学生开始总结自己的大学生活，收集人才需求信息，进行角色转换的准备。通过学校推荐、就业市场上的角逐、与用人单位的洽谈和相互选择，学生与用人单位达成协议，经学校及主管部门的审核、拟订计划、派遣、持报到证到工作单位报到，这时，取得了职业角色，角色转换正式发生。

二、学生角色和职业角色的差异

毕业生要尽快适应社会职业角色，首先要了解学生角色与职业角色的差异，其差异主要表现在如下几个方面：

（一）社会角色不同

学生角色是受教育，储备知识，掌握本领，接受经济供给和资助，逐步完善自己的过程。职业角色则是用自己掌握的本领，通过具体工作为社会付出，独立作业，具有一定的权利和义务，以自己的行为承担责任的过程。两者的区别表现在：

1. 社会责任不同

学生角色的主要责任是努力吸取知识，使自己在德、智、体等方面得到全面发展。责任履行得如何，主要关系到本人知识掌握的多少和能力培养的程度。而职业角色的责任是以特定的身份去履行自己的职责，依靠自己的本领或技能去工作，去服务社会，完成某个事项的过程。责任履行得如何，不仅影响到个人价值的实现，还会影响到单位、行业的声誉。

2. 社会规范不同

学生角色规范主要是从教育的角度出发，遵守学生规范，使之培养成为合格的人才。职业角色的规范则是社会提供的从业者的行为模式，因职业的不同而不同。这些规范既具体又严格，违背了就要承担一定的责任，甚至法律责任。

3. 社会权利不同

学生角色的权利主要是依法接受教育，并取得经济生活的保证或资助。职业角色的权利则是依法行使职权，开展工作，并在履行义务的同时得到报酬。

（二）人际关系不同

现代的人际关系，即人与人之间的相互交往关系。学习是学生的主要任务，能否学好科学文化知识，提高自身的素质和能力，主要取决于学生本身。竞争只是促进学习的手段，并未从根本上影响学生的利益，因此决定了学生的人际关系是比较简单的。成为从业者以后，竞争是不可避免的，谁能迅速转换角色，谁的能力、素质高，谁就能在竞争中取胜，并获得相应的收益，竞争的胜败关系到利益的分配，由此决定了从业者的人际关系是较为复杂的。

（三）生活管理方式不同

学生的学习生活是一种集体生活，住的是学生公寓，若干人同一间宿舍，在集体饭堂用餐。学校实行统一的生活作息制度，对学生提出统一的行为规范，违反了纪律还要受到处罚。在社会上，单位只在工作时间内对员工提出要求，其他时间主要由员工自行支配。在遵守国家法律法规和社会公德的前提下，员工在生活上享有很大的自由度，没有严格统一的管理方式来约束。

（四）对社会认识的内容、途径不同

学生是受教育者，他们对社会的认识、了解主要来自于书本，来自于课堂的学习，认识的途径主要是间接的，认识的内容主要是理论性的。他们对社会的期望值很高，有完美的理想，充满着浪漫的色彩。从业者则通过亲身的实践加深对社会的认识、了解。认识的途径是直接的，认识的内容主要是实践性的、具体的、现实的。理想与现实总是存在着一定的差距，有的毕业生走向社会后，习惯用在学校时的思维方式去认识社会。因此，遇到现实矛盾时容易产生困惑、迷惘、彷徨，甚至失望，无法适应工作环境，难于转换角色；有的毕业生则能正确认识这一差距，通过艰苦的努力拼搏，最终实现了理想。

三、影响毕业生角色转换的因素

由于学生角色与职业角色不同，因此，毕业生步入社会后，必须按承担的职业责任和行为规范调整角色。角色转换的时间有长有短，有的一年半载，有的一年至两年。适应期的长短受诸多因素的影响，概括起来有自身因素和环境因素两大类。

（一）自身因素

1. 心理因素

理想与现实的差距、期望与实际的不平衡使毕业生产生了一系列走向社会的不适应心理现象：（1）依赖心理。（2）自我否定心理。（3）失望心理。（4）寻求理解表现的心理。（5）攀比与嫉妒的心理。毕业生在争取单位帮助的同时，应当注意调整、控制、改善自身的心理状况，以乐观的精神面貌和勤学苦练、踏实肯干的良好作风赢得大家的认可，顺利地融入社会环境，成为一名合格的社会成员。

2. 身体因素

健康的体魄是事业成功的基础。学生在校努力学习的同时应注意加强体育锻炼，以良好的身体状态迎接工作的挑战。

3. 素质因素

毕业生在知识结构和能力上的不适应表现为：一是所学到的理论知识与实际工作的要求存在相当大的差距；二是在知识经济时代，知识更新周期加快，所学到的知识很快就会变得陈旧；三是由于目前我国高等教育存在着与社会需求脱节的现象，有的毕业生不能做到学用一致，况且知识并不等于能力，在实际工作中存在着把知识化为能力优势的问题。

4. 观念因素

读书时主要是靠个人努力获取知识。工作后不仅需要个人努力，更需要有整体工作观念，学习书本知识是一种半封闭的思维，常在书本知识上跳跃。而走上工作岗位后，广泛接触实际，就要建立开放性思维的观念。课堂教学的形式，使学生对老师产生一定的依赖心理。而在工作岗位上，主要是靠自己摸索，掌握工作方法，完成工作任务，必须虚心向他人请教，培养独立工作的观念。

5. 性格因素

各个工作岗位的特点不同，对从业者性格的要求也不同。有的岗位要求从业者性格开朗、外向、善于言辞，否则就难以完成工作任务。如销售人员，要喜欢交际，开朗大方，能用恰当的语言将产品的性能、特点向客户宣传。有的岗位则要求从业者性格要稳重、细心。如医生，必须耐心地倾听病人对病情的叙述，细心观察病情变化，面对突发事件，沉着冷静，不乱方寸。当然，任何一个工作岗位对性格的要求都不是绝对化的，关键是一个从业者必须根据工作需要，努力克服个人性格缺陷，培养良好的素质、性情，以恰当的心境去对待工作，才能真正把工作做好。

（二）环境因素

角色转换过程伴随着环境因素的变化。进入新的角色，首先必须努力适应新的环境，包括工作、学习、生活环境和人际关系环境。部分毕业生就业前在工作条件和福利待遇方面的期望值很高，就业后在艰苦的工作、生活条件面前，毕业生往往大失所望，无法适应艰苦紧张的生活，难以安心工作，对职业角色产生对抗性的潜在意识，不愿意进入新的角色。由于当代中国社会的特定环境影响，有些毕业生生活自理能力差，行为懒散，举止较为随便，好迟到早退，花钱无计划无节制，没有了就伸手向父母要，摆阔气，这些毛病都和工作环境相矛盾。生活习惯不适应，造成处处别扭。

知识经济时代，科学技术是第一生产力，知识与经济的关系密不可分，学习已不是阶段性的任务，而是终身的任务，是人生的一大主题。以为毕业就是学习任务的完成，不愿意再动脑筋，不愿继续学习，必然无法尽快熟悉工作和转变角色。

第二节　初入职场需要注意的几个问题

一、留下好印象

第一次交往所形成的印象对人的态度会产生深远的影响。如果对某人第一印象好，这个好的印象就会维持很长时间，并影响对此人后来的行为的认识；如果对一个人的第一印象不佳，往往会对此人以后的言行存在偏见。

新员工进入一个新的单位，会接触同事、上级，他们可能成为好的合作伙伴、朋友、知己，也可能成为不想多交往的人、需防范的人，甚至是敌人。在一般情况下，新员工在进入组织时，如果不注意建立良好的形象，往往会给别人造成一些消极的印象，影响自己职业生涯的发展。通常，在报到的当天及一段时间内，应该注意几个问题：

1. 要适当地讲究着装

穿着不一定很名贵，但衣服一定要合体、干净、整洁，而且颜色和图案的搭配一定要协调，鞋子应该是舒服而又引人注目的。对男士而言，如果是文职人员，可以是西装革履，稍微正式一些；亦可是夹克西裤，更休闲和轻松一些。对女士而言，不可过分地浓妆艳抹，否则给人以轻浮的印象。

2. 要有时间观念

现代人讲究时间观念，不守时常常被人们视为不敬业、不礼貌、不可靠。而且如果来得早，还可以先熟悉或认识几个人，因为人太多，大家都上班了，名字就记不住了，而记住人名是交往的开始。此外，早到还可以为单位做些力所能及的事情，如做清洁、打开水等等，可以给老员工留下一个良好的印象。

3. 出色地完成第一件任务

新到工作岗位，主要的问题是缺乏经验，但不能将没有经验作为办事质量差的理由。为此，如果遇到以前没有经验的事情，不妨自己先考虑考虑，理清思路，看看主要有什么困难，再将难于处理的困难向同事或上司咨询。如果你是秘书，要求布置会场、落实会议程序、时间、场地、设备、人物等是基本的内容，但谁先发言、谁坐什么地方、谁做总结讲话、是否需要投影或扩音设备等，你可能不熟悉，可挑最棘手的几个问题请教同事。这既不会被看成是能力差，又可以确保工作不出差错，也显示出对老员工的尊重。

4. 积极利用非正式场合熟悉周围的员工

在正式场合，许多人的行为和态度受工作情境的制约，不能表现出个人的所有特点。但在非正式场合，限制较少，人们的言谈举止往往比较随意，表现比较真实，是认识同事的好机会。

5. 经常记录，总结得失，不断改善工作

在工作中，有成功的喜悦，也有失败的苦恼。成功了，要总结经验；失败了，要吸取教训。工作中常见的问题，要记录；对工作中的不愉快，也要留心分析，找出原因所在，以便今后改进。

6. 注意交往的技术

每个单位都有一些非正式群体，有些人关系比较好，有些人关系比较差，还有一些人游离于群体之外。有些同事由于过去的利益分配问题可能有矛盾；有些同事可能是性格不好，不受人欢迎；有些同事可能因为观点不同，经常争吵。初来乍到，首先应该熟悉环境，如果是有矛盾的人，他们的问题在哪一方面？如果是被孤立的人，是交往能力问题，还是品行问题？如果是喜欢争吵的人，是为公，还是为私？只有将这些问题弄清楚了，交往才会有针对性。

二、知己知彼

由于种种原因，许多人虽然进入了某专业领域接受教育，但可能由于父母、教师的意图，并没有选择自己的优势领域，结果使个人的长处没有得到开发。因此，既要很好地认识自己，也要很好地认识职业，使自己找到合适的职业。有一个学生，在文科方面很有优势，语文、外语都比较好，但如果学习文科，考大学时专业相对比较少，加上这个同学理科成绩也不错，因此高中时选择了理科。在填报高考志愿时，考虑到将来的就业，选择了计算机专业，但他对总是与程序、数字打交道兴趣不大，平时花费了很多时间学习文学，参加了一些相关的文艺社团，并担任召集人。毕业后，被分配到电台从事计算机技术工作，但个人的志趣仍然是创作、表演，工作成绩平平。由于一个偶然机会当了一次节目主持人，结果一举成功，最终实现了自己的理想，走上了节目主持人的道路。如果他没有这样一个偶然的机会，或许人生的弯路还会走很长，或许才能永远会被埋没。许多人正是没有这样富有戏剧性的机遇，而使一生都处于矛盾冲突中：自己能做的，不喜欢做；而自己喜欢的事，竞争力又有限。在这种情况下，干一行，爱一行更可取。

能力既靠后天的培养，更受先天的制约；而兴趣、价值观则主要是后天培养的。人们都希望成为科学家、体育明星、歌星、影星、企业家，但这些人中有多少是纯粹靠兴趣成功的呢？无论什么工作，将其职业化后，要想干好，仅仅靠一时的兴趣爱好是很难维持的，更多的要靠理性和毅力。只要能胜任工作，而工作又有可爱的一面，就可以在这项工

作上干下去。

三、尽早定向，少走弯路

人生有涯，而事业无涯，将人生所有的时光都在自己适合、喜欢的领域积累，这种积累就会丰厚，成功的可能性就比较高。当然，也有些人，不是以社会的成就为自我成就的判断标准，而是注重人生的过程及体验，也许社会成就不高，但自我感觉比较满意。然而，人是社会中的人，不受社会价值标准的影响是十分困难的，因而不注重社会成就的人也只是极少数。综观职业成功人士，大多数是弯路走得比较少的人。人生的美好时光如果都在反复的摸索中度过，尽管能丰富生活阅历，但离成就目标就远了。因此，尽早地给自己定位，确立努力的方向，十分重要。

为了配合组织的发展，个人既要尽量发挥自己的专业优势，又不能局限在专业领域中。最好是根据组织提供的机会，以专业为依托，学习相关岗位的知识技能，以寻求最大的发展空间。职业与专业有联系，但不是一一对应，职业的需求往往比专业更广泛；要利用自己专业外的优势，根据组织的实际，慎重选择努力方向。

如果自己一时拿不定主意，可以先进行一些尝试，也可以向有经验的人咨询，还可以从社会上相关的就业指导机构寻求帮助，使之指导自己选择职业生涯目标。年轻时所走的弯路越少，人的社会成就可能越高。

四、处理好人际关系

美国哈佛大学就业指导小组对数千名被解雇的男女进行了综合调查，最后发现，因人际关系不好而被解雇的，比因不称职被解雇的人高出两倍多。可见，人际交往在职业工作中的重要性。新进员工刚进入一个组织，一切都是陌生的。但人是社会的人，常常要与工作环境周围的人交往、合作，尽快地适应交往对象，并融入群体之中，对打开工作局面十分重要。如果处理不好人际关系，不但影响工作，也影响人的生活质量。新进员工刚开始一定要注意观察，多做少说，避免人际关系的失败。

要特别注意与上司的交往，因为上司通常是代表组织行事的，他们占有相对多的资源，对个人成长有十分重要的影响。在目前组织管理普遍不很规范的情况下，上司的印象非常重要，如果工作做得好，领导的印象也好，个人发展的机会也就更多；否则，即使有很强的能力，也可能被说成是"年轻气盛、不成熟、有傲气"，从而与重点培养、提升无缘。即使是管理规范的组织，如果人际关系处理得好，发展空间也会更大。

五、主动踏实地工作

大学生刚开始工作时，首先要主动向组织了解该职业岗位的职能、要求、责任、权利与义务等情况。在接受每项具体工作的时候，也要搞清楚个人承担的工作任务、任务目标和要求是什么，以及要求完成任务的时间等。

新员工在工作中不要指望什么都得到领导或老职员的关照与指导，应当学会自主地工作。当个人明确工作任务及要求之后，要独自做好工作进度计划，设计好完成工作任务的方法、手段等，认真实践，这样定会有所收获。工作中遇到来自各方面的障碍或困难是经常的、难免的，对于刚开始工作的新职员来说尤其如此。面对障碍和困难，千万不要心灰意冷，萎缩不前，必须学会如何解决障碍和困难，因为这不仅表明个人的能力、素质，而且在很大程度上决定了未来的职业。

第三节　上岗资格考试

根据国家关于医务人员必须依法行医的规定和要求，从事医疗护理工作的人员必须具有执业证书，无执业证书者不得独立从事医务工作。未取得执业资格的医护人员不得单独从事诊疗、护理工作，包括单独值班、开处方、开检查单、下医嘱、出具医学证明文件、出具超声诊断和影像诊断报告、单独进行诊治操作、护士单独执行医嘱等，其临床工作必须在有执业资格的医师、护士指导下进行；未取得执业资格的药剂人员不得独立从事药事活动，并应当作到虚心好学，主动接受执业人员的指导。

一、医师执业资格考试

医师资格考试是评价申请医师资格者是否具备执业所必须的专业知识与技能的考试。医师资格考试分为执业医师资格考试和执业助理医师资格考试。考试类别分为临床、中医（包括中医、民族医、中西医结合）、口腔、公共卫生四类。考试方式分为实践技能考试和医学综合笔试。医师资格考试实行国家统一考试，每年举行一次。考试时间由卫生部医师资格考试委员会确定，提前3个月向社会公告。医师经注册取得（医师执业证书）后，方可按照注册的执业地点、执业类别、执业范围，从事相应的医疗、预防、保健活动。执业类别是指临床、中医（包括中医、民族医和中西医结合）、口腔、公共卫生。未经注册取得（医师执业证书）者，不得从事医疗、预防、保健活动。

报考要求：具有下列条件之一的，可以参加执业医师资格考试：具有高等学校医学专业本科以上学历，在执业医师指导下，在医疗、预防、保健机构中试用期满一年的；取得执业助理医师执业证书后，具有高等学校医学专科学历，在医疗、预防、保健机构中工作满二年的；具有中等专业学校医学专业学历，在医疗、预防、保健机构中工作满五年的。具有下列条件之一的，可以申请参加执业助理医师资格考试：具有高等学校医学专科学历或者中等专业学校医学专业学历在执业医师指导下，在医疗、预防、保健机构中试用期满一年的。此外，以师承方式学习传统医学满三年或者经多年实践医术确有专长的，经县级以上人民政府卫生行政部门的确定的传统医学专业知识或者医疗、预防、保健机构考检合格并推荐，可以参加执业医师资格或执业助理医师资格考试。报考时需提交下列材料：二寸免冠正面半身照片两张、本人身份证明、毕业证书复印件、试用机构出具的试用期满1年并考核合格的证明。执业助理医师申报执业医师资格考试的，还应当提交（助理医师资格证书）复印件、（助理医师执业证书）复印件、执业时间和考核合格证明。获得医师执业资格后，在行医过程中必须履行医师的权利和义务。

医师在执业活动中享有下列权利：

（1）在注册的执业范围内，进行医学诊查、疾病调查、医学处置、出具相应的医学证明文件，选择合理的医疗、预防、保健方案。

（2）按照国务院卫生行政部门规定的标准，获得与本人执业活动相当的医疗设备基本条件。

（3）从事医学研究、学术交流，参加专业学术团体。

（4）参加专业培训，接受继续医学教育。

（5）在执业活动中，人格尊严、人身安全不受侵犯。

（6）获取工资报酬和津贴，享受国家规定的福利待遇。

（7）对所在机构的医疗、预防、保健工作和卫生行政部门的工作提出意见和建议，依法参与所在机构的民主管理。

医师在执业活动中履行下列义务：

（1）遵守法律、法规，遵守技术操作规范。

（2）树立敬业精神，遵守职业道德，履行医师职责，尽职尽责为患者服务。

（3）关心、爱护、尊重患者，保护患者的隐私。

（4）努力钻研业务，更新知识，提高专业技术水平。

（5）宣传卫生保健知识，对患者进行健康教育。

二、药师执业资格考试

执业药师资格考试分药学、中药学两个专业，考生可根据所学或所从事的专业选报其中一个。药学专业设置4个考试科目：药学专业知识（一）、药学专业知识（二）、药事管理与法规、药学综合知识与技能。中药学专业设置4个考试科目：中药学专业知识（一）、中药学专业知识（二）、药事管理与法规、中药学综合知识与技能。其中药事管理与法规为2个专业的共考科目。

报考对象及条件：凡中华人民共和国公民和获准在我国境内就业的其他国籍的人员具备以下条件之一者，均可申请参加执业药师资格考试：取得药学、中药学或相关专业中专学历，从事药学或中药学工作满七年；取得药学、中药学或相关专业大专学历，从事药学或中药学专业工作满五年；取得药学、中药学或相关专业大学本科学历，从事药学或中药学专业工作满三年；取得药学、中药学或相关专业第二学士学位，研究生班毕业或取得硕士学位，从事药学或中药学专业工作满一年；取得药学、中药学或相关专业博士学位。

执业药师资格从1999年开始实行滚动考试，滚动考试的周期为两年。即获取执业资格证书的条件是：参加全科（四个科目）考试的考生，须在连续两个考试年度内通过全部科目考试（成绩可以在两年内连续滚动），成绩合格。

组织报名和资格审查：报名考试人员需携带毕业证、职称证、身份证（原件）、从事专业工作年限证明、近期一寸彩色照片二张。报考人员的资格条件由人事考试部门负责审核并存档备查。免试人员的资格条件，由各地人事局职称部门负责审查。执业药师报名时间：一般在4～5月份左右；执业药师考试时间：一般在10月15、16日左右。

三、护士执业资格考试

在中等职业学校、高等学校完成国务院教育主要部分和国务院卫生主管部门规定的普通全日制3年以上的护理、助产专业课程学习，包括在教学、综合医院完成8个月以上护理临床实习，并取得相应学历证书的，可以申请参加护士执业资格考试。考试包括专业实务和实践能力两个科目，原则上采用"人机对话"考试方式进行。

第四节 职业须知

医生的职业是集生物科学、人文科学、自然科学于一身的高技术、高智能、高风险的职业。医生的天职是治病救人，救死扶伤。由于生命体的高度复杂性，同一疾病在不同个体、或在不同的阶段都有不同的表现，并且个体之间又存在着太多的差异，而且某些症状又需要通过患者的主观描述来告诉医生，患者的表达能力又受他的文化水平、精神状态、疾病的严重程度的影响。医生经常会遇到教科书上或诊疗常规上都不曾讲到的疑难病例，客观上医学界还有很多的疾病无法诊断，有很多的领域是未知数需要探索。生命是如此的复杂，医生时常无法阻止疾病的发展或恶化。对疾病的诊治始终存在着成功和失败的可能。由于患者及家属缺乏医学知识，对医疗的特殊性和风险性认识不足，一旦出现不理想的治疗效果，即可诱发医疗纠纷。

一、预防医疗事故及医疗纠纷

随着经济的发展和人民生活水平的改善，广大群众更渴望过上高质量的生活，更渴望有健康的身体，因而对医务人员的医疗结果抱有更高的期望。有一少部分患者对医疗行业的特殊性和高风险性缺乏了解，有时甚至是不切实际地空想，久而久之他们形成了心态，医院如同神圣的殿堂应该包治百病，不能治不好病，更不能死亡，否则医院就有责任。一旦现实与想象之间的距离过大，他们就不能接受现实，并转而将责任归结于医务人员和医院，甚至提出苛刻要求。医患关系，最直接地讲是指医生与患者之间所建立起来的一种最常见、最活跃的医疗人际关系。医患关系的和谐是卫生行业追求的理想目标。有时患者担心医生不好好治病，不负责任，敷衍了事；怀着戒备心理来就诊，而医生却担心患者对自己的医疗行为无端指责、无理取闹。人们之间的信任度降低了，相互之间的猜疑加剧了，结果是医患之间不能很好地配合，影响了治疗的效果，反过来又加剧了医患关系的恶化。这一现象反映在医疗过程中，就是医患之间的诚信度降低了。一旦出现并发症，患者家属就不理解，极易造成纠纷。为了确保各项医疗工作的顺利进行，进一步提高医疗质量，杜绝医疗事故，严防各种医疗纠纷的发生，我国出台了《医疗事故处理条例》和《医疗纠纷举证责任倒置》等相应的法律法规，维护患者权益的同时，保护医护人员的行医安全。医务工作者要了解相关的制度及法律法规，规范行风建设，杜绝医疗纠纷。

（一）医疗纠纷

医疗纠纷通常是指医患双方对诊疗护理结果及其原因的认定有分歧，当事人提出追究责任或经济赔偿。医疗纠纷不一定是医疗事故，医疗纠纷的情况相当复杂，医疗纠纷产生的原因包括：

1. 医源性纠纷

（1）因医疗事故引起的纠纷。

（2）由于医务人员其他错误引起的纠纷，不属医疗技术失误。非医疗技术失误引发的纠纷有时其影响不次于医疗失误引发的纠纷。原因有：因服务态度粗暴引发的纠纷；在医患之间故意挑拨是非而引发或诱发的纠纷；不重视医患沟通，造成医患之间误解引发的纠纷；乱开诊断书、病休证明或其他医学证明而引发的纠纷等。

2. 非医源性纠纷

（1）因病人或其家属缺乏医学知识而引发的纠纷。

（2）有意嫁祸医院引发的纠纷。包括：为了骗取钱财嫁祸医院而制造的纠纷；骗取工伤，嫁祸医院引起的纠纷；故意生事，无理取闹引起的纠纷；故意杀人而嫁祸医院妄，图逃避责任而制造的纠纷；来自工伤、伤害及交通肇事等企图把责任转嫁医院而引起的纠纷等。

（二）医疗事故

医疗事故是指医疗机构及其医务人员在医疗活动中，违反医疗卫生管理法律行政法规、部门规章和诊疗护理规范、常规，过失造成患者人身损害的事故。构成医疗事故的四个基本条件：（1）医疗事故必须是发生在法定的诊疗护理活动中，发生在医务人员履行职责过程中；非法行医，不能按医疗事故处理。（2）在诊疗护理过程中有过失，即医务人员有违反规章制度、诊疗护理常规等失职行为或技术过失。（3）给病人造成了比较严重的不良后果，如死亡、残疾或损伤组织器官导致功能障碍。（4）医务人员的失职行为或技术过失同上述严重后果有直接的因果关系。

（三）医疗事故、医疗纠纷的防范

医护人员应树立医疗工作是高科技、高风险工作的观念，应爱岗敬业，认真学习医学基础理论，提高医疗技术水平和服务水平。树立医疗事故、医疗纠纷防范意识，充分认识医疗纠纷对医疗单位、医护人员、社会、患者和家属的危害。杜绝违法、违规、违章行为。充分发挥医疗质量管理三级网络的作用：一级网络是医院质量管理委员会；二级网络是医院质量管理部；三级网络是科室医疗质量管理小组。全体医务工作者要认真学习、贯彻、执行各项有关法律、法规制度、操作规范，包括《中华人民共和国执业医师法》、《医疗事故处理条例》及配套文件、《最高人民法院关于民事诉讼证据的若干规定》、《疾病诊断治疗标准》、《医疗护理操作常规》等。加强医患沟通，尊重患者、家属知情权，认真履行医务人员的告知义务；强化"应答"服务观念，及时交待病情及进展，履行签字手续；强化及时服务观念，提高服务工作效率，及时服务的关键在于减少非诊疗时间，力争在最短时间内开展诊疗；加强"八个谨慎"服务观念，即：言行举止谨慎、检诊谨慎、诊疗谨慎、手术及麻醉谨慎、重症抢救谨慎、开展临床试验研究谨慎、出具医学证明谨慎，提高服务工作的科学性。自觉抵制行业不正之风，不为了盈利开大处方、滋补药、进行过度检查等。不吃请、受礼、收红包、收回扣等。实行公平服务，医生的服务对象是病人，要有平等博爱、仁慈宽厚的美德，不能见利忘义，以貌取人，做到无论贫富、贵贱、亲疏都一视同仁。

二、医患沟通技巧

面对患者这一类特殊的服务对象，医务工作者需要付出更加细致和耐心的关怀和帮助。在解除他们病痛的同时，做好患者心理疏导工作会对诊疗工作的开展及疗效有很大的帮助，很多不理想的治疗结果及医疗纠纷不是由于治疗方案和治疗措施不当造成，而是由医患双方的交流沟通不当所致。因此，医务工作者要加强服务意识，与患者进行良好的沟通，预防由误解而引发的不良后果。

(一) 产生医患沟通障碍的原因

1. 医生法律意识淡薄、缺乏自我保护意识

以往有这么一个观念：患者到医院求医，医生根据患者的情况决定治疗方案，患者要"服从治疗"。这一观念至今仍在一部分医务人员中根深蒂固。医生认为，他们掌握专业知识，患者应该听医生的，如卵巢囊肿摘除术中发现是卵巢癌，未经患者和家属同意擅自进行卵巢切除术等。这些过去在医疗活动中被认为是很自然的做法，现在就会被患者及其家属看作是无法忍受的侵权行为。遗憾的是，我们一些医护人员不仅缺乏法律观念和维权意识，而且依然我行我素，这就难免陷于各种纠纷的漩涡。

2. 服务态度问题

随着人们生活水平的不断提高，患者对就医环境、服务态度也提出了更高的要求。而我们有些医务人员还没有改变原有的服务模式，态度生硬，对患者的询问爱理不理，甚至目前我们还会经常听到医生这样回答患者的疑问："你是医生，还是我是医生？问那么多干什么？"大有"高高在上，不可一世"的感觉，这自然会引起患者的不满。服务质量问题已成为患者投诉的主要问题。

3. 对患者心理需求关注不够

每个人在人格上都是平等的，都希望得到同情、理解、被重视和尊重等，而作为患者，这类需求显得更加迫切。此外，患者还会有其特殊心理，如对疾病的恐惧心理和急躁心理，对后遗症的担忧心理，诊断明确但还想请专家看看的求证心理，对疾病的治疗和预后仍抱有幻想的心理等。我们有些医生对患者的这些心理问题常常是不重视、不疏导、就事论事或视而不见。医生查房都是关于躯体疾病的分析，几乎很少会问及心理方面的问题。当医生对尊重、重视等共同性心理需求不予关注，加之谈话不注意技巧，一句话不合，极易使患者产生不满，造成误解，进而演变成医疗纠纷。

4. 粗心大意

少数医生工作不认真，在做手术前不认真核对患者的病历资料，只凭印象决定好像手术是在左或右，结果手术开错了部位，导致对患者的损害。

5. 违反医疗规范，开口头医嘱

我们有极个别的医生，在节假日或晚上值班，患者出现情况时，为了偷懒，不看患者，即开口头医嘱，造成患者及家属的极大不满，甚至开错医嘱，造成严重的后果。

6. 临床业务不过硬，发生医源性并发症

个别医生由于基本功不扎实，"三基训练（基础知识、基本操作、基本技能）"不过关，在诊断及治疗中极易发生错误，特别是有些年轻医生，处理一些疾病经验不足，但又碍于面子，不及时汇报上级医生，最终导致患者得不到及时、正确的处理。甚至有部分医生没有很好地执行手术操作常规，造成各类并发症，给患者带来了极大的痛苦，如何不使患者投诉和指责。

7. 业务不过硬，检验部门漏诊时有发生

在医技部门中，最多见的是放射科的 X 线报告或 CT、MRI 报告发生漏报、漏诊，或急诊临时报告与正式报告不符等情况，还有就是化验部门将血标本搞错。尽管这些差错很少发生，或者说这些差错的发生本身不能杜绝，从某种角度来说，其发生有一定的比率，但一旦发生，其后果将不堪设想。

8. 工作差错

在日常医疗活动中，我们还会发现一些医务人员工作时漫不经心，思想开小差，出现药房发错药，护士发错药，收费窗口收错费的情况。这些本不该发生的情况却因为我们工作的不认真，导致了患者的投诉，由此看出，我们必须强化各类核对制度，不断加强职业道德培训和工作责任心教育。

9. 其他意外伤害

如烫伤、摔倒、跳楼自杀等。从以上的各种医疗纠纷的原因可以看出，有些医疗纠纷无法避免，有些纠纷是完全可以避免的。因此，加强管理，提高防范意识，就显得尤为重要。我们必须建立健全各项规章制度，加强对医源性并发症患者的管理，加强医务人员的"三基"训练及操作常规、诊疗常规的培训，不断提高医疗业务水平，规范行医，加强医患沟通，改变服务理念，提高服务质量，真正做到"以人为本"，为患者提供优质、便捷、温馨的服务，一定能够减少医疗纠纷，使医患关系的发展进入良性循环。

（二）医患沟通的规则

为保护患者的合法权益、防范医疗纠纷的发生，维护良好的医疗秩序及广大医护人员的切身利益，确保医疗安全，化解医患矛盾，从更深层次上稳步提升医疗质量，医学生在开始行医活动之前一定要了解医患沟通的相关知识和方法。

1. 入院前沟通

沟通内容：在接诊患者时，门诊首诊医师应根据患者的既往病史、现病史、体格检查、辅助检查等对疾病作出初步诊断，并安排在门诊治疗，对符合入院指征的可收入院治疗。主动与患者沟通，征求患者的意见，争取患者对各种医疗处置的理解。必要时，应将沟通内容记录在门诊病志。

2. 入院时沟通

病房接诊医师在接收患者入院时，应在首次病程记录完成时即与患者或家属进行疾病沟通。平诊患者的首次病程记录，应于患者入院后 8 小时内完成。急诊患者入院后，责任医师根据疾病严重程度、综合客观检查对疾病作出诊断，在患者入院后 2 小时内与患者或

患者家属进行正式沟通。告知患者诊断情况、主要治疗手段、重要检查目的及结果、某些治疗可能引起的严重后果、药物不良反应、手术方式、手术并发症及防范措施、医疗费用等情况。对不能明确诊断的患者，应告知辅助检查的必要性及试验性治疗的必要性。

3. 入院 3 天内沟通

医护人员在患者入院 3 天内必须与患者进行正式沟通。

4. 住院期间的沟通

内容包括：患者病情变化时的随时沟通；有创检查及有风险处置前的沟通；变更治疗方案时的沟通；贵重药品使用前的沟通；发生欠费且影响患者治疗时的沟通；急、危、重症患者随疾病的转归的及时沟通；术前沟通；术中改变术式沟通；麻醉前沟通（应由麻醉师完成）；输血前沟通以及使用医保目录以外的诊疗项目或药品前的沟通等。如已经发生或有发生纠纷的苗头，要重点沟通。对于普通疾病患者，应由责任医师在查房时，将患者病情、预后、治疗方案等详细情况，与患者或家属进行沟通；对于疑难、危重患者，由患者所在的医疗小组（主任或副主任医师、主治医师、住院医师和责任护士）共同与家属进行正式沟通；对治疗风险较大、治疗效果不佳及考虑预后不良的患者，应由医疗组长提出，科主任主持召开全科会诊，由医疗组长、科主任共同与患者沟通，并将会诊意见及下一步治疗方案向患者或家属说明，征得患者或家属的同意，在沟通记录中请患者或家属签字确认。在必要时可将患者病情上报医务部，由医疗行政人员组织有关人员与患者或家属进行沟通和律师见证，签订医疗协议书。

5. 出院时沟通

患者出院时，由主管医师、主治医师、主任或副主任医师向患者或家属明确说明患者在院时的诊疗情况、出院医嘱、出院后注意事项以及是否定期随诊等内容。

6. 沟通记录

每次沟通都应在病历中有详细的沟通记录，沟通记录在查房记录或病程记录后。记录的内容有沟通的时间、地点，参加的医护人员及患者或家属姓名，以及沟通的实际内容、沟通结果。在记录的结尾处应要求患者或家属签署意见并签名，最后由参加沟通的医护人员签名。每一份病历中必须有 4 次以上有实质内容的沟通记录。

（三）医患沟通的方法及原则

1. 沟通方法

（1）预防为主的沟通：在医疗活动过程中，如发现有可能出现问题苗头的病人，应立即将其作为重点沟通对象，有针对性地进行沟通。还应在交班时将值班中发现的有可能出现问题的患者和事件作为重要内容进行交班，使下一班医护人员做到心中有数、有的放矢地做好沟通与交流工作。

（2）变换沟通者：如责任医师与患者或家属沟通有困难或有障碍时，应另换其他医务人员或上级医师、科主任与其进行沟通。

（3）书面沟通：对丧失语言能力或需进行某些特殊检查、治疗、重大手术的患者，患者或家属不配合或不理解医疗行为的、或一些特殊的患者，应当采用书面形式进行沟通。

（4）集体沟通：当下级医生对某种疾病的解释不肯定时，应当先请示上级医师或与上级医师一同集体沟通。

（5）协调统一后沟通：诊断不明或疾病病情恶化时，在沟通前，医－医之间，医－护之间，护－护要相互讨论，统一认识后由上级医师对家属进行解释，避免使病人和家属产生不信任和疑虑的心理。

（6）实物对照讲解沟通：医护人员可以利用人体解剖图谱或实物标本对照讲解沟通，增加患者或家属的感官认识，便于患者或家属对诊疗过程的理解与支持。

2. 沟通原则

（1）换位原则

医务人员在与患者及其家属沟通的时候，应该尽量站在患者的立场上去考虑问题。想患者所想，急患者所急。应该避免只把自己认为重要或有必要的信息，传达给患者及其家属。在进行沟通之前，不妨先站在患者一方的立场去思考。有些在医务人员眼里看起来不起眼的小事，却可能是让患者及其家属困扰的大事情。所以，医患沟通时，要尽可能地换位思考。

（2）真诚原则

医务人员与患者进行沟通，一个重要的因素就是医务人员在沟通时所表现的态度。医务人员的谈吐、口才等沟通的技巧，固然关系着医务人员的理念是否能充分表达，然而医务人员所表现出来的态度，是否真诚地关心患者，对于接受沟通的另一方更具有影响力。医务人员沟通时热诚地表达自己对于患者的关心，希望为患者寻求最好的治疗与处理方法，让患者及其家属体会到医疗机构及医务人员的重视，感受到医务人员的真诚。

（3）详尽原则

医务人员在与患者及其家属沟通时，要把医疗行为的效果、可能发生的并发症、医疗措施的局限性、疾病转归和可能出现的危险性等等，详细地告诉患者及其家属。告知的内容要尽量详尽，把可能告知的内容都要详细告知给患者及其家属。患者及其家属在了解所有状况的利弊得失之后，和医务人员共同来参与医疗决策的形成，医患之间才能找到真正的和谐，也有利于减少医疗纠纷。

（4）医方主动原则

患者得病求医常常有一种被动心理，有时对医院及医生存有敬畏感。生怕语言和行为上稍有不慎而得罪医生和护士，最终引起医护人员不愉快，自己得不到最佳治疗。因此不敢主动接近医护人员，不敢吐露真实想法，甚至不能及时表达疾病的客观情况。还有些患者不知道疾病的哪方面情况是医生护士要了解的内容，造成治疗延误。所以医护人员要主动与患者接触，加强与患者的交流，了解病人疾病及心理上的真实感受，取得他们的积极配合，共同战胜疾病。

第五节　职业生涯与个人发展

人一生中的绝大部分时间是在职场中度过的，医务工作者劳动时间长，工作强度及压力大，专业技术人员视业务为生命。职业生涯能否成功直接决定了人生质量，决定了个人一生的发展。

离开学校走上工作岗位，是一件令人兴奋和激动的事。初涉职场，我们应该怎样面对即将开始的职业生涯，获得个人的成功，并为医学事业发展及社会的进步作出贡献呢？

在求职路上幸运地过关斩将，顺利找到一份适合自己的工作之后，毕业生就敲开了通往职业生涯之路的大门。找到一份工作只是人生职业生涯的开始，人生的辉煌未来还需要继续开拓，下面我们具体来探讨如何在未来的职场及医学领域实现自身的最大发展。

一、确立职业生涯的路径

乔治·萧伯纳有过这样一段名言："征服世界的将是这样一些人：开始的时候，他们试图找到梦想中的乐园，最终，当他们无法找到时，就亲自创造了它。"职业对我们大多数人来说，都是生活的重要组成部分。但是，职业既不像家庭那样成为我们出生后固有的独特社会结构，也不像货架上的商品，可以供我们随意挑选。它更像一位朋友或一位合作伙伴一样，既存在，又不一定在眼前；与其结识不乏机缘，但更需要自我的设计和自我的奋斗。

面对严峻的职业竞争，初入职场的大学生们完成了大学生涯规划后，有必要按照职业生涯规划理论加强对自身的认识与了解，找出自己感兴趣的领域，确定适合自己的工作，即优势所在，明确切入社会的起点及提供辅助支持、后续支援的方式。对于医学生来讲，虽然在校学习的专业性较强，但是医疗服务行业就业方向十分宽泛，可供选择的岗位不只局限于医院、药厂，其他企事业单位、机关、学校、自谋职业等都可供选择。重要的是明确自我人生目标，即给自我进行准确的人生定位。自我定位、规划人生，就是明确"我能干什么"、"社会可以提供给我什么机会"、"我选择干什么"、"我怎么干"等问题，使理想可操作化，为个人未来的发展提供基础。确立职业生涯的路径一般分为以下几步：

（一）明确自身优势

首先是明确自己的能力大小，给自己打分，看清自己的优势和劣势，这就需要进行自我分析。通过对自己的分析，深入了解自身。根据过去的经验选择、推断工作方向与机会，从而彻底解决"我能干什么"的问题。

1. 我学到了什么

对自己在学校期间的学习进行盘点，我已从专业学习中获取了哪些知识；参加过哪些社会实践活动，提高和升华了哪方面技能。很多毕业生选择的工作岗位可能与自身专业的关联度不大，但在一定程度上专业决定其以后的职业方向。不可否认知识在每个人的人生历程中扮演着重要角色，特别是在知识经济日益受到重视的今天。

2. 我曾经做过什么

即自己已有的人生经历和体验，如在校期间担任学生干部，曾经为某知名企业工作过等社会实践活动，取得的成就及经验的积累，获得过的奖励等。经历是个人最宝贵的财富，往往从侧面可以反映出一个人的素质、潜力状况，因而备受招聘单位的关注，绝对忽视不得。对每一个职场人士来说，经历往往比知识更为重要，因为许多事情只有经历过，才可能有深刻体会。判断一个人的才能，只有在实践的时候才会真正发现其长处与不足。

比如临床专业毕业生在校期间担任学生干部，具备较强的协调和领导才能，到医院工作后就可以向着科室秘书、住院办、科主任、院长等领导岗位努力，实现自我才能的最大发挥。

3. 我最成功的是什么

我做过很多事情，但最成功的是什么？成功的原因是偶然还是必然？是否自己能力所为？通过对最成功事例的分析，可以发现自我优越的一面，譬如药学专业的毕业生擅长实验室工作，不妨在基础研究领域开创一方天地，以此作为个人深层次挖掘的动力之源和魅力闪光点，形成职业规划的有力支撑，达到专业成就的至高点。寻找职业方向，往往要从自己的优势出发，以己之长立足社会。

（二）发现自己的不足

1. 性格的弱点

人无法避免与生俱来的弱点，首先必须正视，并尽量减少其对自己的影响。譬如，一个独立性强的人会较难与他人默契合作；而一个优柔寡断的人也很难担当一位组织管理者的重任。卡耐基曾说："人性的弱点并不可怕，关键要有正确的认识，认真对待，尽量寻找弥补、克服的方法，使自我趋于完善。"因此要注意安下心来，多和周围的人交流，尤其是熟悉了解自己的，如父母、同学、朋友等。看看别人眼中的你是什么样子，与你的预想是否一致，找出其中的偏差，这将有助于自我认识与自我提高。

2. 经验与经历中所欠缺的方面

"人无完人，金无足赤"，由于经历的不同，环境的局限，每个人都无法避免一些经验上的欠缺。有欠缺并不可怕，怕的是自己还没有认识到而一味地不懂装懂。正确的态度是：认真对待，善于发现，并努力克服和提高，这样才能帮助自己在职场道路上不断提升。

（三）进行社会分析

1. 社会环境分析

社会在进步、在变革，作为已走入社会的人们，应该善于把握社会发展脉搏。这就需要做社会大环境的分析：当前社会、政治、经济发展趋势；社会热点职业门类分布及需求状况；所学专业在社会上的需求形势；自己所选择职业和专业在目前与未来社会中的地位情况；社会发展对自身发展的影响；自己所选择的单位在行业发展中的变化情况，在本行业中的地位、市场占有情况及发展趋势等。对这些社会发展大趋势问题的认识，有助于自我把握职业社会需求、使自己的职业选择紧跟时代脚步，明确专业发展方向。

2. 组织分析

这应是个人着重分析的部分，组织将是你实现个人抱负的舞台，西方关于职业发展有句名言："你选择了一个组织，就是选择了一种生活。"特别是现代组织越来越强调组织文化的建设，对员工的适应生存能力要求越来越高，因而应对你将置身其中的组织的各个方面做详细了解。在知己知彼的基础上，只有两者之间拥有较多的共同点，才是个人融入组织的最佳选择。

3. 人际关系分析

个人处于社会庞杂环境中，不可避免地要与各种人打交道，因而分析人际关系状况显得尤为必要。人际关系分析应着眼于以下几个方面：个人职业发展过程中将与哪些人交往；其中哪些人将对自身发展起重要作用；工作中会遇到什么样的上下级、同事及竞争者，对自己会有什么影响，如何相处、对待等等。

（四）明确选择方向

通过以上自我分析认识，我们要明确自己该选择什么职业方向，即解决"我选择干什么"的问题，这是个人职业生涯规划的核心。职业方向直接决定着一个人的职业发展，职业方向的选择应按照职业生涯规划的四项基本原则，结合自身实际来确定，即：择己所爱的原则（你必须对自己选择的职业是热爱的，从内心自发地认识到要"干一行，爱一行"。只有热爱它，才可能全身心地投入，做出一番成绩）；择己所长的原则（选择自己所擅长的领域，才能发挥自我优势，注意千万别当职业的外行）；择世所需的原则（所选职业只有为社会所需要，才有自我发展的保障）；择己所利的原则（应该本着"利己、利他、利社会"的原则，选择对自己合适、有发展前景的职业）。

职业生涯目标的确定，是个人理想的具体化和可操作化，是指可预想到的有一定实现可能的最长远目标。按照马斯洛的需求层次理论依次从低层次到高层次的需求，职业目标的选择并无定式可言，个人要随时注意修订职业目标，尽量使自己职业的选择与社会的需求相适应，一定要跟上时代发展的脚步，适应社会需求，才不至于被淘汰出局。

（五）规划未来

从事一项自己擅长的工作，我们会工作得游刃有余；从事一项自己喜欢的工作，我们会工作很愉快。如果所从事的工作，既是自己所擅长又是喜欢的，那么我们必能快速从中脱颖而出。这正是成功的职业规划核心所在。

做好职业规划最大好处就在于，帮助我们将个人梦想、价值观、人生目标与我们的行动策略协调一致，去除其他不相关的旁枝末节，整合个人最大的优势与资源，从而向着终极目标快速前进，这正是我们取得成功的重要保证。

1. 选择职业发展线路，制定自我提升发展计划

根据职业方向选择一个对自己有利的职业和得以实现自我价值的岗位，是每个人的良好愿望，也是实现自我的基础，但这一步的迈出要相当慎重。如西门子公司就特别鼓励优秀员工根据自身能力设定发展轨迹，一级一级地向前发展。他们认为最好的人才是"有很好的人生目标，不断激励自己"，并提出"员工是企业内的企业家"的口号，给员工以充分的决策、施展才华的机会。随着职业、职务的变化，必须制定一个完善的自我发展计划以备应对：选择一个什么样的组织，预测自我在组织内的职务提升步骤，个人如何从低到高拾阶而上；预测工作范围的变化情况，不同工作对自己的要求及应对措施；如发展过程中出现偏差（工作不适应或被解聘）的话，如何改变自己的方向；预测可能出现的竞争，如何相处与应对，分析自我提高的可靠途径。比如医药营销专业学生想从事销售工作并想有所作为，你的起步可能是一个公司的业务代表，你可以设定职业线路计划：从业务代表

做起，在此基础上努力，经过数年逐步成为业务主管、销售区域经理、销售经理，最终达到公司经理的理想生涯目标。

2. 职业生涯规划要有具体的时限

面对发展迅速的信息社会，仅仅制定一个长远的规划显得不太实际，因而有必要根据自身实际及社会发展趋势，把理想目标分解成若干可操作的小目标，灵活规划自我。一般说来，以5～10年左右的时间为一规划段落为宜，这样就会很容易跟随时代需要，灵活地调整自我，太长或太短的规划都不利于自身成长。具体可有两种方式：一是根据自己的年龄划分目标，如2010～2018年职业规划；二是以职务阶段性变化为划分标准制定不同时期的努力方向，如5年之内向主治医师和业务骨干冲刺，10年内成为主任医师，15～20年左右的时间成为本单位或本地区的知名专家。

3. 自我肯定与进步

清楚地了解自我之后，就要对症下药，重要的是对劣势的把握、弥补。需要分析的因素包括：①问题产生的原因，是自身素质问题、人际关系问题，还是工作本身的问题？②自我修正的可能性与手段，可通过什么方式、方法，是知识学习、专门业务培训还是改变职业方向？

医学生初入职场有几种具体可利用的方法来不断完善自我：

一是加强学习。要在竞争中立稳脚跟，必须做到善于学习，主动学习。要针对自身劣势，制定出自我学习的具体内容、方式、时间安排，尽量落于实处便于操作。要善于在实践及行医过程中学习，主动利用单位开展的相应培训学习提高自身的医学技能。

二是实践锻炼。参加工作以后，要主动接触各色人群，包括医学界以及其他行业的人士，也包括与患者及家属接触，与他们接触中会发现自身很多不足。"不耻下问"，对应地锻炼自己能力欠缺方面。如果可能的话，不妨多看、多听、多写，把自己的收获体会用文字表达出来，这对你的提高帮助更为直接，还要主动在实践中锻炼才干和综合素质，不断总结、不断提高。

三是来自他人的帮助。要学会求得他人帮助，家庭、同学、朋友、师长和专业咨询机构都可以成为个人提高的有力支援。对自己了解最深的莫过于你周围最亲密的人，多听听他们的经验与教训以及对自己的评价，尤其是注意他们对你的职业道路发展的建议与评价，可以借助他们加深自我认识，全面了解。

二、职业生涯发展的策略

上面我们讲了初入职场的大学生如何规划和设计个人的职业生涯，下面要探讨的是如何在自己选择的职业生涯中得到发展。

（一）要有竞争意识和创新能力

具有竞争意识和创新能力是适应现代社会不可缺少的。由于竞争是各种事物在优胜劣汰法则面前对生存权利的争取，因而竞争必然会给人造成巨大的压力，任何置身于竞争环境中的人总是要争取优胜，避免淘汰。竞争还必然推动优化，使参与竞争的个体相互学习，取长补短。特别是在高素质人才密集的卫生服务行业，竞争显得更为激烈。竞争意识是推动个体努力学习、自觉提高职业素质的动力。

创新能力是毕业生应重点培养的一种能力和必备的素质。开拓创新能力的实质是一种综合能力，它是各种智力因素和能力品质在新的层面上融为一体而形成的一种合力。毕业生如果只能熟悉、背诵前人的定义，而不思开拓创新，那他所学的知识就没有多大的意义；医学生不注重创新，医学事业就不会进步和发展。社会的进步需要创新，战胜疾病更需要科研的创新。著名物理学家温柏格说过："不要安于书本上给你的答案，要去尝试发现书本上不同的东西，这种素质可能比智力更重要，往往是最好的学生和次好的学生的分水岭"。

（二）具有适应变化的能力

随着职业内容的不断更新和新型职业的不断产生，现代职业对人的素质提出了更高的要求。医学发展日新月异，新资源的开发、新技术的发明与应用、生产工具的革新、生产组织的改革和管理水平的提高，要求人们不仅具备更高的科学技术知识和操作技能，而且要打破旧的传统观念，解放思想，开阔思路，树立时间观念、效率观念和合作观念，摒弃"一次选择定终身"的传统的职业选择观，适时地调整自己与外界的关系，不断地提高自己的职业素质，以适应不断发展的职业要求。在医学领域，从事临床、药学、医学信息工程、卫生事业管理等都需要与时俱进。

（三）培养广泛的兴趣

兴趣是人们活动的心理动力之一。作为个性倾向的重要内容，它创设一种积极进取、主动热情的心境，支持人们去探索和参加各种活动。人们一旦产生某种兴趣，便会聚精会神地投入其中，克服一切困难，直到最后取得成功。一个人只有对自己所选择的职业有兴趣，他才能敬业、乐业，并在职业岗位上全身心地投入学习和工作，才能充分发挥自己的聪明才智，从而在事业上做出成绩。有的医学生开始并不愿意从事医疗服务工作，工作后培养了工作兴趣，结果工作中做出了很大成就。

（四）重视能力补偿

所谓能力的补偿效应，是指在个体身上发生的不同能力之间的相互替代或补偿作用，从而保持或维持活动的正常进行。在职业活动中，要重视能力补偿，通过能力的补偿效应来增进人的职业适应性。

增加个人对组织的价值，保住现有工作，为个人职业目标实现奠定基础。一个人只有对组织有用，有价值，才能留于该组织内工作。如果你决心在本组织内发展，那么首要的一步是保住现有工作。为此，在个人职业计划中，要预期在哪里、哪个岗位或哪项工作上能为组织增加价值，而且不是一次性的或几次性的，并且要不断地为组织的事业作出贡献，增加对组织的价值。

请求担当更繁重或责任更大的工作，并切实完成好工作任务。制定个人计划之时，关于承担责任的设计要谨慎行事。一是要正确估价自己的能力，所担负的工作任务是自己力所能及的；二是请缨担当的重任，必须有充分把握能够圆满完成甚至出色完成，否则宁肯不请缨。预计未来目标成功将需要什么知识和技能，并设计以何种方式来获得这些知识和技能。这是个人职业计划中的核心内容，是职业成功的决定性因素。

（五）培养良好的职业品格

良好的职业品格同时也是处理好各种人际关系所不可缺少的。比如，一个对人热情友好、乐于助人的人能得到同事的好感；一个具有强烈事业心和责任感的人能得到领导的赏识；一个谦虚好学、踏实肯干的人能得到师傅的赞扬。但很难想象，一个不讲奉献、自私自利、贪图安逸的人，能得到领导、同事的青睐。

（六）提高身心健康水平

现代社会是一个充满竞争的社会。现代科技的高速发展，医学领域的不断拓展，造就了一个紧张的社会和工作环境，这种环境给人们带来了巨大的心理压力。加上工作的繁重，从而导致人们精力不足、体质较弱和许多心理疾病的发病率提高。一个身体羸弱、心境烦闷、情绪低落的人不可能有勃勃的兴致及充沛的精力去胜任自己的工作，适应激烈竞争的职业世界。因此，提高身心健康水平是现代社会对职业人的基本要求。医务工作者大多数经常面对身心都存在问题的人群，更要求有一个健康的身心。

（七）尽快找到职业锚

职业锚是在具体工作经验之中习得的。通过工作经验的积累产生并形成的职业锚，能够清楚反映个人的价值观与才干，也能反映个人进入成年期的潜在需求和动机。个人抛锚于某一职业工作过程，实际上就是个人自我真正认知的过程，认识自己具有什么样的能力、才干，需要什么。通过对职业锚的认识，找到自己长期稳定的职业贡献区，从而决定自己将来的主要生活与职业选择，职业锚清楚地反映出个人的职业追求与抱负。例如：技术/功能型职业锚的人员，其志向和抱负在于专业技术方面的事业有成，有所贡献。同时，根据职业锚可以判断个人达到职业成功的标准，例如抛锚于管理型的雇员来说，其职业成功在于升迁至更高的职位，获得更大的管理机会。因此明确自己的职业锚，可以帮助确定出自己职业成功的标准、职业成功要求的环境，从而确定职业目标及职业角色。

职业锚是个人经过长期寻找所形成的职业工作定位，是个人的长期贡献区。职业锚形成后，个人便会相对稳定从事某种职业。这样必然累积工作经验、知识与技能，随着个人工作经验的丰富和累积，个人知识的扩张，个人的职业技能将不断增强，个人职业竞争力也随之增加。

（八）充分认识内外职业生涯

外职业生涯指的是从事种职业的工作时间、工作地点、工作单位、工作内容、工作职务与职称、工资待遇、荣誉称号等因素的组合及其变化过程，也就是通过我们的名片，通过我们的证书，通过我们的工资单去表现出来的东西。

内职业生涯是从事一种职业时的知识、观念、经验、能力、心理素质、内心感受等因素的组合及其变化过程。内职业生涯是我们职业生涯之树的根，内职业生涯的发展程度决定了外职业生涯的发展程度。当你给自己打工的时候，你的眼光就从外职业生涯自然而然地转向内职业生涯，为了使你的职业生涯之树常青，请你一定要把职业生涯之根扎深、扎牢。因为只有根深蒂固，才会枝繁叶茂，硕果累累。

外职业生涯通常是由别人决定、给予、认可，也很容易被别人否定、收回或剥夺。内职业生涯主要靠自己的不断努力而获得，不随外职业生涯的获得而自动具备，也不会因为外职业生涯的失去而自动丧失。在职业生涯发展中，应该紧紧地把关注点放在内职业生涯的发展上。内职业生涯的发展是外职业生涯发展的前提，内职业生涯的发展带动外职业生涯的发展，外职业生涯的发展促进内职业生涯发展。

进入职场后要把目光先放在内职业生涯上，本单位需要什么样的人才，需要具备什么样的观念和能力，我能争取到什么样的锻炼机会，我用多长时间可以达到单位对我的要求。你把焦点放在这里，也就是放在长根上，这样就会更容易得到领导的赏识。就如同一棵树，当根长得越深越广的时候，可以吸收更多的营养和水分的时候，这棵树会怎么样？它自然而然会长出很多的枝芽，很多的花蕾，会结果实。如果你理解、接受外职业生涯和内职业生涯的这个观念，就会明白，你永远不会没有工作。

内职业生涯的发展是以外职业生涯发展来体现和作成果展示的，内职业生涯的匮乏是以外职业生涯的停滞或失败呈现的。如果你的内职业生涯跟不上，即使有一个很好的职位与职务，也做不好。可以说，内外职业生涯的关系，不仅仅是打基础和盖大楼的关系这么简单，它就像树根与树冠的关系，交替进行，互相促进，不能简单地分割开来。

三、树立分步发展的观念

（一）职业发展分为三个阶段

职业生涯是人生的一个较长阶段，我们进入到工作岗位进行工作都要经历不同的发展阶段，在每一个阶段都有一些发展的内容，所以我们要树立分步发展的观念。从职业发展的角度去理解人生，可以把人的职业发展分为三个阶段：职业选择阶段、职业阶段、事业阶段。

1. 职业选择阶段——职业生涯发展的第一步

职位是人职业发展的第一步。一个社会人，不管学历高低，最终都会走向职场，通过选择一个职位、从事一份工作，获得生命赖以生存的物质条件，获得生命延续的基本安全。大学生就业是职业发展的第一阶段。现在大学生就业时，很多人只看重工作单位，并不关心有没有适合自己的职位。对于寻找适合自己职位的问题，很多人并没有认真思考，没有事前进行科学分析和选择，有些毕业生择业是只挑大单位、大城市，不关注职业发展空间。刚毕业时觉得自己很有优势，几年后才发现自己较当初就业单位不如自己的同学在，能力和技能方面都落后了，有时基层单位更能锻炼人。选择适合自己发展的职位，职业生涯才可能走向成功。选择的工作岗位非常适合自己，也就是职位与自己的个性、兴趣、能力及价值观非常匹配，所从事的职位就会成为自己的职业乃至事业。职位的选择阶段是个人与职位匹配性、适应性的选择期，职业阶段是个人与职位匹配性、适应性的吻合期。在这个阶段，选择适合自己的职业，通过锻炼自己，提高实际工作能力，为自己未来的发展奠定基础。

2. 职业阶段——职业生涯发展的第二步

职业是指个人所从事的服务于社会并作为主要的生活来源的工作。职业阶段一般分为职业早期、职业中期和职业晚期。个人在职业阶段，通过发挥自己的能力为社会创造一定的财富，满足社会及公众的一些实际需求，同时个人也会有相对稳定的经济收入，可以满足个人对友爱和归属的需求、受尊敬的需求、求知及求美的需求。在这个阶段，在照顾到相关匹配性的同时，薪金的多少也是很多人考虑的一个重要因素，因为此时是积累个人物质财富的重要阶段。

在职业生涯道路上成功的秘诀就是内职业生涯的不断发展，不断学习、不断进修深造，提高业务，尤其是在职业生涯初期，更要关注内职业生涯的发展。这个时候你的付出要远远超出你的收入，你要吃得起苦，受得起累，还要吃得起亏。要对你的收入、职位、知识、能力、观念之间的关系有正确认识。

在职业生涯发展的过程中，什么时候你的工作热情和努力程度不再为待遇不高，不再为别人评价不公而减少，从这个时候起，你就开始为自己打工了。

3. 事业阶段——职业生涯发展的第三步

在这个阶段，个人喜欢的工作就是最好的职业。当一个人找到自己的职业锚时，他的职业就转变为事业了。正如职业锚这一名词中"锚"的含义一样，职业锚实际上就是人们选择和发展自己的职业时所围绕的中心。一个人对自己的天资和能力、动机和需要以及态度和价值观有了清楚的了解之后，就会意识到自己的职业锚到底是什么。因为一个人的职业锚是在不断发生着变化的，它实际上是一个不断探索过程所产生的动态结果。这样人们就会把工作当职业，把职业当事业，即使没有人让他干他也会自发地干、自愿地干。因为事业能满足人们对成就与社会价值感的需要。

（二）树立正确发展观

在职业生涯发展的过程中要树立分步发展的观念，其主要是指树立以下几种观念。

1. 树立终身学习观

当今社会发展日新月异，知识更新速度加快，大学毕业生如果不在工作中注意更新知识，就难以适应社会发展的需要。原有的"夕阳产业"改组消亡，新兴的"朝阳产业"层出不穷，产业结构的调整同时需要与之相适应的新知识和新型人才。因此，在工作中不断地学习，接受继续教育，吸收新知识，掌握新技术，保持和增强自身的优势，是当代大学毕业生必须面对的问题。上班族的终身学习，是发展自己最常用的方法。在工作中人们总是在不断地校正自己的目标，不断地为自己"充电"以达到阶段性的目标。随着起点不断抬高，有些决策是需要勇气的。例如，某医科大学的一位本科毕业生，毕业时被招聘到一家三级医院工作，工资收入很不错，而去年他突然提出辞职，脱产复习考研究生。按他的话来说就是"磨刀不误砍柴功"，他是为了"充电"，提高自身素质，为未来发展积蓄更多的"能量"。

表9-1　传统学习观与终身学习观的比较

	传统学习观	终身学习观
学习时间	幼儿期、少年期、青年期	人生的各个阶段
学习目的	学习基础知识	培养生活和工作的能力
学习作用	文凭作为挑选人才的凭证	发现和强化潜能，注重提高实际能力
学习领域	限定的、隔离的	沟通的、融合的
学习机会	分数、年龄、区域、专业、性别等会影响选择	学所想学，不受限制
向谁学习	学校里的老师	能者为师、先者为师、快者为师
学习方式	你教我学，你考我答	提供方法，事实检验
考试场所	教室	处处可能是考场
考试内容	考卷上的题目	事事可能是考卷
成绩标准	分数	事情结果
学习工具	主要用书本学习	各种学习工具、媒体
成人与儿童的学习关系	小孩向成人学习	相互学习
学习观点	活到老，学到老是一种好品德	学到老，才能活到老是一种生存本领
学习内容	根据学校、老师安排侧重于自然科学、抽象知识	根据生活、工作需要侧重于文化修养、实用知识
文盲	不识字的人	不会继续学习的人

总之，新的时代要求我们将终身学习的观念贯穿于整个职业生涯。我们只有在整个职业生涯中不断地学习，不断的补充新的知识，才能适应不断变化的世界，才不至于被快速发展的时代抛弃，以前我们常说"活到老，学到老"，而现在我们只有学到老，才能活到老——"学到老，活到老"。

2. 正确对待"待业"问题

目前，在毕业生中，待业的人数越来越多。对于这个问题毕业生要正确对待。

首先，不要害怕待业。待业仅仅是大学生跨入社会的一个过程，是暂时的现象，待业并不等于终身失业。大学生要正确对待择业过程中的挫折。毕业初期待业的大学生，经过一段时间的努力，大多能够找到工作单位。

其次，要冷静分析待业的原因。待业的原因可能是多方面的，可能是由于学习成绩不好或是在校表现欠佳；可能是就业期望值过高，脱离实际；也可能是身体条件原因；还可能是学的专业"过冷"，社会需求不大等等。每位毕业生只有在就业时学会以市场定位，才能做到"量体裁衣"。

再次，要尽早结束待业，要从如下方面着手努力：

①要克服依赖思想。在就业问题上，决不要幻想会产生奇迹，而要自己推销自己，主动出击。

②要针对自己的待业原因，找出应对措施。如降低岗位标准，参加再学习或培训等。

③要全方位收集需求信息，包括人才市场或劳动力市场上的就业信息，动用一切社会关系，帮助提供就业信息或推荐就业单位。

④要与学校保持密切联系，取得学校的支持和帮助。

3. 成功发展需要注意的几个问题

走上工作岗位的毕业生，要想在工作中干出一番成就，实现个人的人生价值，就应该从以下几个方面去努力：

（1）要善于寻找工作中的乐趣

做到这一点，既要有情感的投入，也要有信念的强力支持，还得有艺术技巧。在思想观念上，要视工作为人生的支柱。改变工作心态和心境，干一行、爱一行；爱一行、专一行，将压力变为自己在工作中不断进取的动力。培养热爱本职工作的高度热情。深入挖掘工作中的问题。学习用辩证的观点观察问题、分析问题、解决问题，并把解决问题当作一种艺术享受，当作一种乐趣。在工作中学会扬长避短，不能因为工作中出现困难而止步不前。

（2）学会科学工作

达尔文说过："我一生的主要乐趣和唯一的职务就是科学工作。"每个人的工作都有很多内容，要使工作有条不紊，就必须学会科学工作。

①有计划性。在工作安排上，要按照轻重缓急做周密细致的安排，制定自己的长远计划及短期计划，切忌胸中无数。

②有组织性。要合理地安排好自己的工作时间及速度，使其紧张而有序，繁多而不琐碎，张弛有度。

③有技巧性。要通过不断的探索和总结，深入了解工作的特点和规律，并在把握规律的基础上采用一定的方法和技巧，达到事半功倍的效果，切忌蛮干。

④养成良好习惯。习惯是影响成功的要素之一，应利用习惯来增加工作效率。良好的工作习惯包括：准时——不浪费光阴；恒心——工作始终如一；果断——不错失良机；主动——不怠慢懒惰；迅捷——快捷而有力；勤奋——不断加强学习。

（3）充分发挥个人的能力、潜力和创造力

能力是人适应生活和创造生活的一种手段，是知识的一种转化物，是人们创造财富的一种源泉。生理学和人类学表明，每个人都有一部分自己并不晓得的潜力，能做一些自己都意想不到的事情。在工作中，应利用自己所学的专业知识和掌握的专业技能，充分挖掘自己的潜能，发挥自己的创造力。只有这样，才能创造性地开展工作，开创工作的新局面，从而实现自己的人生价值。

（4）协调好人际关系

医疗服务行业的各项工作都需要同事间的合作来完成，良好的人际关系可以帮助你在事业上取得成功，更好地实现自己的人生价值，取得事业的成功。不良的人际关系则会使你萎靡不振，工作消极，甚至出现差错或事故。

四、在顺境和逆境中如何发展

人生在世，不管主观愿望如何，每个人在生活中总会遇到顺境和逆境，都是生活的组成部分。所谓顺境，就是在职业生涯中个人特点与职业环境相吻合而具有的工作情景。顺境和逆境是辩证关系，是一个互逆的动态过程。也就是说，随着环境和时间等条件的变化，顺境可能转变为逆境，反之亦然。

人们生活的物质的与精神的条件都是客观的。客观条件决定的逆境、顺境一样也都是客观的。所以，逆境的出现是不以人的意志为转移的。一般的困难不是逆境，只有在人生的道路上，遇到大的坎坷或遭受到大的挫折时，才可称身处逆境。而且，逆境也是相对而言的。一个人在甲问题上处于逆境，在乙问题上则可能处于顺境；此一时处于逆境，彼一时可能出现变化。逆境犹如蓝天上的乌云，总是要出现的，也总是可以被驱散的。

顺顺利利的人通常不会比愈挫愈奋的人更有智慧。可以说，挫折和失败是人生的高级营养，是人生成熟的阶梯。真正的智者不为挫折和失败而苦恼，能在逆境中激发生存的力量。所以，强者应该自觉地投身到充满矛盾、错综复杂的环境中去，锻炼自我对环境的一种超乎寻常的把握能力，并善于在逆境中崛起。只有那些不怕风吹浪打、始终扬帆远航的人，才能触摸到大海的脉搏，感受到大海的磅礴。"逆境造就人才"，一直以来，许多名士都是在逆境中挣脱出来，成就一番世人瞩目的事业。"逆境"有成才的条件，使人发奋、刻苦，有精神动力。身处逆境的人力争改变当前的窘境，也就有了迎难而上的意志。这意志是一种不服输的精神，是成才的重要动力。身处顺境的人有没有成才的呢？当然有。历史上的例子也不胜枚举。顺境中有更好的成才条件是不可忽视的，人们可以利用这些优厚的条件，为己所用以致成功。很多人都是在优越的条件下达到自身的改造和飞跃的，顺境也可以成才！所以顺境、逆境都不重要，重要的是无论处在哪一种环境中，你的心态是怎么样的。身处逆境就要有坚强的毅力和不服输的积极进取精神；处于顺境，就要充分利用优越的条件，抓住机遇，提升自己。逆境固然可贵，顺境也同样难寻。也就是说，无论你处在什么环境中都要珍惜。如果不能做到这一点，那么逆境时容易消沉，顺境时则容易忘形，最终都是一事无成。因此无论身处顺境还是逆境，我们都要及时调整自己：

1. 保持一个正常的心态

人的一生不可能一帆风顺，逆境往往对人的锻炼更大。由于人在逆境中心情一般不好，所以处在逆境中的人一定要保持一个正常的心态，这样才能正确地分析、处理问题。切不可形成一种偏激或灰心丧气的心态，这对走出困境是十分不利的。

2. 认真思考

人不可能不犯错误，重要的是不要重复地去犯错误。不管是谁给自己造成目前的这种不利的处境，摆脱困境却是最主要的。反思是摆脱困境需要做的第一步。要科学地审视问题，找出出现问题的原因和解决的方案。

在辩证法中，顺境和逆境只不过是矛盾的两个方面，它会因人而异，但归结起来都是事物的外因，起决定作用的还是人自身这个内因。顺境是机遇，能造就人才，但是也让人失去向上的动力；逆境是磨难，常让人一蹶不振，但是也让人在困难中崛起。顺境与逆境给人的影响都有利弊，相辅相成，关键在于自己是否把握得住，敢于冲、敢于拼搏。

 思考与讨论

1. 初入职场，个人面临的主要任务是什么、如何尽快转换职业角色？
2. 调查新医务人员入职需要注意哪些问题？
3. 了解你所学专业进入职场需要进行什么资格考试。

参考文献

［1］田光哲，张春林．职业生涯——职业指导教学训练［M］．北京：中国劳动社会保障出版社，2006．

［2］孙泽厚．大众化高等教育时期大学生就业问题研究［M］．北京：中国文献出版社，2006．

［3］尹忠泽．大学生职业生涯规划［M］．吉林：吉林大学出版社，2007．

［4］吴春虎，李红英．医学生就业指导：34个精彩的求职故事［M］．北京：人民军医出版社，2007．

［5］邓基泽．大学生职业指导实用教程［M］．北京：中国农业大学出版社，2004．

［6］吴冰．医学生职业指导教程［M］．北京：科学出版社，2004．

［7］李援．《中华人民共和国就业促进法》释义及实用指南［M］．北京：中国民主法制出版社，2007．

［8］陈曦，赵北平．大学生就业指导（第2版）［M］．武汉：武汉理工大学出版社，2007．

［9］林夕宝，王传明．大学生就业指导［M］．北京：北京理工大学出版社，2006．

［10］瞿立新．职业生涯规划［M］．上海：上海交通大学出版社，2007．

［11］中国大学生［J］．2004～2006．

［12］孙宝志．临床医学导论［M］．北京：高等教育出版社，2003．

［13］雷五明．青年职业心理测评与生涯规划［M］．武汉：华中科技大学出版社，2005．

［14］Shelly Field（美）21世纪100种最佳职业（第二版）［M］．北京：外语教学与研究出版社，2005．

［15］理清．大学生职业化能力——真正提升大学生的就业竞争力［M］．北京：中国物资出版社，2006．

［16］罗双平．职业选择与事业导航——［M］．北京：机械工业出版社，2007．

［17］曹广辉，王云彪．大学生职业生涯指导［M］．天津：天津大学出版社，2007．

［18］李红，方爱珍．医学类专业大学生职业发展与就业指导［M］．北京：高等教育出版社，2008．

［19］李芳，李义庭．大学生职业生涯与发展规划教程［M］．北京：人民军医出版社，2008．

［20］金伟琼．医学生创业意向的调查．中国大学生就业［J］，2009．15．

［21］黄虹．大学生就业心理分析．科技信息（学术研究）［J］，2007．20．

［22］刘云昭．招生就业中的人才流向．中国大学生就业［J］，2009．15．

读者反馈意见

亲爱的读者：

感谢您对《医学生职业生涯规划与职业发展教程》的学习和热爱！为了今后能给您提供更优质的服务，请您抽出宝贵时间填写下面意见反馈表，以便我们更好地对本教材进一步的改进。同时如果您在使用本教材的过程中遇到了什么问题，或者有什么好的建议，也请您来信、来电告诉我们。

通讯地址：北京 100041 - 109 信箱

邮编：100041

电话：010 - 51297578

网址：www. jblbook. com

Email：jblbook@ 163. com

教材名称：《医学生职业生涯规划与职业发展教程》

个人资料：

姓名：_____年龄_____所在院校/专业_____

文化程度：_____通讯地址：_____

联系电话：_____电子信箱：_____

您使用本书是作为：□指定教材　□选用教材　□辅导教材

您对封面设计的满意度：

□很满意　□满意　□不般　不满意　改进建议_____

您对本书印刷质量的满意度：

□很满意　□满意　□不般　不满意　改进建议_____

您对本书的总体满意度：

从语言质量角度看：□很满意　　□满意　　□不般　　不满意

从科技含量角度看：□很满意　　□满意　　□不般　　不满意

本书最令您满意的是：

□指导明确　　□内容充实　　□讲解详尽　　□实例丰富

您认为本书在哪些地方应进行修改？（可附页）

_____

_____

您希望本书在哪些方面需进行改进？（可附页）

_____